# מלכות אדם
## עיונים בספר שמואל

# מלכות אדם

## עיונים בספר שמואל

הרב דוד סילבר
בשיתוף עם בן־ציון עובדיה

עריכה: חיותה דויטש

מגיד

David Silber with Ben-Zion Ovadia

*Human Kingship*

*Studies in the Book of Samuel*

מלכות אדם: עיונים בספר שמואל



עורך אחראי: ראובן ציגלר

עריכת לשון: חנה פורטגנג

הגהה: הניה קולומבוס

עיצוב ועימוד: רינה בן גל

עיצוב העטיפה: דניאל גדלביץ׳

ספרי מגיד, הוצאת קורן

ת״ד 4044 ירושלים 9104001

טל׳: 02-6330530 פקס: 02-6330534

www.maggidbooks.com



ISBN 978-965-526-298-8 מסת״ב

Printed in Israel 2021 נדפס בישראל

ספר זה
אשר כתב מורנו וחברנו הרב דוד סילבר
מוקדש באהבה ובגעגוע

לזכר אישי האהוב

**ר׳ נחמיה וולף בן אברהם הלוי**
**ואיטה (Norman Bulow) ז״ל**

איש יקר ונדיב לב
היה נכון בכל עת לסייע ולהושיט עזרה לאנשים שאהב
ולפעול למען הנושאים היקרים לליבו

ולזכר אחי היקר

**ר׳ אברהם יוסף בן חיים שרגא**
**וחיה הלרמן (Avram Hellerman) ז״ל**

אדם חריף שכל ויצירתי
עסק כל ימיו בלימוד ובהרחבת אופקים ודעת

**טובה ביולו (Tova Bulow)**

# תוכן העניינים

# הקדמה

״וִיהִי בְךָ כֹּחַ כִּי תֵלֵךְ בַּדָּרֶךְ״ (שמ״א כח כב).

בתלמוד חוזר לעיתים סיפור על שני חכמים או יותר ההולכים בדרך ועוסקים בתורה. בזוהר זהו עניין שכיח בזוג או בקבוצת חכמים אשר ״הוו אזלי באורחא״ – היו הולכים בדרך. התורה מצווה לשנן את דברי התורה ולדבר בם ״בְּשִׁבְתְּךָ בְּבֵיתֶךָ **וּבְלֶכְתְּךָ בַדֶּרֶךְ**״ (דברים ה ז; שם יא יט).

מהי משמעותו של העיסוק בתורה בדרך?

המשנה במסכת ברכות אומרת: ״רבי יהושע אומר, המהלך במקום סכנה, מתפלל תפלה קצרה״ (ברכות ד, ד). רבות מן הדרכים שמחוץ למקום יישוב הן ׳מקום סכנה׳, ועל כן רצוי להתעכב שם מעט ככל האפשר ולהתפלל שם תפילה קצרה בלבד, תפילת הדרך. דרך המייצגת מקום שההולך בו חשוף ופגיע באה לידי ביטוי גם בנוגע לעמלק, ״אֲשֶׁר **קָרְךָ בַּדֶּרֶךְ** וַיְזַנֵּב בְּךָ כָּל הַנֶּחֱשָׁלִים אַחֲרֶיךָ וְאַתָּה עָיֵף וְיָגֵעַ וְלֹא יָרֵא אֱלֹהִים״ (דברים כה יח).

ואולם מעבר לסכנה הנשקפת להולכים בה הדרך היא מקום של חוסר ודאות, של הבלתי צפוי והמפתיע. המהלך בדרך אינו יודע מראש במי יפגוש, אולי בטייעא (סוחר נווד), בסבא, או בינוקא

(ילד) – "דמויות שוליים" שהמפגש בינן לבין איש מן היישוב יוליד לעולם תובנות חדשות ומרעננות.

הקוראים את ספר שמואל מהלכים בדרך הממציאה להם הפתעות, גיבורים וסיפורים בלתי צפויים. גיבור הסיפור הראשון של הספר הוא בכלל גיבורה – אישה עקרה המתפללת לבן בעוד אישהּ מפציר בה לוותר על חלומה. בדרך אנו פוגשים עוד גיבורה מפתיעה – אשת בעלת האוב, אישה שהתורה רואה בעיסוקה סוג של עבודה זרה ומצווה להמיתה – ודמותה מצטיירת בסיפור מלאת אמפתיה ומכניסת אורחים כאברהם אבינו. לאלו אפשר לצרף את סיפור חטאו של דוד בבת שבע, 'הפתעה שלילית', וכנגדו את דמותו של אוריה החִתי, הבוהקת ביושרה ובניקיונה המוסרי. הספר מזמין אותנו להיפגש עם דמויותיו ללא דעות קדומות והנחות מוקדמות, מתוך הלך רוח מבקש אמת.

יתרה מזו, הדרך מייצגת שינוי, מעבר ממצב למצב. בתחילת הדרך אנו משאירים מאחור משהו מוכר – מקום, בית או אדם – וצועדים לקראת יעד חדש ולא ידוע. למעשה, התורה עצמה ניתנה בדרך, במדבר, במרחב שבין השעבוד המצרי שהושאר מאחור לבין עבודת ה' ומימוש הבטחת הברית שהוענקה לעם.

ספר שמואל עשוי ברובו מעברים ושינויים. בפרקיו הראשונים של הספר אנו חוזים בסדקיו ההולכים ומתרחבים של משכן שילה, תוצאות השחיתות שפשתה במקום, ובו בזמן מביטים בהשתאות בצמיחתו של הנער שמואל המתחנך תחת ידיו של עלי הזקן, כוהן שילה, ומוצא חן בעיני אלוהים ואנשים. אבל שמואל בתפקיד מנהיג יחיד מתואר בפרק אחד בלבד, ומלכותו של שאול כבר ממשמשת ובאה. גם זו אינה אורכת זמן רב; מלכותו של דוד כבר ממתינה בפתח, ופרקים רבים מתארים את ה'דרך' הטעונה שבין שני המלכים, את נדודיו של דוד ב'דרך', בהרים ובמדבריות, הרחק ממקום יישוב, במנוסתו מפני שאול. ולבסוף, טרם הספקנו לעכל שדוד יושב על כיסאו, והנה בא אבשלום בן דוד ופותח במרד קשה ואכזרי נגד אביו כדי לחסלו ולתפוס את המלוכה.

סיפורי המעברים האלה, סיפוריו של ספר שמואל, מזמנים לפתחם של הקוראים אפשרות להתבונן על דרכי בני אדם ועלילותיהם שהמספר משרטט ביד אומן. סיפור אורחותיהם של בני אדם – ובעיקר של שליטים ובעלי שררה – ברגעי אצילות וברגעי שפל, סיפורי הצלחה וניצחון וסיפורי נפילה וכישלון.

ספר זה מבוסס על שיעורים בספר שמואל שנתתי במכון ׳דרישה׳ ובמקומות אחרים במהלך ארבעים השנים האחרונות. עם הזמן זכיתי ללמוד וללמד תלמידים רבים בארצות הברית ובישראל, מרביתם נשים שלא ניתנה להן הזדמנות ללמוד תורה בצעירותן אולם צמאו למילויו של החלל הזה. תלמידיי באים ממגוון רקעים ועולמות ומחזיקים במגוון תפיסות עולם, אולם כאשר אנו מתכנסים ללמוד יחדיו הרקע שלנו מוסט הצידה, ואין לפנינו אלא הכתוב שאנו מנסים להבין. ואם הברכה שורה בשיעור ונוצר בו הפלא הזה של למידה ממשית, לרגע אחד אין עבר ואין עתיד, יש רק ההווה הזה שבו אנחנו משלבים כוחות יחד במסע הלימוד והפיענוח. אנחנו צועדים יחד בדרך הפסוקים, שוב ושוב חוזרים לאותן מילים, מתלבטים, מציעים ראיה או דחייה עד אשר, אם זכינו, אנו נוגעים בסודם.

זה המקום להודות לשותפיי למסע כתיבת הספר הזה.

בראש ובראשונה לבן־ציון עובדיה, החברותא הנפלאה שלי ליצירה שלפניכם. בן־ציון העלה על הכתב את רעיונותיי, והביע אותם בדייקנות ובבהירות. ליוויו הצמוד והשאלות המאתגרות שהציב לפתחי סייעו בידי לחדד ולארגן אותם ואף הניבו תובנות חדשות.

ד״ר חיותה דויטש ערכה את פרקי הספר. הערותיה והצעותיה המקצועיות תרמו רבות לגיבושו ויישרו בו הדורים. תודה מיוחדת לחנה פורטגנג, עורכת הלשון, על עבודתה המעולה. אני מודה גם להוצאת ׳מגיד׳, שניאותה לשמש אכסניה להוצאת הספר; לעומד בראשה מת׳יו מילר וליו״ר המערכת הרב ראובן ציגלר. יבואו כולם על הברכה.

ספר זה לא היה רואה אור בלי תמיכתם החשובה של טובה ביולו היקרה, תלמידתי במשך שנים רבות, ואישה נורמן ביולו עליו השלום.

ואחרונה חביבה רעייתי האהובה דבורה שטיינמץ, חברתי ושותפתי הטובה, שלה אני מספר את כל מחשבותיי וחידושיי וממנה למדתי הרבה כל כך. גדולה ועמוקה השפעתה על כל יצירתי, ובכללה הספר הזה, ובייחוד על חלק רביעי של הספר, העוסק בקשרים שבין דוד לאברהם, מהלך החוזר לרעיונות שפיתחה עוד בהיותה צעירה לימים בספרה הנפלא *From Father to Son*.

ושני סיפורים אישיים לסיום:

אנקדוטה אחת היא שהוריי קראו לי דוד. בעצם שמי הוא שמואל דוד, אולם בפועל איש לא כינה אותי כך למעט אימי ז״ל במקרים (נדירים) שבהם רגזה עליי, ״שמואל־דוד״ במילה אחת. כאשר אמרה לי בתי יום אחד: ״נו, מובן שאתה אוהב את ספר שמואל״, שמתי לב בפעם הראשונה שאני בעצם קרוי על שם שני גיבוריו הגדולים של הספר. בין כך ובין כך ספר שמואל באמת אהוב עליי מאוד.

הסיפור האישי השני התרחש לפני שנים רבות: דבורה ואני טיילנו בהרים במדינת מסצ׳וסטס, ובעוד אנו צועדים באחד השבילים שמנו לב לפתע פתאום שמישהי צועדת מאחורינו. הסתובבנו ושאלנו אותה: ״לאן השביל הזה מוביל?״ והיא השיבה: ״לראש ההר. שם השביל מסתיים״. המשכנו לטפס במעלה ההר, אך כבר לא ראינו אותה מאחורינו. אבל בדיוק כשהגענו לראש ההר היא נעמדה פתאום לצידנו ממש כבמטה קסם. ״איך הגעת לכאן? לא ראינו אותך כל הדרך״, שאלנו מופתעים. ״כן״, השיבה בחיוך, ״יש הרבה דרכים להגיע לכאן״.

זו הייתה ועודנה השאיפה שלי. לחתור לעבר מטרה משותפת, להבין את הכתוב, ובד בבד לקבל ולהעריך את קיומם של נתיבים ושבילים רבים. הרבה דרכים למקום.

אני מברך את כולנו, ובתוכנו את בני משפחתי האהובה, שבאמצעות כנות, יושר פנימי ומחויבות נשכיל למצוא את השביל המוביל אל ראש ההר.

# הקדמה

השלמת כתיבתו של ספר זה נעשית בצל מאבקו של העולם במגפת הקורונה. משבר עולמי זה, שעודנו מתמודדים עימו וסובלים ממנו, משמש מראה לפגיעותנו, למוגבלות ראייתנו, לקוצר ידם של מנהיגינו ובייחוד לחוסר הוודאות העמוק המלווה את חיינו. ובד בבד בין סדקי המציאות המעורערת ושבריה מלבלבים מעשים רבים כל כך של חסד אצילי וגבורה שקטה.

דוד סילבר
ניו־יורק תשפ"א

מבוא

# היחס למלוכה בתורה, בספר שופטים ובספר שמואל

ספר שמואל פותח בהולדת שמואל ומסתיים בשלהי ימי דוד. בתקופה זו, המשתרעת על כמאה שנים, חלו תמורות דרמטיות במוסדות ההנהגה בישראל. בתחילת ספר שמואל הייתה ההנהגה בידי כוהני בית עלי, אך שני בניו של עלי השחיתו את דרכם, ובית עלי קולל והורחק מההנהגה. בשלב הבא עברה ההנהגה מהכהונה לנבואה – מעלי הכוהן לשמואל הנביא. בני שמואל לא הלכו בדרכי אביהם, וההנהגה עברה מידי הנביא לידי המלך; שמואל המליך את שאול, ואחרי כישלונו קרע ממנו את המלוכה והמליך את דוד. לבסוף עבר גם מוסד המלוכה עצמו שינוי יסודי: מהנהגה משותפת של מלך ונביא, שאול ושמואל, להנהגה אוטונומית של מלך יחיד – דוד.

אם כן, ספר שמואל מפנה זרקור לעבר מוסדות ההנהגה בישראל ובייחוד לעבר מוסד המלוכה שקם והתפתח במהלכו. המעבר לצורת הנהגה זו לא היה מובן מאליו והיה כרוך בכל מיני קשיים ואתגרים, ומעל הכול ריחפה שאלה עקרונית נוקבת: האם מלוכה טובה היא אם רעה? האם תיתכן מלוכה אנושית מתוקנת? האם בר מימוש האידיאל

שספר דברים מציב, של מלך הקורא בתורה כל ימי חייו "לְבִלְתִּי רוּם לְבָבוֹ מֵאֶחָיו וּלְבִלְתִּי סוּר מִן הַמִּצְוָה יָמִין וּשְׂמֹאול" (דברים יז כ)?

לפני שנתמקד בספר שמואל נפנה מבט כללי ליחסו של המקרא למלוכה אנושית. צורת השלטון שנהגה ברחבי העולם העתיק היא צורת שלטון מלוכנית. היסטורית כך היה כנראה גם בישראל, לפחות ברוב התקופות והזמנים. ועם זאת יחסו של המקרא למלוכה אנושית אינו עשוי מקשה אחת. לצד ביטויים אוהדים לרעיון המלוכה נמצא גם תפיסות המבטאות רתיעה עמוקה מפני המלך ואורחותיו עד כדי פסילה גורפת של עצם רעיון המלוכה.

## היחס למלוכה בתורה

רבים מסיפורי המלכים בתורה מדגימים את הפוטנציאל השלילי של מלכות בשר ודם. המלך הראשון המופיע בתורה, נמרוד גיבור הציד שמלך בארץ שנער, מגלם בשמו ובתיאורו את הכוח, את קריאת התיגר והמרידה. פרעה מלך מצרים ואבימלך מלך גרר לוקחים (או מבקשים לקחת) בכוח הזרוע את אשת הגֵר הבא אל ארצם.[1] סיפור מלחמת המלכים המתואר בפרק יד בספר בראשית מתאר אף הוא תמונה דומה: מלכי עבר הנהר מגיעים לאזור ומכים וחומסים כל אשר נקרה בדרכם. בסיפור האחרון גם מלך סדום, שאברהם הצילו משבי המלכים, מדגים את אופיו הכוחני והמרוכז בעצמו של המלך. במקום להכיר בחסד שעשה עימו אברהם הוא מתמקח איתו: "תֶּן לִי הַנֶּפֶשׁ, וְהָרְכֻשׁ קַח לָךְ" (בראשית יד כא). אברהם מסרב להצעה: "אִם מִחוּט וְעַד שְׂרוֹךְ נַעַל וְאִם אֶקַּח מִכָּל אֲשֶׁר לָךְ, וְלֹא תֹאמַר אֲנִי הֶעֱשַׁרְתִּי אֶת אַבְרָם" (שם כג). אברהם יודע שאם יתפתה לעסקה, יהפוך מלך סדום את הקערה על פיה ויטען בעתיד כי אברהם התעשר בזכותו.

ביטויים של עריצות ורודנות מצויים גם בקרב מלכי ישראל ואף

1 בראשית יב י-כ; שם כ; שם כו ו-יב.

בקרב הצדיקים שבהם.[2] בספר זה נתוודע בהרחבה לצידה הבעייתי של מלכות דוד. צד זה נוכח אף בסיפורי מלכות שלמה, המציגים חיים אידיליים של שפע ושגשוג. שלמה, בניגוד למצוות התורה, הִרבה כסף וזהב, סוסים ונשים; ליבו סר מעם ה׳ ומלכותו נקרעה ממנו.[3]

ואולם יש גם דוגמאות אחרות המעידות כי אפשר אחרת. בדיוק לפני הדו־שיח בין אברהם למלך סדום הכתוב מתאר את המפגש שבין אברהם לבין מלכי־צדק מלך שלם. מלכי־צדק, שכשמו כן הוא – מלך של צדק – יוצא לקראת אברהם השב מן המלחמה, מציע לחם ויין ומברך את אברהם.[4] לעומת מלך סדום תאב הבצע, התובע מאברהם ׳**תן לי**׳, מלכי־צדק אינו תובע דבר אלא מקבל מידי אברהם: ״**וַיִּתֶּן לוֹ** מַעֲשֵׂר מִכֹּל״ (שם כ).

בסיפורים רבים במקרא באה לידי ביטוי אפוא התנהגות שלילית של המלך, אולם אין לגזור מכאן כי עמדתו העקרונית של המקרא מתנגדת למוסד המלוכה. נראה כי במקומות רבים הוא דווקא מציג גישה אוהדת לרעיון זה.

הד ליחסה העקרוני החיובי של התורה למלוכה מצוי בברכת ה׳ לאברהם, לשרה וליעקב: ה׳ מברך את האבות לא רק בצאצאים רבים אלא אף באנשים גדולים ובעלי שם שיטביעו את חותמם על העולם. הופעת המלכות בהקשר חיובי כל כך של ברכת האבות אינה מתיישבת

2 מלכיהם של עמי המזרח הקדמון נתפסו כשליחי האלים עלי אדמות, וחלקם אף שימשו מושא לפולחן. חוקרי מקרא חלוקים בשאלה אם במקרא יש הדים לתפיסה של מלך כאלוהים. יש מן הסבורים כי במקרא אפשר לאתר הדים רחבים, במיוחד בספר תהלים, לרעיון שהמלך הוא אל. לדיון נרחב בנקודה זו ראו: יאיר לורברבוים, **מלך אביון: המלוכה בספרות היהודית הקלאסית**, רמת גן 2008, עמ׳ 19-39; יעקב ליוור, ״מלך״, בנימין מזר ואחרים (עורכים), **אנציקלופדיה מקראית: אוצר הידיעות של המקרא ותקופתו**, ד, ירושלים תשכ״ג, טור 1088-1112.

3 מלכים א יא.

4 מלכי־צדק מפגין בברכתו הבנה עמוקה של משמעות ניצחון אברהם במלחמה. ראו על כך: דוד סילבר, **אם לעת כזאת – השתקפויות מקראיות במגילת אסתר**, ירושלים 2017, פרק 5.

בטבעיות עם תפיסה הפוסלת מעיקרה מלוכה אנושית. מכאן נראה שאף כי התנהגותם של מלכים לרוב שלילית, אין לראות בכך ביטול של הפוטנציאל המבורך הגלום בגדולה ובמלוכה.

עוד מקור מקראי שהמלוכה מופיעה בו בהקשר חיובי הוא מגילת רות. המגילה חותמת ברשימת יוחסין שמוצאה מרות ובועז, ובסוף הרשימה – דוד בן ישי. היות דוד המלך מצאצאי רות הוא חלק מהשכר שזכתה בו על מעשיה הטובים.[5] אף עובדה זו קשה ליישבה עם גישה הפוסלת עקרונית את רעיון המלוכה האנושית.

בספר דברים התורה מתייחסת למלך ולמלוכה במסגרת של חוק:

> כִּי תָבֹא אֶל הָאָרֶץ אֲשֶׁר ה׳ אֱלֹהֶיךָ נֹתֵן לָךְ וִירִשְׁתָּהּ וְיָשַׁבְתָּה בָּהּ וְאָמַרְתָּ אָשִׂימָה עָלַי מֶלֶךְ כְּכָל הַגּוֹיִם אֲשֶׁר סְבִיבֹתָי: שׂוֹם תָּשִׂים עָלֶיךָ מֶלֶךְ אֲשֶׁר יִבְחַר ה׳ אֱלֹהֶיךָ בּוֹ מִקֶּרֶב אַחֶיךָ תָּשִׂים עָלֶיךָ מֶלֶךְ לֹא תוּכַל לָתֵת עָלֶיךָ אִישׁ נָכְרִי אֲשֶׁר לֹא אָחִיךָ הוּא: רַק לֹא יַרְבֶּה לּוֹ סוּסִים וְלֹא יָשִׁיב אֶת הָעָם מִצְרַיְמָה לְמַעַן הַרְבּוֹת סוּס וַה׳ אָמַר לָכֶם לֹא תֹסִפוּן לָשׁוּב בַּדֶּרֶךְ הַזֶּה עוֹד: וְלֹא יַרְבֶּה לּוֹ נָשִׁים וְלֹא יָסוּר לְבָבוֹ וְכֶסֶף וְזָהָב לֹא יַרְבֶּה לּוֹ מְאֹד: וְהָיָה כְשִׁבְתּוֹ עַל כִּסֵּא מַמְלַכְתּוֹ וְכָתַב לוֹ אֶת מִשְׁנֵה הַתּוֹרָה הַזֹּאת עַל סֵפֶר מִלִּפְנֵי הַכֹּהֲנִים הַלְוִיִּם: וְהָיְתָה עִמּוֹ וְקָרָא בוֹ כָּל יְמֵי חַיָּיו לְמַעַן יִלְמַד לְיִרְאָה אֶת ה׳ אֱלֹהָיו לִשְׁמֹר אֶת כָּל דִּבְרֵי הַתּוֹרָה הַזֹּאת וְאֶת הַחֻקִּים הָאֵלֶּה לַעֲשֹׂתָם: לְבִלְתִּי רוּם לְבָבוֹ מֵאֶחָיו וּלְבִלְתִּי סוּר מִן הַמִּצְוָה יָמִין וּשְׂמֹאול לְמַעַן יַאֲרִיךְ יָמִים עַל מַמְלַכְתּוֹ הוּא וּבָנָיו בְּקֶרֶב יִשְׂרָאֵל (דברים יז יד–כ).

התורה מצווה על המלך לנהוג באחווה ובצניעות, ולשם כך היא מטילה על המלך הוראות וסייגים שיגבילו את כוחו וישמשו לו תזכורת לדבוק בדרך הישר. תחילה מובאים האיסורים להרבות סוסים, נשים וכסף וזהב,

5 רות מכונה "אִמה של מלכות". ראו מדרש זוטא, רות (בובר) א, א.

ולאחר מכן המצווה לכתוב ספר תורה 'מלפני הכוהנים הלוויים', ספר שמטרתו לשמש למלך תזכורת תמידית לדבוק במצוות התורה.

ואולם מה אפשר ללמוד מן הפרשה על יחסה הבסיסי למוסד המלוכה? מצד אחד, מבחינה תחבירית המשפט 'שום תשים עליך מלך' הוא משפט ציווי, ומכאן נראה כי העמדת מלך היא מצווה. מצד אחר, ציווי זה מופיע בפרשה במסגרת של תנאי, 'כי תבוא אל הארץ [...] **ואמרת** אשימה עלי מלך [...] שום תשים עליך מלך', ומכאן משתמע שהתורה מתירה לעם להמליך עליו מלך או מעניקה לו את הסמכות להעמיד מלך **אם** ירצה בכך.[6] האם מהצבת ההוראה 'שום תשים' במסגרת של תנאי – 'ואמרת' – משתמע שניתן לוותר על מלך ואולי אף שרצוי בלעדיו?[7]

אני סבור שלאו דווקא. אפשר שלשון התנאי שנקטה התורה אינה מעידה על רתיעה של התורה מרעיון המלך והמלוכה אלא רומזת להתנגדות התורה למלך הנוהג 'ככל הגויים', כלשון בקשת העם. מלך הוא נתון, עובדה שרירה וקיימת; לכל הגויים יש מלך, וכך גם לישראל. אבל מלך ישראל אינו אמור להיות 'מלך **ככל הגויים**' אלא מלך **מסוג אחר**. את ציווי התורה יש להטעים אפוא בנופך פולמוסי: לנוכח בקשת העם, 'אשימה עליי מלך **ככל הגויים** אשר סביבותיי', התורה מצווה: 'שום תשים עליך מלך **אשר יבחר ה' אלוהיך בו**'.[8] מלך ישראל אינו

6 ראו למשל בפירושו של אבן עזרא.

7 הרמב"ן סבור בעקבות מרבית הדעות בחז"ל שהעמדת מלך בישראל היא מצווה והציע שני פתרונות ליישוב לשון התנאי עם הציווי. הפתרון האחד הוא כי 'ואמרת' הוא חלק מן הציווי עצמו: "מצוות עשה **שיחייב אותנו לומר כן** לאחר ירושה וישיבה". הפתרון האחר הוא שהתורה רומזת על העתיד ביודעה שישראל יאמרו כך, כלומר 'ואמרת' אינו אם תאמר אלא כשתאמר. שני הפתרונות אינם נראים פשוטו של מקרא.

8 בכיוון זה פירש גם ר' חיים בן עטר בספרו 'אור החיים' על התורה: "ולזה בא דברו הטוב כאן ואמר כי תבא וגו' ואמרת אשימה עלי מלך ככל הגוים וגו' [...] וגמר אומר שום תשים וגו' פירוש לא יקום הדבר הרע הזה, אלא המשימות שתשים הוא על זה הדרך אשר יבחר ה' אלהיך בו [...] **וכפי זה מאמר שום תשים היא מצוה ושלילת גדר שכנגד תנאיה**, ולזה נתחכם ה' להקדים מאמר ואמרת

ככל הגויים; ה׳ הוא שבוחר בו, ומוצאו ׳מקרב אחיך׳. הוא אינו מעל לחוק ואינו מקור החוק. התורה מצווה עליו לכתוב ספר תורה ׳מלפני הכוהנים הלוויים׳, לאמור, הוא כפוף לכוהנים הלוויים המופקדים על שמירת תורה ה׳ והוראתה[9] ומצווה לנהוג בצניעות ובאחוות אחים עם בני עמו.

פרשת המלך בספר דברים כוללת עוד נקודה חשובה. את האיסור להרבות סוסים הכתוב כורך בחשש מפני ירידת העם מצרימה: ׳ולא ישיב את העם מצרימה למען הרבות סוס׳. עניינה של מצרים במסגרת הנימוק לאיסור המדובר דורש התבוננות מיוחדת. במצרים, ארץ העבדים, השלטון הוא כוח חיצוני וכופה שאינו מאפשר לנתינים להיות אחראים לגורלם. מלך ישראל לעומת זאת אמור להיות מוקם ׳מקרב אחיך׳. העם הוא ששם עליו מלך, ולפיכך קיומו של מלך אינו ביטוי להיעדר שליטה ולהסרת אחריות אלא בדיוק להפך: הוא מקור וביטוי לשליטה ולקבלת אחריות.

נקודה זו מתחדדת יפה לנוכח הקשרה הטקסטואלי הרחב של פרשת המלך – ספר דברים. בתקופת המדבר נוכחותו של ה׳ סמוכה וקרובה: ״וְשָׁכַנְתִּי **בְּתוֹךְ** בְּנֵי יִשְׂרָאֵל וְהָיִיתִי לָהֶם לֵאלֹהִים״ (שמות כט מה). בספר דברים לעומת זאת הכתוב מפרט אומנם חובה רחבת היקף לעלות אל המקום אשר יבחר ה׳ (למשל בזביחה לשם אכילת בשר או בהבאת מעשרות וביכורים), אך ייתכן שמקום זה יהיה רחוק וההגעה אליו תדרוש מאמץ מיוחד (ראו למשל דברים יד כד). לעומת ספר שמות, המתאר את ה׳ השוכן בארץ – במשכן שבתוך המחנה – בספר

אשימה וגו׳ להעירך את אשר יכוין אליו לשלול אותו במאמר שום תשים וגו׳, שזולת זה לא הייתי מבין שאוסר לשום מלך ככל הגוים״.

9 ספר התורה שכתב משה נמסר לכוהנים למשמרת (ראו דברים לא ט), ויש מן הפרשנים שהבינו שהמלך מעתיק את ספר התורה שלו מספר זה. הכוהנים מופקדים על הוראת התורה לישראל (ראו למשל דברים יז ט-יא; שם לג י). כפיפותו של המלך לכוהנים וללוויים מודגשת גם באמצעות האיסור לסור ימין ושמאל, הנזכר בלשון דומה בפרשה הקודמת על השופטים והכוהנים הלוויים: ״לֹא תָסוּר מִן הַדָּבָר אֲשֶׁר יַגִּידוּ לְךָ יָמִין וּשְׂמֹאל״ (דברים יז יא).

דברים ה׳ משקיף על העם מן השמיים: ״הַשְׁקִיפָה מִמְּעוֹן קָדְשְׁךָ **מִן הַשָּׁמַיִם** וּבָרֵךְ אֶת עַמְּךָ אֶת יִשְׂרָאֵל וְאֵת הָאֲדָמָה אֲשֶׁר נָתַתָּה לָנוּ״ (שם כו טו). כניסת עם ישראל לארצו כרוכה בקבלת אחריות לחייו, והעמדת מלך ׳מקרב אחיך׳ היא אחד הביטויים המובהקים לכך.

## היחס למלוכה בספר שופטים

התפיסה המנשבת בספר שופטים באשר למלכות אנושית ראויה לעיון מיוחד. ספר שופטים מתאר מציאות שבה לא מלך אחד שולט על העם, אלא שופטים, מנהיגים לפי שעה. מנהיגים אלו לא עמדו בראש העם כולו אלא פעלו ברמת השבט לשם מילוי משימה מוגדרת: הצלת השבט מידיו של אויב חיצוני. השופטים היו שונים מהמלכים בהיבט מרכזי נוסף: כוחו של השופט הוא ברוח ה׳ השורה עליו, ביכולתו לסחוף אחריו אחרים ובהצלחתו במשימתו. תכונות אלה מעצם טבען אינן עוברות בירושה. לעומת זאת מלוכה במהותה היא מוסד שושלתי, הכתר עובר מאב לבן.

מקובל לראות בספר שופטים את המקור המקראי המרכזי שעולה ממנו תפיסה אנטי־מלוכנית מובהקת.[10] מחאה נגד מוסד המלוכה, כך סבורים רבים, משתקפת בדברי השופט גדעון. לאחר ניצחון גדעון במלחמה נגד מדיין העם פונה אליו ומבקש כי ימלוך עליו: ״וַיֹּאמְרוּ אִישׁ יִשְׂרָאֵל אֶל גִּדְעוֹן מְשָׁל בָּנוּ גַּם אַתָּה גַּם בִּנְךָ גַּם בֶּן בְּנֶךָ כִּי הוֹשַׁעְתָּנוּ מִיַּד מִדְיָן: וַיֹּאמֶר אֲלֵהֶם גִּדְעוֹן לֹא אֶמְשֹׁל אֲנִי בָּכֶם וְלֹא יִמְשֹׁל בְּנִי בָּכֶם ה׳ יִמְשֹׁל בָּכֶם״ (שופטים ח כב–כג).

גדעון מציב בדבריו תפיסה שלפיה מלכות אנושית איננה יכולה לדור בכפיפה אחת עם מלכות ה׳. ראינו כי למלכותו של המלך, שלא כמנהיגותו של השופט, יש ממד נצחי: המלך מולך על כולם, ומלכותו עוברת מדור לדור. במובן זה מלכותו של המלך מזכירה

10 ראו לורברבוים, מלך אביון עמ׳ 14–19.

באמת את מלכותו של ה'. אפשר להבין אפוא מדוע לתפיסת גדעון שתי המלכויות, האלוהית והאנושית, מתנגשות זו בזו.[11]

אבל גם את דברי גדעון חשוב לראות באורם הנכון. ראשית, לא ברור עד כמה תפיסתו של גדעון מנשבת גם בשאר חלקי הספר.[12] אדרבה, בפרקיו האחרונים של ספר שופטים עולה ביקורת נמרצת על היעדר מלך בישראל: "בַּיָּמִים הָהֵם אֵין מֶלֶךְ בְּיִשְׂרָאֵל אִישׁ הַיָּשָׁר בְּעֵינָיו יַעֲשֶׂה" (שם יז ו; שם כא כה). בהיעדר מלוכה, אומר הכתוב, שוררת אנרכיה ואנשים עושים את הישר בעיניהם.[13]

שנית, גדעון אומנם מביע התנגדות למלוכה ומנמק זאת ברעיון של מלכות ה' – 'ה' ימשול בכם' – אולם דומה שלנוכח מעשיו דבריו מאבדים הרבה מכוחם ומאמינותם. לאחר שגדעון מסרב לבקשת העם כי ימלוך עליהם הוא מבקש מהלוחמים לתת לו את שלל המלחמה. גדעון לוקח את הזהב שנאסף מאת אנשי המלחמה ועושה ממנו אפוד, והאפוד משמש לעבודה זרה: "וַיַּעַשׂ אוֹתוֹ גִדְעוֹן לְאֵפוֹד וַיַּצֵּג

11 הנביא הושע מוכיח את העם על שהשליך את יהבו על גיבוריו ועל מלכו: "זִרְעוּ לָכֶם לִצְדָקָה קִצְרוּ לְפִי חֶסֶד נִירוּ לָכֶם נִיר וְעֵת לִדְרוֹשׁ אֶת ה' עַד יָבוֹא וְיֹרֶה צֶדֶק לָכֶם: חֲרַשְׁתֶּם רֶשַׁע עַוְלָתָה קְצַרְתֶּם אֲכַלְתֶּם פְּרִי כָחַשׁ כִּי בָטַחְתָּ בְדַרְכְּךָ בְּרֹב גִּבּוֹרֶיךָ: וְקָאם שָׁאוֹן בְּעַמֶּךָ וְכָל מִבְצָרֶיךָ יוּשַּׁד כְּשֹׁד שַׁלְמַן בֵּית אַרְבֵאל בְּיוֹם מִלְחָמָה אֵם עַל בָּנִים רֻטָּשָׁה: כָּכָה עָשָׂה לָכֶם בֵּית אֵל מִפְּנֵי רָעַת רָעַתְכֶם בַּשַּׁחַר נִדְמֹה נִדְמָה מֶלֶךְ יִשְׂרָאֵל" (הושע י יב-טו).

12 בובר סבור שמשל האטד שנשא יותם לאחר המלכת אבימלך נושא מסר אנטי־מלוכני חריף (מרטין בובר, **מלכות שמים**, ירושלים תשכ"ה, עמ' 65), אבל אפשר לומר שהמשל איננו עוסק במלכות בכלל אלא נוגע לאבימלך בפרט: האטד, שאין לו מה לתת לאחרים, שאיננו כמו עצים האחרים המשמחים אלוהים ואנשים, הוא משל לאבימלך, שאין לו דבר.

13 עוד חשוב להעיר שאם נשקול את ביקורתו של גדעון על קיומה של מלוכה כנגד ביקורתו של הכתוב על היעדר מלוכה, ברור שמשקלה של הביקורת השנייה רב על זו של הראשונה, שכן הביקורת על היעדר מלוכה משקפת את עמדת מחבר הספר עצמו ואיננה רק ביקורת הנשמעת מפי דמות מדמויות הספר, חשובה ככל שתהא.

אוֹתוֹ בְעִירוֹ בְּעָפְרָה וַיִּזְנוּ כָל יִשְׂרָאֵל אַחֲרָיו שָׁם וַיְהִי לְגִדְעוֹן וּלְבֵיתוֹ לְמוֹקֵשׁ" (שם ח כז).

הביקורת כלפי מעשיו של גדעון מתחדדת על רקע סיפור מלחמת נקמת ישראל במדיין בספר במדבר. ה׳ מצווה את משה לפני מותו "נְקֹם נִקְמַת בְּנֵי יִשְׂרָאֵל מֵאֵת הַמִּדְיָנִים" (במדבר לא ב), משום שגרמו לישראל לזנות בבעל פעור (שם כה יח). לאחר שהסתיימה המלחמה בניצחון ישראל נתנו ראשי הצבא למשה חלק מכלי הזהב שבזזו במלחמה תרומה למשכן (שם לא נד). ההשוואה לגדעון מאלפת: גם גדעון, בדומה למשה ולצבאו, נלחם במדיינים ונחל ניצחון. אבל מה שאירע לאחר מכן בסיפור גדעון עומד בניגוד מוחלט לסיפור נקמת משה: ראשי צבאו של משה מקדישים את זהב המלחמה לה׳, ואילו גדעון לוקח את הזהב לעצמו ועושה ממנו אפוד שגורם לישראל לזנות אחר עבודה זרה. והרי זנות של עבודה זרה הייתה בדיוק העילה לנקמת ה׳ במדיין בספר במדבר![14]

גדעון מצהיר ׳ה׳ ימשול בכם׳, אולם מתברר כי הוא עצמו אינו נקי מעבודה זרה. הרושם הביקורתי כלפי גדעון מועצם באמצעות הקשרים נוספים. נשים לב למשל לפסוק המתאר את השם שנתן גדעון לבנו: "וּפִילַגְשׁוֹ אֲשֶׁר בִּשְׁכֶם יָלְדָה לּוֹ גַם הִיא בֵּן וַיָּשֶׂם אֶת שְׁמוֹ אֲבִימֶלֶךְ" (שופטים ח לא). גדעון מביע התנגדות למלך בשר ודם, אולם לבנו הוא קורא בשם הכולל את המילה מלך, ולא סתם מלך אלא אבימלך, שמו של המלך הפלשתי מספר בראשית, דמות בעייתית ביותר מבחינה מוסרית.[15] שנית, המילים ׳וישם את שמו אבימלך׳ מזכירות את הפסוק מספר דברים שעניינו המקדש: "כִּי אִם אֶל הַמָּקוֹם

14 גנאי הזנות הכרוך בפועלו של גדעון לאחר המלחמה נרמז גם באמצעות הקבלה לשונית מעניינת. בסיפור גדעון נאמר "וַיֹּאמְרוּ נָתוֹן נִתֵּן **וַיִּפְרְשׂוּ אֶת הַשִּׂמְלָה** וַיַּשְׁלִיכוּ שָׁמָּה אִישׁ נֶזֶם שְׁלָלוֹ" (שופטים ח כה), ופריסת שמלה נזכרת גם בפרשת מוציא שם רע, שעניינה חשד לזנות: "וְהִנֵּה הוּא שָׂם עֲלִילֹת דְּבָרִים לֵאמֹר לֹא מָצָאתִי לְבִתְּךָ בְּתוּלִים וְאֵלֶּה בְּתוּלֵי בִתִּי **וּפָרְשׂוּ הַשִּׂמְלָה** לִפְנֵי זִקְנֵי הָעִיר" (דברים כב יז).

15 ראו על כך בהרחבה בפרק יג בספר זה.

אֲשֶׁר יִבְחַר ה׳ אֱלֹהֵיכֶם מִכָּל שִׁבְטֵיכֶם **לָשׂוּם אֶת שְׁמוֹ שָׁם** לְשִׁכְנוֹ תִדְרְשׁוּ וּבָאתָ שָּׁמָּה" (דברים יב ה). לאור דברינו לעיל נראה כי הכתוב רומז לנו שבמקום לבנות מקדש לה׳ הפך גדעון את ביתו שלו למקדש לעבודה זרה. צליליו השליליים של סיפור גדעון נשמעים היטב גם בסופו של ספר שופטים, ונחזור לנקודה זאת להלן.

## היחס למלוכה בספר שמואל

התפיסה המקובלת היא שספר שמואל מאמץ במובהק גישה הרואה במלוכה אנושית אידיאל בלתי רצוי – ביטוי לדחיקת מלכות ה׳ מן העולם שכמוהו כעבודה זרה. בתגובה על בקשת העם ה׳ טוען לפני שמואל שהבחירה במלך בשר ודם היא למעשה דחייה שלו עצמו כמלך:

> וַיֹּאמֶר ה׳ אֶל שְׁמוּאֵל שְׁמַע בְּקוֹל הָעָם לְכֹל אֲשֶׁר יֹאמְרוּ אֵלֶיךָ **כִּי לֹא אֹתְךָ מָאָסוּ כִּי אֹתִי מָאֲסוּ מִמְּלֹךְ עֲלֵיהֶם**: כְּכָל הַמַּעֲשִׂים אֲשֶׁר עָשׂוּ מִיּוֹם הַעֲלֹתִי אֹתָם מִמִּצְרַיִם וְעַד הַיּוֹם הַזֶּה וַיַּעַזְבֻנִי וַיַּעַבְדוּ אֱלֹהִים אֲחֵרִים כֵּן הֵמָּה עֹשִׂים גַּם לָךְ: וְעַתָּה שְׁמַע בְּקוֹלָם אַךְ כִּי הָעֵד תָּעִיד בָּהֶם וְהִגַּדְתָּ לָהֶם מִשְׁפַּט הַמֶּלֶךְ אֲשֶׁר יִמְלֹךְ עֲלֵיהֶם (שמ"א ח ז–ט).

ואולם קריאה מדוקדקת בספר שמואל מעלה תמונה מורכבת. שמואל מתנגד להעמדת מלך התנגדות עקרונית ונחרצת, אולם נראה שאין עמדתו זהה לעמדתו של אלוהים. ראשית, ה׳ מצווה על שמואל שלוש פעמים לשמוע בקול העם ולהמליך עליהם מלך (שמ"א ח ז, ט, כב). לא זו בלבד, ה׳ שולח את שמואל פעמיים להמליך מלך על ישראל, תחילה את שאול (שם ט) ולאחר מכן את דוד (שם טז).[16]

שנית, הקול הקורא למלך שישליט בישראל חוק וסדר – ׳בימים

16 עוד על התנגדותו של שמואל להעמדת מלך בישראל ראו בהרחבה בפרק ב בספר זה.

ההם אין מלך בישראל איש הישר בעיניו יעשה' – אינו נחלתו של ספר שופטים בלבד; הדיו נשמעים היטב גם בפתחו של ספר שמואל, ובקשת העם למלך המופיעה בפרק ח נראית רצויה ומתבקשת.[17]

ראיה שלישית לנחיצות המלך מתקבלת אף היא מן הקשר שבין ספר שופטים לשמואל, אולם הפעם על דרך ההיפוך: לעומת ספר שופטים, שבו השבטים נלחמים נגד בנימין ובעלי בריתו אנשי יבש גלעד וכמעט גורמים להכחדתם, בספר שמואל מתואר מצב הפוך, חיובי, בזכותו של המלך הראשון בישראל – שאול. עם הימשחו למלך שאול מצליח לרתום את כל שבטי העם **להצלת** אנשי יבש גלעד, והפעם לא מידי אחיהם אלא מידיו של אויב חיצוני – נחש העמוני (שם יא).[18] ניגוד זה מבליט את חשיבות המלך, שבכוחו לאחד את כל פלגי העם ללא יוצא מן הכלל ולהגן עליו.

יש אפוא קול בולט בספר שמואל האוהד את רעיון המלוכה ומדגיש את נחיצותו. על רקע הדברים האלה אני מבקש להציע כי דבריו החריפים של ה' לשמואל בגנות מוסד המלוכה – 'לא אותך מאסו כי אותי מאסו' – אינם סירוב גורף עקרוני לעצם מוסד המלוכה אלא ביטוי לחששו של ה' מהידרדרות בפועל של מוסד זה אל מחוזות בלתי רצויים, או במילים אחרות הבעת חשש שמלך ישראל יהיה ככל הגויים.

ואכן, סיפורים רבים בספר שמואל משמשים הדגמה חיה לסכנות המשחרות לפתחה של מלוכה אנושית. סכנה אחת היא הכוח הכרוך

17 על כך ראו בהרחבה בפרק א בספר זה.

18 קשר מהופך זה שבין מלחמת האחים בספר שופטים לבין מלחמתו של שאול להצלת אנשי יבש גלעד בא לידי ביטוי פיגורטיבי־לשוני מובהק. אישה של הפילגש שאנסו בני בנימין ומתה מבתר את גופתה לשנים עשר חלקים ומשלח אותם "בְּכֹל גְּבוּל יִשְׂרָאֵל" (שופטים יט כט). בראותם את המעשה השבטים נקהלים "כְּאִישׁ אֶחָד" (שם כ א) ויוצאים להילחם בבנימין. גם שאול מנתח צמד בקר (שמ"א יא ז), משלח אותו "בְּכָל גְּבוּל יִשְׂרָאֵל" (שם) ומאיים על העם שמי שלא יצא איתו למלחמה "כֹּה יֵעָשֶׂה לִבְקָרוֹ" (שם), ואכן העם יוצאים "כְּאִישׁ אֶחָד" (שם) אחרי שאול.

בעקבם של השלטון והשליטה, והיא באה לידי ביטוי מפורש בדברי שמואל בהצגתו את משפט המלך לפני העם. בדבריו משפט המלך, שאמור לשקף צדק, אינו אלא רשימה מפורטת של עוולות; אותו מלך נחשק, שמואל מזהיר את העם, **ייקח** מכם את כל אשר לכם, וזה יהא 'משפטו':

> וַיֹּאמֶר זֶה יִהְיֶה מִשְׁפַּט הַמֶּלֶךְ אֲשֶׁר יִמְלֹךְ עֲלֵיכֶם אֶת בְּנֵיכֶם **יִקָּח** וְשָׂם לוֹ בְּמֶרְכַּבְתּוֹ וּבְפָרָשָׁיו וְרָצוּ לִפְנֵי מֶרְכַּבְתּוֹ: וְלָשׂוּם לוֹ שָׂרֵי אֲלָפִים וְשָׂרֵי חֲמִשִּׁים וְלַחֲרֹשׁ חֲרִישׁוֹ וְלִקְצֹר קְצִירוֹ וְלַעֲשׂוֹת כְּלֵי מִלְחַמְתּוֹ וּכְלֵי רִכְבּוֹ: וְאֶת בְּנוֹתֵיכֶם **יִקָּח** לְרַקָּחוֹת וּלְטַבָּחוֹת וּלְאֹפוֹת: וְאֶת שְׂדוֹתֵיכֶם וְאֶת כַּרְמֵיכֶם וְזֵיתֵיכֶם הַטּוֹבִים **יִקָּח** וְנָתַן לַעֲבָדָיו: וְזַרְעֵיכֶם וְכַרְמֵיכֶם יַעְשֹׂר וְנָתַן לְסָרִיסָיו וְלַעֲבָדָיו: וְאֶת עַבְדֵיכֶם וְאֶת שִׁפְחוֹתֵיכֶם וְאֶת בַּחוּרֵיכֶם הַטּוֹבִים וְאֶת חֲמוֹרֵיכֶם **יִקָּח** וְעָשָׂה לִמְלַאכְתּוֹ: צֹאנְכֶם יַעְשֹׂר וְאַתֶּם תִּהְיוּ לוֹ לַעֲבָדִים (שמ"א ח יא–יז).

הסכנה השנייה ממוקדת במישור שבין האדם לה': מלך שאינו רואה את עצמו כפוף לה' דוחק מיניה וביה את רגלי השכינה. את הסכנה הזו מבטא ה' בדבריו אל שמואל לאחר בקשת העם למלך: "וַיֹּאמֶר ה' אֶל שְׁמוּאֵל שְׁמַע בְּקוֹל הָעָם לְכֹל אֲשֶׁר יֹאמְרוּ אֵלֶיךָ **כִּי לֹא אֹתְךָ מָאָסוּ כִּי אֹתִי מָאֲסוּ מִמְּלֹךְ עֲלֵיהֶם**: כְּכָל הַמַּעֲשִׂים אֲשֶׁר עָשׂוּ מִיּוֹם הַעֲלֹתִי אֹתָם מִמִּצְרַיִם וְעַד הַיּוֹם הַזֶּה וַיַּעַזְבֻנִי וַיַּעַבְדוּ אֱלֹהִים אֲחֵרִים כֵּן הֵמָּה עֹשִׂים גַּם לָךְ" (שם ז–ח).

ואולם לצד סיפורים המתארים שלטון בעייתי – מהתנהלות פוליטית גסה ועד אלימות קשה – יש סיפורים אחרים שבהם המלך מציג הבנה צלולה להפליא של האופן שבו ראוי לו למלך לנהוג: להכיר שהוא בשר ודם ובן חלוף ולקבל את מלכות ה', לקבל עליו אחריות לפשעיו ולמשוגותיו ולנהוג בבני עמו באחווה.

דוד המלך, הדמות הדומיננטית ביותר בספר שמואל, משמש דוגמה מובהקת למורכבות זו. בסיפוריו משולבים זה בזה רגעים של גדלות נפש נדירה עם רגעים של קהות רוחנית ומוסרית בכל מיני

דרגות. הסיפור שבו החל כוכבו של דוד לדרוך – סיפור ניצחונו המזהיר על גוליית הענק הפלשתי – הוא כמובן אחת הדוגמאות הבולטות לרגעים של גדולה. סיפור זה מציג את דוד כאדם אמיץ וחכם שניחן בתפיסה עמוקה ובהירה של המצב, חדור אמונה בה׳ ומקנא לכבודו ולכבוד עמו.[19]

קשה שלא להתפעם גם מתגובתו האצילית כשהוא מתבשר מפי נתן הנביא כי לא הוא אלא בנו יבנה את בית המקדש (שמ״ב ז) או מתשובתו הכנה והעמוקה על חטאו בסיפור המפקד (שם כד).[20] גדלותו של דוד משתקפת בין השאר באמצעות מערכת של מקבילות בין סיפוריו לסיפורי אברהם. לדוגמה, סיפור ניצחונו של דוד בקרב נגד העמלקים שפשטו על עירו צקלג ושבו את הנשים והילדים של דוד ואנשיו (שמ״א ל) כולל רמזים לשוניים מובהקים לניצחונו של אברהם על ארבעת המלכים ששבו את אנשי סדום, ובכללם את לוט בן אחיו.[21] ברגעים אלו דמותו של דוד מתבלטת במלוא הודה ותפארתה, ואנו מבינים מדוע הוא נתפס במסורת היהודית כמי שהמשיח עתיד לצאת ממנו, משיח בן דוד.[22]

לצד זאת עולים מספר שמואל גם צדדים בעייתיים באורחותיו של דוד, שלא פעם שגה בשיפוטו, הפעיל כוח בלתי מבוקר או נכנע ליצרו וניצל לרעה את כוחו. ביקורת על דוד יש גם על מעשיו בשנים שקדמו למלכותו, בימים שברח מפני שאול ונדד ממקום למקום. מסיפורי דוד שאירעו בתקופה זו ניכר כי דוד חתר אל המלוכה בעקביות ובנחישות. מהלכיו לקראת יעד זה באו לעיתים במחיר של פגיעה באחרים ואף בקרוביו ובאוהביו שסייעו לו בשעותיו הקשות,

19 על כך ראו עוד בתחילת החלק השלישי בספר זה.

20 ראו בפרק יא ויג בספר זה.

21 ראו בפרק יב בספר זה.

22 לדוד פנים רבות במקרא שקשה אם לא בלתי אפשרי ליישבן זו עם זו. אינו דומה דוד של ספר שמואל לזה של ספר דברי הימים, ואלו אינם דומים לדוד של ספר תהלים. בספר זה נתמקד בדמותו של דוד בספר שמואל.

כדוגמת אחימלך כוהן נוב, שר צבאו יואב בן צרויה, אשתו מיכל ורעהו יונתן בן שאול.[23]

בדרך כלל בני האדם אינם מזהים את נגעי עצמם, נוטים להתגונן מפני ביקורת ונמנעים משינוי. ״אדם קרוב אצל עצמו״, אמרו חז״ל,[24] וכשמדובר בבעלי כוח ושררה העיוורון עלול להפוך לסכנה של ממש. דוד, השומע מנתן הנביא על אותו עשיר רע לב שלקח את כבשתו היחידה של הרש, חורץ את דינו ללא ניד עפעף: ״בֶּן מָוֶת הָאִישׁ!״ (שמ״ב יב ה) בלי לשים לב שהוא עצמו ׳האיש׳, היינו מי שלקח אליו את בת שבע ושלח את בעלה אל מותו. דוד מוקיע את מעשיו הרעים של העשיר ומגלה בכך רגישות מוסרית גבוהה, אולם עיוורונו כלפי עצמו מונע ממנו לזהות את המשמעות האכזרית פי כמה של מעשיו שלו.

את האמת הצלולה, אומר לנו המספר, נשמע לרוב מפי החלשים והדחויים, מי שעומדים מחוץ למערכת הכוח ועל כן יכולים להשקיף עליה במבט משוחרר ולהבחין בחולשותיה ובפגמיה. דוגמה חיובית ונפלאה להמחשת תובנה זו היא חנה אם שמואל. הספר פותח בסיפורה של חנה, הבאה עם משפחתה אל משכן שילה מדי שנה בשנה, ובמעבה האפלה המוסרית והרוחנית האופפת את המקום מתפללת אל ה׳ ומבקשת עתיד טוב יותר בעבורה ובעבור העולם. במקום שבו ״אֵין חָזוֹן נִפְרָץ״ (שמ״א ג א) היא מבקשת התגלות אלוהית של צדק. חנה מסוגלת להבחין בנגע שפשה בשילה מאחר שהיא אישה עקרה, ולכן עומדת מחוץ למוקדי הכוח והשררה. היא אדם מן החוץ, ולכן היא יכולה לזהות את הכשלים במערכת שבעלי הכוח הסובבים אותה משלימים איתה ומתחזקים אותה.[25]

חשוב להדגיש: הביקורת אינה כל התמונה. הכוח עלול להשחית, אולם באשר לשאלה העקרונית על המלכות ספר שמואל מציע דווקא

23 נרחיב על כך בחלק השני בספר זה.

24 ראו למשל, בבלי, יבמות כה ע״ב.

25 ראו בפרק א בספר זה.

תשובה מעוררת תקווה: מלכות אנושית מתוקנת אינה בלתי אפשרית. בתחילת ספר שמואל חנה עומדת במשכן שילה וחולמת על מציאותו של מלך שימשש בהנהגתו את הסדר האלוהי הראוי לעולם, והנה בסיפור המפקד החותם את ספר שמואל – ובמידה רבה גם את חייו של דוד – אנו מגלים כי חלומה של חנה התגשם. סיפור המפקד הוא סיפור על מלך שמתוודה על חטאיו ומוכן להקריב את עצמו בעבור נתיניו־אחיו. בסיפור זה דוד משתית בעולם ערכים אלוהיים של צדק ורחמים, ואלו מזכים אותו במציאת מקום המקדש, מקום של צדק ורחמים, המקום שבו ה׳ רואה ונראה.

סוגיית המלוכה על היבטיה היא הבריח התיכון החורז את העיונים המוגשים כאן לפני הקוראים. אין כאן פרשנות רציפה לפרקי הספר, ומטבע הדברים דילגתי על לא מעט סיפורים ועניינים חשובים. ואולם מנקודת מבטי המלוכה איננה רק סוגיה חשובה אלא הסוגיה העיקרית שבה הספר שב והופך. ספר שמואל כפי שאני מציע לקרוא אותו מבטא לכל אורכו ביקורת נוקבת כלפי כמה וכמה דמויות, ובהן אנשים גדולים וצדיקים שאינם מרסנים את כוחם כראוי ולעיתים אף משתמשים בו לרעה. הספר מזכיר לנו גם את מחירה הכבד – ובמידה רבה הבלתי נמנע – של הפוליטיקה. אומנם הביקורת שהכתוב משמיע אינה נאמרת תמיד במפורש, אולם די לעיתים בסיפור עצמו ובאוזן רגישה למובלע ולמרומז כדי לקלוט אותה מבין השורות. בעיניי אמינותו ועומקו המוסרי של הספר הזה וגם עוצמתו הספרותית הגדולה נובעים דווקא מן הדרך ה׳תמימה׳ שבה הספר מציג את סיפור המעשה בלי להשמיע (בדרך כלל) אמירה שיפוטית על שהתרחש.

אם כן, איני מזדהה עם קריאות המנסות להעלים או לטשטש את המבוכות והצרימות העולות מן הכתוב, קריאות העושות אידיאליזציה לנפשות הפועלות או מבקשות להתאימן עם מה שנחשב לתפיסה המקובלת. מחבר הספר הוא מופת בעיניי לאדם בעל חופש מחשבה שאינו מהסס לסטות מן הצפוי וללכת נגד המקובל. עדות נפלאה לכך היא סיפור שאול ובעלת האוב. בסיפור זה מצפה לנו היפוך מרעיש: שמואל הנביא מופיע בפנים נוקשות וחמורות של דין, דוחה את שאול

ומתנכר אליו, ואילו בעלת האוב, שהתורה רואה בעיסוקה עבודה זרה ומצווה להמיתה,[26] מארחת בצל קורתה את שאול – אותו שאול שעל פי עדות הכתוב הכרית את האובות והידעונים מן הארץ – ומתגלה כדמות רחמנית המקרבת את שאול, סועדת אותו ותומכת בו בשעתו הקשה.[27] שנים רבות תמהתי לפשר הדבר, אך עם הזמן הבנתי שבנקודה זו מגולם אחד מסודותיו העמוקים ביותר של הספר. מחברו של ספר זה לא נמנע מלהעלות על הכתב סיפור שבו בעלת אוב מוצגת באור יקרות כל עוד הסיפור משקף את האמת והראוי, גם אם הוא מוזר ואף עומד במתח של ממש עם המסורת המקובלת. תקוותי היא כי קריאותיי המוגשות כאן לקוראים משקפות נאמנה את כוונת מחברו בבואו לתאר לפנינו ביושר ובאומץ את 'משפט המלך'.

26 ראו ויקרא כ כז; דברים יח יא.

27 ראו: אוריאל סימון, "שאול בעין דור – איזון סיפורי בין הנביא הדוחה ובעלת האוב המקרבת", משה בר אשר (עורך), **ספר היובל לרב מרדכי ברויאר: אסופת מאמרים במדעי היהדות**, א, ירושלים תשנ"ב, עמ' 124-113. סימון עמד בהרחבה על ההבדל בתפקודם של שמואל ושל בעלת האוב בסיפור ודן בפשרו של הבדל זה.

חלק ראשון

# חלומות והחמצות – ימי שמואל ושאול

# פתיחה

בפרקיו הראשונים של ספר שמואל אנו פוגשים את הכהונה בתפקיד מוסד ההנהגה המרכזי. שמואל, חניכו של עלי הכוהן בשילה, הוא חוליית מעבר למוסד ההנהגה הבא: מוסד המלוכה. שמואל הוא אשר ממליך את המלך הראשון בישראל – שאול.

הספר פותח בסיפור הולדתו של שמואל, שמואל השופט והנביא, ממליך שני המלכים הראשונים בישראל – שאול ודוד. במרכז סיפור לידתו של שמואל, המשתרע על פני שני הפרקים הראשונים של הספר, ניצבת דמותה של חנה אשת אלקנה ואם שמואל, ובכך נעסוק בפרק הראשון של חלק זה.

חנה איננה רק אימו יולדתו של שמואל הנביא אלא דמות גדולה וחשובה בפני עצמה. קווי אישיותה ופועלה זוהרים באור יקרות על רקע שאר הדמויות בסיפור, בראש ובראשונה על רקע שני בני עלי המושחתים, אך גם נוכח דמויות חיוביות יותר כאישה אלקנה וכעלי כוהן שילה. חנה היא האישה היחידה שהמקרא מספר לנו כי התפללה,[1] ובתפילתה זו ראו חז״ל בניין אב לתפילות כולן.[2] שתי

1 אולי למעט רבקה, שעליה נאמר "וַתֵּלֶךְ לִדְרֹשׁ אֶת ה׳" (בראשית כה כב), אם כי לא ברור מה משמעה של דרישה זו. רמב״ן פירש שמדובר בתפילה, אך אין זה נראה פשוטו של מקרא.

2 ראו במסכת ברכות לא ע״א: "אמר רב המנונא: כמה הלכתא גברוותא איכא למשמע מהני קראי דחנה וכו׳".

תפילותיה – הנדר שנדרה בשילה והתפילה שנשאה לאחר שנולד בנה – מבטאות את יכולתה להבחין בליקוי המאורות הרוחני והמוסרי של תקופתה ואת יכולתה לדמיין עתיד טוב יותר לה ולעולם בדמותו של מלך שיממש את ערכי הצדק האלוהיים בעולם.

בפרק השני של ספר זה נעיין בפרקים ט–טו בספר שמואל המספרים את סיפורה של מלכות שאול. הסיפור מסתיים סיום טרגי לאחר זמן קצר למדי: בפרק ט שמואל ממליך את שאול למלך, ובפרק טו שאול מתבשר כי מלכותו נקרעה והועברה לאחר.

חטאי שאול גורמים לו שיאבד את מלכותו, וכדברי ה׳ אל שמואל לאחר מלחמת עמלק: ״נִחַמְתִּי כִּי הִמְלַכְתִּי אֶת שָׁאוּל לְמֶלֶךְ כִּי שָׁב מֵאַחֲרַי וְאֶת דְּבָרַי לֹא הֵקִים״ (שמ״א טו יא), אולם אין זו כל התמונה: עיון נוסף יגלה כי בכישלון מעורב עוד גורם. לפי הפרשנות שאציע, היה לשמואל, שותפו של שאול בהנהגת העם, חלק מרכזי בכך: יחסו הפטרנליסטי המוגזם כלפי שאול והתנגדותו העמוקה לקבל את רעיון המלוכה האנושית – בניגוד לציווי המפורש של ה׳ – קיצצו בכנפיו של שאול ופגעו בהתנהלותו. כאן על דרך השלילה חוזר וניעור הלקח שלמדנו מסיפור חנה: הכוח והסמכות עלולים להעכיר את הראייה הצלולה, כולל את זו של אדם דגול כשמואל הנביא, הרואה, המושווה בגדלותו למשה.

## פרק א

# חנה בשילה

### חנה ואלקנה

כך נפתח הסיפור: "וַיְהִי אִישׁ אֶחָד מִן הָרָמָתַיִם צוֹפִים מֵהַר אֶפְרָיִם וּשְׁמוֹ אֶלְקָנָה בֶּן יְרֹחָם בֶּן אֱלִיהוּא בֶּן תֹּחוּ בֶן צוּף אֶפְרָתִי: וְלוֹ שְׁתֵּי נָשִׁים שֵׁם אַחַת חַנָּה וְשֵׁם הַשֵּׁנִית פְּנִנָּה וַיְהִי לִפְנִנָּה יְלָדִים וּלְחַנָּה אֵין יְלָדִים" (שמ"א א א–ב).

בין שתי הנשים, חנה ופנינה, שורר מתח עז המתפרץ מדי שנה בשנה בעלות המשפחה לרגל לשילה. העלייה המשפחתית למשכן מתוארת בפסוק הבא, הפותח גם צוהר חשוב לדמותו של אלקנה, אב המשפחה: "וְעָלָה הָאִישׁ הַהוּא מֵעִירוֹ מִיָּמִים יָמִימָה לְהִשְׁתַּחֲוֹת וְלִזְבֹּחַ לַה' צְבָאוֹת בְּשִׁלֹה וְשָׁם שְׁנֵי בְנֵי עֵלִי חָפְנִי וּפִנְחָס כֹּהֲנִים לַה'" (שם ג).

אלקנה מקפיד לעלות מדי שנה בשנה אל משכן ה' בשילה, להשתחוות ולזבוח. במבט ראשון זו נראית תמונה חיובית וטובה, אבל עיון מדוקדק יותר בפסוק חושף כיוונים אחרים. ראשית, הכתוב מציין כי בשילה, המקום שאליו אלקנה מקפיד להגיע מדי שנה בשנה, מכהנים 'שני בני עלי חפני ופנחס'. היינו מצפים שהכתוב ידגיש דווקא את נוכחותו של עלי האב; מדוע בחר להדגיש דווקא את נוכחותם של בניו?

אין ספק כי באזכור זה יש רמז מטרים למה שיסופר לנו בהמשך על אודות בני עלי:

> וּבְנֵי עֵלִי בְּנֵי בְלִיָּעַל לֹא יָדְעוּ אֶת ה׳: וּמִשְׁפַּט הַכֹּהֲנִים אֶת הָעָם כָּל אִישׁ זֹבֵחַ זֶבַח וּבָא נַעַר הַכֹּהֵן כְּבַשֵּׁל הַבָּשָׂר וְהַמַּזְלֵג שְׁלֹשׁ הַשִּׁנַּיִם בְּיָדוֹ: וְהִכָּה בַכִּיּוֹר אוֹ בַדּוּד אוֹ בַקַּלַּחַת אוֹ בַפָּרוּר כֹּל אֲשֶׁר יַעֲלֶה הַמַּזְלֵג יִקַּח הַכֹּהֵן בּוֹ כָּכָה יַעֲשׂוּ לְכָל יִשְׂרָאֵל הַבָּאִים שָׁם בְּשִׁלֹה: גַּם בְּטֶרֶם יַקְטִרוּן אֶת הַחֵלֶב וּבָא נַעַר הַכֹּהֵן וְאָמַר לָאִישׁ הַזֹּבֵחַ תְּנָה בָשָׂר לִצְלוֹת לַכֹּהֵן וְלֹא יִקַּח מִמְּךָ בָּשָׂר מְבֻשָּׁל כִּי אִם חָי: וַיֹּאמֶר אֵלָיו הָאִישׁ קַטֵּר יַקְטִירוּן כַּיּוֹם הַחֵלֶב וְקַח לְךָ כַּאֲשֶׁר תְּאַוֶּה נַפְשֶׁךָ וְאָמַר לֹא כִּי עַתָּה תִתֵּן וְאִם לֹא לָקַחְתִּי בְחָזְקָה: וַתְּהִי חַטַּאת הַנְּעָרִים גְּדוֹלָה מְאֹד אֶת פְּנֵי ה׳ כִּי נִאֲצוּ הָאֲנָשִׁים אֵת מִנְחַת ה׳ (שם ב יב–יז).

בני עלי מנהלים את עבודת ה׳ בשילה ניהול קלוקל ומושחת. החוקר משה גרסיאל הראה ש׳משפט הכוהנים׳ הנזכר בפתיחת התיאור, החוק שלאורו נוהג הנער הפועל בשליחותם של בני עלי, הוא פתיחה אירונית, שכן משפט זה איננו אלא הפרה בוטה ומזלזלת של ׳משפט הכוהנים׳ המקורי, הנזכר בספר דברים (יח ג–ה).[1] לעומת האמור בספר דברים, המדגיש את חובת הנתינה, "**וְנָתַן** לַכֹּהֵן הַזְּרֹעַ" (דברים יח ג), כאן בא הנער ולוקח בחוזקה – ׳**ייקח** הכוהן [...] ולא **ייקח** ממך בשר מבושל כי אם חי [...] עתה תיתן ואם לא **לקחתי** בחוזקה׳. לעומת משפט הכוהנים, שבו מפורטות מתנות מוגדרות המיועדות לכוהן, "הַזְּרֹעַ וְהַלְּחָיַיִם וְהַקֵּבָה" (דברים יח ג), כאן: ׳כל אשר יעלה המזלג ייקח הכוהן׳. ולבסוף, אף שמן התורה עולה שלכוהנים מותר לאכול את הבשר רק לאחר זריקת הדם והקטרת האימורים על המזבח (דברים יב כז),[2] כאן עוד ׳בטרם יקטירון את החלב ובא נער הכוהן׳ וכו׳. בבני עלי, בני בלייעל,

1 ראו: משה גרסיאל, **ספר שמואל א: עיון ספרותי במערכי־השוואה, באנלוגיות ובמקבילות**, רמת גן תשמ"ג, עמ׳ 38–39.

2 ראו גם משנה תורה לרמב"ם, הלכות פסולי המוקדשין יח, ז.

הכתוב מטיח ביקורת קשה וחמורה: 'ותהי חטאת הנערים גדולה מאוד [...] כי ניאצו האנשים את מנחת ה'".[3] מעבר ללקיחה הכוהנית מסופר בהמשך הפרק כי השניים חטאו גם בניאוף: "וְעֵלִי זָקֵן מְאֹד וְשָׁמַע אֵת כָּל אֲשֶׁר יַעֲשׂוּן בָּנָיו לְכָל יִשְׂרָאֵל וְאֵת אֲשֶׁר יִשְׁכְּבוּן אֶת הַנָּשִׁים הַצֹּבְאוֹת פֶּתַח אֹהֶל מוֹעֵד" (שמ"א ב כב).[4] עתה ברור מדוע הצניע הכתוב את נוכחותו של עלי והדגיש דווקא את בניו; שני בני עלי, אנו מגלים, הם מנהליה של שילה, הם ששולטים בשטח. ממילא כאשר הכתוב מספר שאלקנה עולה לרגל אל שילה, שבו מכהנים 'שני בני עלי חפני ופנחס', הוא צובע בגוון שלילי את עלייתו לרגל. אלקנה מגיע מדי שנה בשנה למקום שהתנהלותו מושחתת ותורם בכך להתמדת פעילותו, גם אם שלא בכוונה רעה.

עוד רמז בכיוון דומה טמון באזכור הזביחה וההשתחוויה בעת עלייתו של אלקנה אל שילה. הצמד 'זבח' ו'השתחוויה' מופיע בספר שמואל בהקשר מובהק של חטא. שאול לא מילא כהלכה את מצוות ה' להחרים את כל אשר לעמלק, ובתגובה על שאלותיו של שמואל הוא מצטדק: "וַיִּקַּח הָעָם מֵהַשָּׁלָל צֹאן וּבָקָר רֵאשִׁית הַחֵרֶם **לִזְבֹּחַ** לַה' אֱלֹהֶיךָ בַּגִּלְגָּל" (שמ"א טו כא), ולאחר ששמואל נוזף בו (ראו להלן) שאול מבקש ממנו: "וְעַתָּה שָׂא נָא אֶת חַטָּאתִי וְשׁוּב עִמִּי **וְאֶשְׁתַּחֲוֶה** לַה'" (שם כה).[5] מדבריו החריפים של שמואל אפשר ללמוד היכן הבעיה בזבח והשתחוויה: "וַיֹּאמֶר שְׁמוּאֵל הַחֵפֶץ לַה' בְּעֹלוֹת וּזְבָחִים כִּשְׁמֹעַ בְּקוֹל ה' הִנֵּה שְׁמֹעַ מִזֶּבַח טוֹב לְהַקְשִׁיב מֵחֵלֶב אֵילִים" (שם כב). השמיעה בקול ה' היא העניין המהותי. באופן עמוק יותר ראיית הזבח וההשתחוויה כחזות הכול מבטאת תפיסה מאגית – שליטה באלוהות באמצעים

3 וכן בהמשך בדברי איש האלוהים לעלי, שמ"א ב כט.

4 יש הקבלות ניגודיות רבות ומאלפות בין שמואל לבני עלי. ראו על כך גרסיאל, ספר שמואל א, עמ' 39–41.

5 ההשתחוויה חוזרת שוב בפסוקים ל–לא.

מכניים. ראייה זו משקפת חוסר הבנה עמוק, שכן הזבח אמור להיות ביטוי לקשר עם ה׳, והוא מותנה בשמיעה בקולו ובעשיית מצוותיו.[6]

הפסוקים המתארים את עליית אלקנה לשילה שולחים אותנו להקשרים שליליים אחרים. צירוף המילים ׳מימים ימימה׳ בתיאור העלייה לרגל – ״וְעָלָה הָאִישׁ הַהוּא מֵעִירוֹ מִיָּמִים יָמִימָה״ (שמ״א א ג) – שולח רמז ברור לספיחי פרשת המלחמה שבין שבטי ישראל לבנימין בסוף ספר שופטים. האונס האכזרי של הפילגש בגבעת בנימין גרר מלחמה עקובה מדם. השבטים יצאו כאיש אחד למלחמה בבנימין, והשבט כמעט הושמד בה כולו. לאחר המלחמה הבין העם ששבט שלם עומד להיכחד, שכן בני ישראל נשבעו שאיש מהם לא ייתן את בתו לבנימין לאישה (שופטים כא א), אך זקני העדה מצאו מוצא:

> וַיֹּאמְרוּ הִנֵּה חַג ה׳ בְּשִׁלוֹ מִיָּמִים יָמִימָה אֲשֶׁר מִצְּפוֹנָה לְבֵית אֵל מִזְרְחָה הַשֶּׁמֶשׁ לִמְסִלָּה הָעֹלָה מִבֵּית אֵל שְׁכֶמָה וּמִנֶּגֶב לִלְבוֹנָה: וַיְצַוּוּ אֶת בְּנֵי בִנְיָמִן לֵאמֹר לְכוּ וַאֲרַבְתֶּם בַּכְּרָמִים: וּרְאִיתֶם וְהִנֵּה אִם יֵצְאוּ בְנוֹת שִׁילוֹ לָחוּל בַּמְּחֹלוֹת וִיצָאתֶם מִן הַכְּרָמִים וַחֲטַפְתֶּם לָכֶם אִישׁ אִשְׁתּוֹ מִבְּנוֹת שִׁילוֹ וַהֲלַכְתֶּם אֶרֶץ בִּנְיָמִן (שם יט–כא).

עצת הזקנים הייתה לאפשר לבני בנימין לקחת בכוח נשים מכרמי שילה בחגיגת המחולות שנערכה שם. הם נסמכו על שבועת בני ישראל שלא **לתת** מבנותיהם לבנימין, ומכאן, דרשו הזקנים, **לקיחתן** על ידי בני השבט אינה בכלל השבועה.

עקיפת השבועה בדרך זו נועדה אומנם לשקם את שבט בנימין, אבל נראה שהכתוב מותח ביקורת על הפתרון שמצאו הזקנים. עם סיום

6 תפיסה מאגית של קשר עם ה׳ מתגלה גם במלחמת העם נגד הפלשתים בפרק ד. העם סבור כי ארון האלוהים המובא למחנה יושיע אותם מן הפלשתים, אך העם ניגף במלחמה והארון נשבה. על מופעיו של הארון בספר שמואל ומשמעותם ראו בפרק יד בספר זה. כישלון המלוכה של שאול קשור אף הוא באי־הבנה של פעולות פולחניות ושל טקסי פולחן – ההשתחוויה, הזבח, השאילה באורים ותומים וכן הלאה. על משמעות חטאו של שאול ראו בפרק ב בספר זה.

תיאור חטיפת הנשים מופיע הפסוק הזה, החותם גם את ספר שופטים כולו: "בַּיָּמִים הָהֵם אֵין מֶלֶךְ בְּיִשְׂרָאֵל אִישׁ הַיָּשָׁר בְּעֵינָיו יַעֲשֶׂה" (שם כה). פסוק זהה בלשונו מופיע בספר שופטים בפרק יז בהקשר שלילי מובהק – עבודה זרה: "וְהָאִישׁ מִיכָה לוֹ בֵּית אֱלֹהִים וַיַּעַשׂ אֵפוֹד וּתְרָפִים וַיְמַלֵּא אֶת יַד אַחַד מִבָּנָיו וַיְהִי לוֹ לְכֹהֵן: בַּיָּמִים הָהֵם אֵין מֶלֶךְ בְּיִשְׂרָאֵל אִישׁ הַיָּשָׁר בְּעֵינָיו יַעֲשֶׂה" (שופטים יז ה-ו).

האפוד והתרפים של מיכה הם אביזרי עבודה זרה שיש בה פריצת גבולות מוחלטת. גם עקיפת השבועה וחטיפת הנשים מבטאות, על פי הכתוב, מצב אנרכי שאפיין את תקופת השופטים כולה. חטיפת הנשים המסיבית, על אף היותה פתרון שמנע את היכחדות שבט בנימין, היא אירוע בעייתי שהתאפשר בשל היעדר מלך, והוא חלק מהתמונה שהכתוב מבקר. שרשרת המאורעות שהחלה באונס הפילגש היא רצף טרגי של אי־סדרים וכשלים: היציאה השגויה למלחמת אחים שבה כמעט חוסל שבט בנימין כולו, הריגת אנשי יבש גלעד בשל הפרת שבועת השבטים ולבסוף עקיפת השבועה באמצעות חטיפת נשים משילה, ממקום המשכן. חטיפת הנשים בשילה היא מעשה כוחני המזכיר במידת מה את אונס הפילגש בעל כורחה, שהתחיל את כל הסיפור.

הכתוב בתחילת ספר שמואל שב ומהדהד את אירוע חטיפת הנשים: בשוכבם עם הנשים הצובאות פתח אוהל מועד בני עלי ממשיכים את חטיפת הנשים ההיא שנעשתה במסגרת החג הנחגג בכרמי שילה 'מימים ימימה'. זוהי השגרה הפסולה של משכן שילה שאליו אלקנה עולה 'מימים ימימה'. אלקנה הוא איש של 'מימים ימימה' בהיבט נוסף:

וַיְהִי הַיּוֹם וַיִּזְבַּח אֶלְקָנָה וְנָתַן לִפְנִנָּה אִשְׁתּוֹ וּלְכָל בָּנֶיהָ וּבְנוֹתֶיהָ מָנוֹת: וּלְחַנָּה יִתֵּן מָנָה אַחַת אַפָּיִם כִּי אֶת חַנָּה אָהֵב וַה' סָגַר רַחְמָהּ: וְכִעֲסַתָּה צָרָתָהּ גַּם כַּעַס בַּעֲבוּר הַרְּעִמָהּ כִּי סָגַר ה' בְּעַד רַחְמָהּ: וְכֵן יַעֲשֶׂה שָׁנָה בְשָׁנָה מִדֵּי עֲלֹתָהּ בְּבֵית ה' כֵּן תַּכְעִסֶנָּה וַתִּבְכֶּה וְלֹא תֹאכַל: וַיֹּאמֶר לָהּ אֶלְקָנָה אִישָׁהּ חַנָּה לָמֶה תִבְכִּי וְלָמֶה לֹא תֹאכְלִי וְלָמֶה יֵרַע לְבָבֵךְ הֲלוֹא אָנֹכִי טוֹב לָךְ מֵעֲשָׂרָה בָּנִים (שמ"א א ד-ח).

אלקנה מרעיף אהבה על חנה אשתו ומחלק לה מן הזבח מנת בשר גדולה או משובחת, 'מנה אחת אפיים'.[7] אלקנה אוהב את חנה באמת ובתמים, ואהבה זו היא תשובת המשקל למעשיה של צרתה פנינה. הכתוב מעמיד את הניגוד בין אהבתו של אלקנה לאיבתה של פנינה בשני פסוקים עוקבים: אלקנה אוהב את חנה 'וה' סגר רחמהּ', ואילו פנינה מכעיסה את חנה 'כי סגר ה' בעד רחמהּ'.[8] ואולם מנת בשר, משובחת וגדולה ככל שתהיה, אינה תחליף לבן, וכך גם לא אהבתו של אלקנה. לכאורה הוא מעניק לה עוד בנסותו לעשות טוב, אבל בעצם גורע ממנה, כי הנתינה היתרה לחנה גורמת לפנינה להכעיס אותה, ובסופו של דבר 'ותבכה ולא תאכל'.[9] לאמיתו של דבר, אלקנה לא זו בלבד שאינו מנחם את אשתו באהבתו אלא למעשה מפגין אטימות למצוקתה; סדרת שאלות ה'למה' שהוא מפנה אליה בפסוק ח הן שאלות רטוריות שנועדו להטיף לה לשנות את התנהגותה. נראה כי הוא מאשים אותה בעקשנות מיותרת ואולי אף בכפיות טובה, הרי טוב הוא לה מעשרה בנים!

פסוקים אלו מבטאים את נטייתו השגרתית של אלקנה: מדי עלותה לשילה חנה ממשיכה לבכות ואינה אוכלת, אך במקום שאלקנה ישנה גישה הוא ממשיך לעשות את אותו דבר, 'וכן יעשה שנה בשנה'. למעשה, אלקנה מפציר בחנה לוותר ולהמשיך הלאה, לשמוח באהבתו ולהשלים עם עקרותה. אלקנה אף אינו מתפלל בעד אשתו. אפשר שהסיבה לכך היא ששפת התפילה זרה לו ורחוקה ממנו והוא אינו מכיר אלא את שפת הריטואל הפולחני: לעלות לרגל, להשתחוות ולזבוח.[10]

7 הביטוי יחידאי וקשה. רש"י, על סמך מדרש שמואל (בובר) א, ח, פירש כי מדובר בחלק מובחר הניתן בסבר פנים יפות. רד"ק פירש: "מנה אחת נכבדת להשיב אפה וכעסה".

8 כי סגר – אשר סגר, משום שסגר. כלומר, פנינה מקניטה את חנה על עקרותה.

9 למבט ביקורתי נוקב על דברי אלקנה לחנה ראו: Jan P. Fokkelman, *Narrative Art and Poetry in the Books of Samuel*, Assen 1993, pp. 29–31.

10 זביחה והשתחוויה מופיעות גם בסופו של סיפורנו, אך הפעם בהקשר חיובי המהדהד את פרשת עקדת יצחק (לעיון במערכת הקבלות מסועפת בין פרק כד

## חנה ועלי הכוהן

במר ליבה פונה חנה אל האלוהים: "וַתִּדֹּר נֶדֶר וַתֹּאמַר ה' צְבָאוֹת אִם רָאֹה תִרְאֶה בָּעֳנִי אֲמָתֶךָ וּזְכַרְתַּנִי וְלֹא תִשְׁכַּח אֶת אֲמָתֶךָ וְנָתַתָּה לַאֲמָתְךָ זֶרַע אֲנָשִׁים וּנְתַתִּיו לַה' כָּל יְמֵי חַיָּיו וּמוֹרָה לֹא יַעֲלֶה עַל רֹאשׁוֹ: וְהָיָה כִּי הִרְבְּתָה לְהִתְפַּלֵּל לִפְנֵי ה' וְעֵלִי שֹׁמֵר אֶת פִּיהָ" (שמ"א א יא-יב).

לתפילתה – תפילת הנדר הקצרה של חנה – נשוב להלן, אך לפני כן נתמקד בדו־שיח שבין עלי לחנה. את התמונה שעלי רואה ממקום שבתו בפתח היכל ה' – 'רק שפתיה נעות וקולה לא יישמע' – הוא מאבחן כמצב של שכרות:

> וְחַנָּה הִיא מְדַבֶּרֶת עַל לִבָּהּ רַק שְׂפָתֶיהָ נָּעוֹת וְקוֹלָהּ לֹא יִשָּׁמֵעַ וַיַּחְשְׁבֶהָ עֵלִי לְשִׁכֹּרָה: וַיֹּאמֶר אֵלֶיהָ עֵלִי עַד מָתַי תִּשְׁתַּכָּרִין הָסִירִי אֶת יֵינֵךְ מֵעָלָיִךְ: וַתַּעַן חַנָּה וַתֹּאמֶר לֹא אֲדֹנִי אִשָּׁה קְשַׁת רוּחַ אָנֹכִי וְיַיִן וְשֵׁכָר לֹא שָׁתִיתִי וָאֶשְׁפֹּךְ אֶת נַפְשִׁי לִפְנֵי ה': אַל תִּתֵּן אֶת אֲמָתְךָ לִפְנֵי בַּת בְּלִיָּעַל כִּי מֵרֹב שִׂיחִי וְכַעְסִי דִּבַּרְתִּי עַד הֵנָּה: וַיַּעַן

החותם את ספר שמואל לבין פרשת העקדה ראו בפרק יג בספר זה). בסוף פרק א מתוארת זביחת הפר שהביאה חנה, וכן נזכרים השתחוויה ו'נער': "אֶל **הַנַּעַר** הַזֶּה הִתְפַּלָּלְתִּי וַיִּתֵּן ה' לִי אֶת שְׁאֵלָתִי אֲשֶׁר שָׁאַלְתִּי מֵעִמּוֹ: וְגַם אָנֹכִי הִשְׁאִלְתִּהוּ לַה' כָּל הַיָּמִים אֲשֶׁר הָיָה הוּא שָׁאוּל לַה' **וַיִּשְׁתַּחוּ** שָׁם לַה'" (שמ"א א כח). בפרשת העקדה אברהם, ההולך לזבוח את בנו, אומר לשני נעריו המלווים אותו: "שְׁבוּ לָכֶם פֹּה עִם הַחֲמוֹר וַאֲנִי **וְהַנַּעַר** נֵלְכָה עַד כֹּה **וְנִשְׁתַּחֲוֶה** וְנָשׁוּבָה אֲלֵיכֶם" (בראשית כב ה). יש לציין כי זהות המשתחווה בסוף פרק א בשמואל אינה מפורשת בכתוב, אם כי ברור לדעתי שלא מדובר באלקנה, שלא נזכר כלל בפסוקים החותמים את הפרק. מנגד, כפי שראינו, הזביחה והשתחוויה של אלקנה נזכרות בתחילת הפרק, בצמידות לציון בני עלי המושחתים. אותם בני עלי קרויים בכתוב 'נערים': "וַתְּהִי חַטַּאת **הַנְּעָרִים** גְּדוֹלָה מְאֹד אֶת פְּנֵי ה'" (שמ"א ב יז), והרי לנו זיקה נוספת לפרשת העקדה: כשם ששני נעריו של אברהם שנצטוו להישאר מאחור עם החמור משמשים מעין 'דמויות תשליל' להבלטת נבדלותם החיובית של אברהם ויצחק, כך נוכחותם של שני בני עלי, 'הנערים' החטאים, מבליטה את נבדלותו החיובית של שמואל.

> עֵלִי וַיֹּאמֶר לְכִי לְשָׁלוֹם וֵאלֹהֵי יִשְׂרָאֵל יִתֵּן אֶת שֵׁלָתֵךְ אֲשֶׁר שָׁאַלְתְּ מֵעִמּוֹ: וַתֹּאמֶר תִּמְצָא שִׁפְחָתְךָ חֵן בְּעֵינֶיךָ וַתֵּלֶךְ הָאִשָּׁה לְדַרְכָּהּ וַתֹּאכַל וּפָנֶיהָ לֹא הָיוּ לָהּ עוֹד (שם יג–יח).

הקוראים, שכבר יודעים שחנה נדרה להקדיש לה׳ בן שמורה לא יעלה על ראשו (שם יא), חשים מייד באבסורד שבהאשמה זו; הרי אחד מן האיסורים החלים על הנזיר הפרוש המצווה בגידול שערות ראשו הוא שתיית יין. חרדתו של עלי לכבודו של היכל ה׳ גורמת לו להחמיץ את משמעות המראה הנגלה לעיניו, את האישה **הזאת**, את חנה. עלי הכוהן, המצווה לשמור את משמרת הקודש כאחיו בני לוי, חרד לקדושת המשכן, אולם גערתו בחנה מעידה על עיוורונו. בעוד הוא מוצא לנכון לגעור בחנה אף שלא דבק בה רבב הוא נמנע מלמחות כראוי בשני בניו, המבזים במעשיהם את ה׳. עלי שומר את פיה של חנה אך אינו רואה ללבבה, שמתוכו היא מדברת אל ה׳, ׳וחנה היא מדברת על לִבה׳. בתגובתה של חנה לעלי היא משיבה על האשמה שהטיח בה תשובה מתוחכמת ועוקצנית: ׳ויין ושכר לא שתיתי ואשפוך את נפשי לפני ה׳״ – לא היין הוא הנשפך דרך פי אל קרבי אלא את נפשי שפכתי מפי לפני ה׳. ׳אל תיתן את אמתך לפני **בת בלייעל**׳, היא אומרת לעלי, ובמילה בלייעל אנו שומעים את המילים ׳בני עלי׳: איני כבניך, בני עלי, בני בלייעל.[11]

לצד הביקורת שהכתוב מפנה כלפי עלי על אשר ״לֹא כִהָה״ בבניו (שמ״א ג יג), דמותו של עלי בסיפור מצטיירת כדמות חיובית מאוד. אפשר לומר שעלי הוא אביו הרוחני של שמואל. בברכתו לחנה – ׳ואלוהי ישראל ייתן את שלתך אשר שאלת מעימו׳ – הוא מעניק את הבסיס לשם שמואל (ראו שמ״א א יז, כ), ובדומה להורים המלמדים את ילדם לדבר עלי מלמד את שמואל חניכו להבחין בהתגלות ה׳ (בפרק ג). עוד ראיה לצדיקותו של עלי היא שבעוד איש

11 גרסיאל, ספר שמואל א, עמ׳ 36–37.

האלוהים מבשר לעלי שבני ביתו ימותו בגיל צעיר, "וְלֹא יִהְיֶה זָקֵן בְּבֵיתְךָ כָּל הַיָּמִים [...] וְכָל מַרְבִּית בֵּיתְךָ יָמוּתוּ אֲנָשִׁים" (שם ב לב-לג), כשנפטר עלי נאמר עליו "כִּי זָקֵן הָאִישׁ וְכָבֵד" (שם ד יח). מכאן שבעלי עצמו לא נתקיימה הקללה למות צעיר אלא רק בבניו.

עלי הוא אדם טוב, אבל ראייתו מוגבלת. עלי הוא כמו הצדיק החי בתוך תוכי המשכן חיים שמחירם הוא לעיתים קרובות ניתוק מן המציאות הסובבת. בהיבט זה עלי מזכיר את יצחק. גם יצחק נשאר בגבולות הארץ, ואף עליו נאמר כי עיניו כהו (בראשית כז א). וכמו אצל עלי עיוורונו הפיזי של יצחק מרמז גם על עיוורון חינוכי ביעדו את הברכה לעשיו ולא ליעקב.

## שילה ומצרים

נשוב לתפילתה־נדרה של חנה: "וַתִּדֹּר נֶדֶר וַתֹּאמַר ה' צְבָאוֹת אִם רָאֹה תִרְאֶה בָּעֳנִי אֲמָתֶךָ וּזְכַרְתַּנִי וְלֹא תִשְׁכַּח אֶת אֲמָתֶךָ וְנָתַתָּה לַאֲמָתְךָ זֶרַע אֲנָשִׁים וּנְתַתִּיו לַה' כָּל יְמֵי חַיָּיו וּמוֹרָה לֹא יַעֲלֶה עַל רֹאשׁוֹ" (שמ"א א יא).

אלקנה ועלי אינם רואים את חנה, והיא מבקשת מה', הרואה האמיתי, לראות בסבלה ובצערה. רצף המילים 'אם ראה תראה בעוני' וכו' מהדהד את דברי ה' למשה בהתגלותו בסנה:

> וַיֹּאמֶר ה' **רָאֹה רָאִיתִי אֶת עֳנִי עַמִּי** אֲשֶׁר בְּמִצְרָיִם וְאֶת צַעֲקָתָם שָׁמַעְתִּי מִפְּנֵי נֹגְשָׂיו כִּי יָדַעְתִּי אֶת מַכְאֹבָיו: וָאֵרֵד לְהַצִּילוֹ מִיַּד מִצְרַיִם וּלְהַעֲלֹתוֹ מִן הָאָרֶץ הַהִוא אֶל אֶרֶץ טוֹבָה וּרְחָבָה אֶל אֶרֶץ זָבַת חָלָב וּדְבָשׁ אֶל מְקוֹם הַכְּנַעֲנִי וְהַחִתִּי וְהָאֱמֹרִי וְהַפְּרִזִּי וְהַחִוִּי וְהַיְבוּסִי: וְעַתָּה הִנֵּה צַעֲקַת בְּנֵי יִשְׂרָאֵל בָּאָה אֵלָי וְגַם רָאִיתִי אֶת הַלַּחַץ אֲשֶׁר מִצְרַיִם לֹחֲצִים אֹתָם (שמות ג ז-ט).

קשר זה שבין נדרה של חנה בשילה לבין מעמד הסנה הוא בעל משמעות רבה. שניהם מעמדים מכוננים שחוללו שינוי עמוק בעם

ישראל, יציאה לדרך חדשה. המנהיגים שהתהוו וצמחו משני המעמדים האלה – משה ושמואל[12] – גואלים את עם ישראל ממצר פיזי ורוחני.

משה נשלח במעמד הסנה לגאול את בני ישראל ממצרים, אולם גאולה זו אין פירושה פריקת עול נטולת גבול; היציאה מעבדות מצרים כרוכה ומותנית בכניסה לעבודת ה׳ – במחויבות כלפי שמיים. כך ה׳ אומר למשה במעמד הסנה: ״וַיֹּאמֶר כִּי אֶהְיֶה עִמָּךְ וְזֶה לְּךָ הָאוֹת כִּי אָנֹכִי שְׁלַחְתִּיךָ בְּהוֹצִיאֲךָ אֶת הָעָם מִמִּצְרַיִם **תַּעַבְדוּן אֶת הָאֱלֹהִים** עַל הָהָר הַזֶּה״ (שם יב). פסגתה של עבודת ה׳ שאליה נכנסו בני ישראל היא כינון משכן שבו תשרה השכינה בתוך עם ישראל, ״תְּבִאֵמוֹ וְתִטָּעֵמוֹ בְּהַר נַחֲלָתְךָ מָכוֹן לְשִׁבְתְּךָ פָּעַלְתָּ ה׳ מִקְּדָשׁ אֲדֹנָי כּוֹנְנוּ יָדֶיךָ״ (שם טו יז-יח). אם כן, ספר שמות מתאר מהלך של גאולה שתחילתו בשעבוד מצרים – שעבוד תחת ידי אדם – וסופו בהקמת המשכן, בעבודת ה׳.[13]

שילה היא מצרים. כשם שה׳ לא דיבר ולא התגלה בשנות הגלות במצרים, כך בשילה רועמת שתיקתו: ״וּדְבַר ה׳ הָיָה יָקָר בַּיָּמִים הָהֵם אֵין חָזוֹן נִפְרָץ״ (שמ״א ג א). אבל החשכה אינה מוחלטת, יש שביב אור וזיק תקווה. פרשנים כבר עמדו על ההקבלה שבין מעמד הסנה שבו התגלה ה׳ למשה לבין התגלותו אל שמואל. כך אצל משה במצרים:

> וַיֵּרָא מַלְאַךְ ה׳ אֵלָיו בְּלַבַּת אֵשׁ מִתּוֹךְ הַסְּנֶה וַיַּרְא וְהִנֵּה הַסְּנֶה בֹּעֵר בָּאֵשׁ וְהַסְּנֶה אֵינֶנּוּ אֻכָּל: וַיֹּאמֶר מֹשֶׁה אָסֻרָה נָּא וְאֶרְאֶה אֶת הַמַּרְאֶה הַגָּדֹל הַזֶּה מַדּוּעַ לֹא יִבְעַר הַסְּנֶה: וַיַּרְא ה׳ כִּי סָר לִרְאוֹת וַיִּקְרָא אֵלָיו אֱלֹהִים מִתּוֹךְ הַסְּנֶה וַיֹּאמֶר מֹשֶׁה מֹשֶׁה וַיֹּאמֶר הִנֵּנִי (שמות ג ב–ד).

12 כבר הכתוב בספר ירמיהו (טו א) כורך את משה ושמואל יחדיו: ״וַיֹּאמֶר ה׳ אֵלַי אִם יַעֲמֹד מֹשֶׁה וּשְׁמוּאֵל לְפָנַי אֵין נַפְשִׁי אֶל הָעָם הַזֶּה״, וכן ראו בתהלים (צט ו): ״מֹשֶׁה וְאַהֲרֹן בְּכֹהֲנָיו וּשְׁמוּאֵל בְּקֹרְאֵי שְׁמוֹ״. יש הקבלות רבות בין המסופר על שמואל למסופר על משה, חלקן כבר מופיעות במדרש. ראו על כך בהרחבה: אמנון בזק, **שמואל א – מלך בישראל**, ירושלים 2013, עמ׳ 48-49.

13 עוד על המסע של ספר שמות מעבדות וגלות למשכן ראו: דוד סילבר, **צא ולמד – הגדה של פסח לאור פרקי יציאת מצרים**, ירושלים 2014, עמ׳ 133.

וכך אצל שמואל בשילה:

> וַיְהִי בַּיּוֹם הַהוּא וְעֵלִי שֹׁכֵב בִּמְקוֹמוֹ ועינו וְעֵינָיו הֵחֵלּוּ כֵהוֹת לֹא יוּכַל לִרְאוֹת: וְנֵר אֱלֹהִים טֶרֶם יִכְבֶּה וּשְׁמוּאֵל שֹׁכֵב בְּהֵיכַל ה׳ אֲשֶׁר שָׁם אֲרוֹן אֱלֹהִים: וַיִּקְרָא ה׳ אֶל שְׁמוּאֵל וַיֹּאמֶר הִנֵּנִי (שמ״א ג ב-ד).

כאן ה׳ קורא ׳משה משה׳ ומשה עונה ׳הנני׳, וכאן ה׳ קורא אל שמואל ושמואל עונה ׳הנני׳. כאן לבת אש הבוערת בסנה, וכאן ׳ונר אלוהים טרם יכבה׳.[14]

את זיק התקווה, את הסנה הבוער במעבה שילה, נושאת חנה. שלא כאלקנה, העולה לשילה ובידיו זבחים המזינים את התעשייה הקלוקלת שהנהיגו שם בני עלי, חנה מתפללת; לא זבח בידה ולא מנחה. כנגד ה׳מימים ימימה׳ של אלקנה – ׳ועלה האיש ההוא מעירו **מימים ימימה להשתחוות ולזבוח**׳ – הסיפור מסתיים ב׳מימים ימימה׳ אחר: ״וּשְׁמוּאֵל מְשָׁרֵת אֶת פְּנֵי ה׳ נַעַר חָגוּר אֵפוֹד בָּד: **וּמְעִיל קָטֹן תַּעֲשֶׂה לּוֹ אִמּוֹ וְהַעַלְתָה לוֹ מִיָּמִים יָמִימָה** בַּעֲלוֹתָהּ אֶת אִישָׁהּ לִזְבֹּחַ אֶת זֶבַח הַיָּמִים״ (שם ב יח-יט).

עליית המשפחה אל שילה ׳מימים ימימה׳ נצבעת עתה בגוון חדש, מרענן וזך. אלקנה ממשיך לזבוח את זבח הימים, אולם חנה אינה מעלה זבחים אלא מעיל שעשתה בעבור בנה, הבן שהקדישה לה׳ וקיומו מבשר תיקון ושינוי.

במשכן שילה, שבו ׳אין חזון נפרץ׳ – אין ראייה, אין התגלות – חנה מבקשת את ראיית ה׳, את נוכחותו. בתפילת הנדר שלה היא מבקשת מה׳ לראות את עונייה: ״אִם **רָאֹה תִרְאֶה** בָּעֳנִי אֲמָתֶךָ״ (שמ״א א יא), ולאחר שבנה נולד היא אומרת לאישה אלקנה כי תמתין עד אשר ייגמל ורק לאחר מכן ״וַהֲבִאֹתִיו **וְנִרְאָה אֶת פְּנֵי ה׳** וְיָשַׁב שָׁם

14 לפירוט רחב של הקבלות בין משה לשמואל, ראו: יהודה קיל, **דעת מקרא**, שמואל א, ירושלים תשמ״א, עמ׳ 108-109; אמנון בזק, **מקבילות נפגשות – מקבילות ספרותיות בספר שמואל**, אלון שבות תשס״ו, עמ׳ 24-37.

עַד עוֹלָם" (שם כב). צירוף הפסוקים האלה מעלה כי חנה מבקשת להשיב למשכן את צביונו המקורי כמקום שבו ה' רואה והאדם נראה: "שָׁלֹשׁ פְּעָמִים בַּשָּׁנָה **יֵרָאֶה** כָּל זְכוּרְךָ אֶל פְּנֵי הָאָדֹן ה'" (שמות כג יז).

חנה מבקשת את ראיית ה', והיא עצמה ניחנה ביכולת לראות. היא רואה בבהירות את הנגע שפשה בשילה ואת הצורך המיידי בתיקון הקלקול. על ראייתה הצלולה אנו נרמזים מדבריה לאחר הולדת בנה:

> וַתִּתְפַּלֵּל חַנָּה וַתֹּאמַר עָלַץ לִבִּי בַּה' רָמָה קַרְנִי בַּה' רָחַב פִּי עַל אוֹיְבַי כִּי שָׂמַחְתִּי בִּישׁוּעָתֶךָ: אֵין קָדוֹשׁ כַּה' כִּי אֵין בִּלְתֶּךָ וְאֵין צוּר כֵּאלֹהֵינוּ: אַל תַּרְבּוּ תְדַבְּרוּ גְּבֹהָה גְבֹהָה יֵצֵא עָתָק מִפִּיכֶם כִּי אֵל דֵּעוֹת ה' וְלוֹ נִתְכְּנוּ עֲלִלוֹת: קֶשֶׁת גִּבֹּרִים חַתִּים וְנִכְשָׁלִים אָזְרוּ חָיִל: שְׂבֵעִים בַּלֶּחֶם נִשְׂכָּרוּ וּרְעֵבִים חָדֵלּוּ עַד עֲקָרָה יָלְדָה שִׁבְעָה וְרַבַּת בָּנִים אֻמְלָלָה: ה' מֵמִית וּמְחַיֶּה מוֹרִיד שְׁאוֹל וַיָּעַל: ה' מוֹרִישׁ וּמַעֲשִׁיר מַשְׁפִּיל אַף מְרוֹמֵם: מֵקִים מֵעָפָר דָּל מֵאַשְׁפֹּת יָרִים אֶבְיוֹן לְהוֹשִׁיב עִם נְדִיבִים וְכִסֵּא כָבוֹד יַנְחִלֵם כִּי לַה' מְצֻקֵי אֶרֶץ וַיָּשֶׁת עֲלֵיהֶם תֵּבֵל: רַגְלֵי חֲסִידָיו יִשְׁמֹר וּרְשָׁעִים בַּחֹשֶׁךְ יִדָּמּוּ כִּי לֹא בְכֹחַ יִגְבַּר אִישׁ: ה' יֵחַתּוּ מְרִיבָיו עָלָיו בַּשָּׁמַיִם יַרְעֵם ה' יָדִין אַפְסֵי אָרֶץ וְיִתֶּן עֹז לְמַלְכּוֹ וְיָרֵם קֶרֶן מְשִׁיחוֹ (שמ"א ב א–י).

חנה מעתירה שבחים על ה', המנהל את עולמו בדרך הצדק והמשפט. אומנם במבט ראשון מפתיע תיאור דבריה לה' כתפילה ('ותתפלל חנה'), שהרי תפילה היא בקשה, ואילו דברי חנה נראים דברי שבח והודיה ואין בהם בקשה. אומנם בחלקו האחרון של הפסוק האחרון שבדברי חנה, 'וייתן עז למלכו וירם קרן משיחו', יש בקשה כללית: חנה מדברת על מלך, על משיח, ומבקשת שה' ייתן לו עוז וירים את קרנו. עוז לשם מה? אנו מפרשים: העוז והכוח לממש את דרכי הנהגת ה' בעולמו, אותן דרכי הצדק והמשפט שתיארה לפני כן בדבריה.

אם כן, חנה **מבקשת**, לא רק משבחת. היא שוטחת לפני ה' את בקשתה שיעמיד לעם מלך ראוי שיהיו לו הכוח והעוז לממש את ערכיו, 'משה' חדש אשר יבקע באורו את האפלה האופפת את שילה. למפרע

מתברר כי הנדר שנדרה להקדיש את בנה הנולד לה' לא נועד לשבור רק את בצורת עקרותה האישית אלא גם את הבצורת האלוהית הרובצת על ישראל – להשיב את החזון ואת ההתגלות.[15] חנה מבקשת מה' להעניק לה הזדמנות לתרום לתיקונם של ישראל ולתיקונו של עולם.[16]

בסופו של דבר חלומה של חנה מתגשם. ספר שמות וספר שמואל מתארים בתחילתם מצב של ליקוי מאורות, אך בסופם יש גאולה: ספר שמות נחתם בהקמת המשכן, וספר שמואל מסתיים בקניית גורן ארוונה – המסד לבניין המקדש בירושלים עיר יבוס – ובהקמת מזבח בגורן, ודוד מעלה על המזבח עולות.[17] בסיפור המפקד המופיע בפרק כד, שנעסוק בו בהרחבה רבה בפרקים יא ויג של ספר זה, דוד מתגלה כמלך שנכנע לרצון ה' ומממש את דרכי הצדק האלוהיות.

מדוע דווקא חנה הצליחה לראות את מה שלא ראה איש מלבדה? כיצד הצליחה לראות עולם אחר ומתוקן מבעד לעכירות הקשה שדבקה בשגרת פעילות המשכן? התשובה שאני מציע היא שהכוח והשליטה, ובאופן רחב יותר האינטרס והפנייה האישית, מסמאים את העיניים מלראות. ההשתתפות במנגנוני השליטה שוחקת את יכולת ההבחנה

15 חנה אינה מייעדת לבנה את המלכות. נהפוך הוא, היא מקדישה את בנה לנזיר, וברור כי הנזיר הפרוש, המנותק מן העבר ומן החברה, הוא היפוכו של המלך, המייצג את העם וממשיך את שושלת אבותיו. לא זו בלבד, הבן שמואל התגלה כמתנגד גדול של המלכות.

16 התלמוד במסכת ברכות מביא את דברי ר' אלעזר: "חנה הטיחה דברים כלפי מעלה, שנאמר: ותתפלל על ה' – מלמד שהטיחה דברים כלפי מעלה" (בבלי, ברכות לא ע"ב). לא ברור מהם הדברים שהטיחה חנה, אך ייתכן שר' אלעזר רומז כאן לנועזות זו.

17 יש הטוענים כי ספר שמואל אמור להסתיים בפרק ב של ספר מלכים, לאחר פרק חיסול החשבונות של שלמה עם אויביו ואויבי אביו, החותם בהכרזה החגיגית: "וְהַמַּמְלָכָה נָכוֹנָה בְּיַד שְׁלֹמֹה" (מל"א ב מו, וראו לדוגמה: Robert Alter, *The David Story: A Translation with Commentary of 1 and 2 Samuel*, ix–x, New York and London 2000, p. 363). ואולם במסורת הנקוטה בידינו הספר מסתיים כאמור בקניית גורן ארוונה, ובכך הספר מקבל מבנה דומה לזה של ספר שמות: תחילתו בשילה, מצרים רוחנית, וסופו במקדש. ראו על כך בהרחבה בפרק יא בספר זה.

בין טוב לרע של האנשים המשתתפים בהם. חנה, שהיא גם אישה וגם עקרה, עומדת מחוץ למוקדי הכוח, ומן המקום הזה היא יכולה להשקיף במבט משוחרר על המשכן ועל אופן פעולתו.

תובנה חשובה זו קשורה גם ליחסי שמואל ושאול ותורמת להבהרת סיבת כישלונה של מלכות שאול. בכך נעסוק בפרק הבא.

## פרק ב

# מלכות שאול – עלייתה ונפילתה

המפגש בין שמואל לשאול המתואר בפרק ט מבשר התחלה חדשה ומפעימה. ה׳ מודיע לשמואל כי הוא שולח אליו את שאול כדי שימשח אותו לנגיד, כלומר למלך:

> וַה׳ גָּלָה אֶת אֹזֶן שְׁמוּאֵל יוֹם אֶחָד לִפְנֵי בוֹא שָׁאוּל לֵאמֹר: כָּעֵת מָחָר אֶשְׁלַח אֵלֶיךָ אִישׁ מֵאֶרֶץ בִּנְיָמִן וּמְשַׁחְתּוֹ לְנָגִיד עַל עַמִּי יִשְׂרָאֵל וְהוֹשִׁיעַ אֶת עַמִּי מִיַּד פְּלִשְׁתִּים כִּי רָאִיתִי אֶת עַמִּי כִּי בָּאָה צַעֲקָתוֹ אֵלָי: וּשְׁמוּאֵל רָאָה אֶת שָׁאוּל וַה׳ עָנָהוּ הִנֵּה הָאִישׁ אֲשֶׁר אָמַרְתִּי אֵלֶיךָ זֶה יַעְצֹר בְּעַמִּי (שמ״א ט טו-יז).

במפגש הראשון בין שמואל לשאול ניכרת התרגשות רבה וציפייה לבאות: ״וַיַּעַן שְׁמוּאֵל אֶת שָׁאוּל וַיֹּאמֶר אָנֹכִי הָרֹאֶה עֲלֵה לְפָנַי הַבָּמָה וַאֲכַלְתֶּם עִמִּי הַיּוֹם וְשִׁלַּחְתִּיךָ בַבֹּקֶר וְכֹל אֲשֶׁר בִּלְבָבְךָ אַגִּיד לָךְ: וְלָאֲתֹנוֹת הָאֹבְדוֹת לְךָ הַיּוֹם שְׁלֹשֶׁת הַיָּמִים אַל תָּשֶׂם אֶת לִבְּךָ לָהֶם כִּי נִמְצָאוּ וּלְמִי כָּל חֶמְדַּת יִשְׂרָאֵל הֲלוֹא לְךָ וּלְכֹל בֵּית אָבִיךָ״ (שם יט-כ).

למעשה, בחירת שאול למלך על ישראל היא הפתעה מרעישה. שאול עצמו תמה על בחירתו באוזני שמואל: ״וַיַּעַן שָׁאוּל וַיֹּאמֶר הֲלוֹא בֶן יְמִינִי אָנֹכִי מִקְּטַנֵּי שִׁבְטֵי יִשְׂרָאֵל וּמִשְׁפַּחְתִּי הַצְּעִרָה מִכָּל מִשְׁפְּחוֹת

שִׁבְטֵי בִנְיָמִן וְלָמָּה דִּבַּרְתָּ אֵלַי כַּדָּבָר הַזֶּה" (שם כא). דרכו של שאול למעט את עצמו רק מוסיפה על חינו ומעידה על נכונות הבחירה. שמואל מושיב את שאול בראש הקרואים לסעודת הזבח, מושח אותו למלך ומשלח אותו לדרכו החדשה מצויד באותות ובסימנים. ואולם כשם שעלייתו של שאול רבת עוצמה ומהירה כך נפילתו אינה מאחרת לבוא, נוקבת וחרוצה.

## חטאו של שאול

כבר לאחר המערכה נגד פלשתים בפרק יג שמואל מודיע לשאול כי ממלכתו לא תקום וכי ה' ביקש לו איש כלבבו. הקרע הסופי בין שני המנהיגים מתרחש לאחר מלחמת עמלק בפרק טו, הנחתם בפסוק הזה: "וְלֹא יָסַף שְׁמוּאֵל לִרְאוֹת אֶת שָׁאוּל עַד יוֹם מוֹתוֹ כִּי הִתְאַבֵּל שְׁמוּאֵל אֶל שָׁאוּל וַה' נִחָם כִּי הִמְלִיךְ אֶת שָׁאוּל עַל יִשְׂרָאֵל" (שמ"א טו לה).

חטיבת הפרקים המתארת את מלכות שאול מעלייתה ועד לנפילתה מצטיינת בחתימה ספרותית מובהקת.

א. בפרק ט שאול מתואר כאיש שאין 'טוב ממנו': "וַיְהִי אִישׁ מִבֵּן יָמִין
מִבִּנְיָמִין וּשְׁמוֹ קִישׁ בֶּן אֲבִיאֵל בֶּן צְרוֹר בֶּן בְּכוֹרַת בֶּן אֲפִיחַ בֶּן אִישׁ יְמִינִי גִּבּוֹר חָיִל: וְלוֹ הָיָה בֵן וּשְׁמוֹ שָׁאוּל בָּחוּר וָטוֹב וְאֵין אִישׁ מִבְּנֵי יִשְׂרָאֵל טוֹב מִמֶּנּוּ מִשִּׁכְמוֹ וָמַעְלָה גָּבֹהַּ מִכָּל הָעָם" (שם ט א–ב).

בפרק טו, לאחר מלחמת עמלק, שמואל מבשר לשאול כי המלכות תינתן לרעו הטוב ממנו: "וַיֹּאמֶר אֵלָיו שְׁמוּאֵל קָרַע ה' אֶת מַמְלְכוּת יִשְׂרָאֵל מֵעָלֶיךָ הַיּוֹם וּנְתָנָהּ לְרֵעֲךָ הַטּוֹב מִמֶּךָּ" (שם טו כח).

ב. סיפורה של מלכות שאול פותח בתיאור שאול כטוב: "בָּחוּר **וָטוֹב**
וְאֵין אִישׁ מִבְּנֵי יִשְׂרָאֵל **טוֹב** מִמֶּנּוּ" (שמ"א ט ב), אך מסתיים בשאול העושה את הרע, כפי שמוכיח אותו שמואל בפרק טו: "וְלָמָּה לֹא שָׁמַעְתָּ בְּקוֹל ה' וַתַּעַט אֶל הַשָּׁלָל **וַתַּעַשׂ הָרַע** בְּעֵינֵי ה'" (שם טו

יט), ובסופו של דבר בהינחמותו של ה' על המלכתו: "**וַה' נִחָם** כִּי הִמְלִיךְ אֶת שָׁאוּל עַל יִשְׂרָאֵל" (שם לה).

## סיפור מלכות שאול ופרקי הבריאה

מבנה זה של טוב ההופך לרע, ובייחוד חרטתו של ה' על משהו שעשה ומלכתחילה ראה בו טוב, מזכיר מאוד את מבנה חטיבת הפרקים הפותחת את ספר בראשית. בפסוקי הבריאה חוזרת המילה 'טוב' פעמים רבות, בייחוד ב'פזמון החוזר' של תיאור בריאת העולם, 'וירא אלוהים כי טוב'. אבל בפרק ו ה' רואה לא את הטוב אלא את הרע שהאדם עושה בארץ ומתנחם, מתחרט כי ברא את האדם:

> וַיַּרְא ה' כִּי רַבָּה **רָעַת** הָאָדָם בָּאָרֶץ וְכָל יֵצֶר מַחְשְׁבֹת לִבּוֹ רַק **רַע** כָּל הַיּוֹם: **וַיִּנָּחֶם ה' כִּי עָשָׂה אֶת הָאָדָם בָּאָרֶץ** וַיִּתְעַצֵּב אֶל לִבּוֹ: וַיֹּאמֶר ה' אֶמְחֶה אֶת הָאָדָם אֲשֶׁר בָּרָאתִי מֵעַל פְּנֵי הָאֲדָמָה מֵאָדָם עַד בְּהֵמָה עַד רֶמֶשׂ וְעַד עוֹף הַשָּׁמָיִם כִּי **נִחַמְתִּי** כִּי עֲשִׂיתִם (בראשית ו ה–ז).

עוד ציון דרך התוחם את סיפורה של מלכות שאול ומתקשר גם הוא לספר בראשית ולסיפור גן עדן הוא הנחש. מייד לאחר שהוא נמשח למלך יוצא שאול למלחמה בנחש העמוני, הצר על יבש גלעד (שמ"א יא). נחש העמוני כמוהו כנחש הקדמוני, נחש גן עדן. שני הנחשים שואפים לפגוע בעקב אכילס, לתקוף את החוליה החלשה, את נקודת התורפה. הנחש הקדמוני שהחטיא את אדם וחוה הוא יריב האל המבקש לפגוע בו באמצעות פגיעה באדם, יציר כפיו העשוי בצלמו, וכמוהו נחש העמוני מבקש לתקוף את בני ישראל ובוחר לו למטרה את יבש גלעד, אותה קבוצת אנשים שלא השתתפה בברית השבטים במלחמתם בבנימין ובשל כך כמעט הכחידו אותה שאר השבטים לאחר מלחמת פילגש בגבעה. נחש העמוני מזהה את הסדק השבטי ומנסה לנצל את ההזדמנות לפגוע בישראל ולפורר את הברית המשתקמת.

במלחמה נגד נחש העמוני שאול מגלה תעוזה וכוח מנהיגות. הוא מצליח לאגד את כל שבטי העם, והם יוצאים למלחמה 'כאיש אחד' ונוחלים ניצחון. אבל כשם שעלייתו של שאול באה לידי ביטוי עז במלחמתו בנחש כך גם נפילתו. עמלק, שנגדו נלחם שאול ובגללו איבד את מלכותו, הוא מייצג קלסי של הנחש הקדמוני. כמו הנחש גם עמלק לאורך שלל התגלמויותיו המקראיות מתאפיין בשאיפתו המתמדת לזנב בנחשלים ולהכות בנקודת התורפה.[1]

נוסף על המבנה המקביל גם סוג רעת האדם המתוארת בפסוקי הבריאה דומה לסוג חטאו של שאול. רעת האדם ההולכת ורבה בפסוקים שצוטטו לעיל נוגעת לחטאם של בני האלוהים, הרואים את בנות האדם 'כי טובות הנה' ולוקחים אותן לעצמם: "**וַיִּרְאוּ** בְנֵי הָאֱלֹהִים אֶת בְּנוֹת הָאָדָם **כִּי טֹבֹת** הֵנָּה **וַיִּקְחוּ** לָהֶם נָשִׁים מִכֹּל אֲשֶׁר בָּחָרוּ" (בראשית ו ב). חטאם של בני האלוהים מחזיר אותנו לחטא עץ הדעת; **העצב** האלוהי של פרק ו – "וַיִּתְ**עַצֵּב** אֶל לִבּוֹ" (שם ו) – שורשו בחטא **העץ** שבפרק ג: "**וַתֵּרֶא** הָאִשָּׁה כִּי **טוֹב** הָעֵץ לְמַאֲכָל וְכִי תַאֲוָה הוּא לָעֵינַיִם וְנֶחְמָד הָעֵץ לְהַשְׂכִּיל **וַתִּקַּח** מִפִּרְיוֹ וַתֹּאכַל וַתִּתֵּן גַּם לְאִישָׁהּ עִמָּהּ וַיֹּאכַל" (שם ג ו).[2]

בדומה לאישה שלקחה את הפרי האסור, וכמו בני האלוהים הלוקחים את בנות האדם, גם שאול חוטא בחטא הלקיחה. שמואל מורה לשאול להכות את עמלק, להחרים את כל אשר לו ולא לחמול עליו: "**עַתָּה לֵךְ וְהִכִּיתָה אֶת עֲמָלֵק וְהַחֲרַמְתֶּם אֶת כָּל אֲשֶׁר לוֹ וְלֹא תַחְמֹל עָלָיו** וְהֵמַתָּה מֵאִישׁ עַד אִשָּׁה מֵעֹלֵל וְעַד יוֹנֵק מִשּׁוֹר וְעַד שֶׂה מִגָּמָל וְעַד חֲמוֹר" (שמ"א טו ג). אבל שאול אינו מקיים את הציווי כהלכתו אלא משאיר בחיים את אגג מלך עמלק וחומל על מיטב הצאן והבקר:

1 על עמלק כגלגולו של הנחש הקדמוני ראו בהרחבה סילבר, אם לעת כזאת, עמ' 99–104.

2 שלישיית המילים ראייה, טוב ולקיחה – חטא ראיית הטוב ולקיחתו – מופיעה במקומות נוספים בספר בראשית. ראו על כך בהרחבה סילבר, שם, עמ' 135–137.

וַיַּךְ שָׁאוּל אֶת עֲמָלֵק מֵחֲוִילָה בּוֹאֲךָ שׁוּר אֲשֶׁר עַל פְּנֵי מִצְרָיִם:
וַיִּתְפֹּשׂ אֶת אֲגַג מֶלֶךְ עֲמָלֵק חָי וְאֶת כָּל הָעָם הֶחֱרִים לְפִי חָרֶב:
**וַיַּחְמֹל שָׁאוּל וְהָעָם עַל אֲגָג וְעַל מֵיטַב הַצֹּאן וְהַבָּקָר** וְהַמִּשְׁנִים
וְעַל הַכָּרִים וְעַל כָּל הַטּוֹב וְלֹא אָבוּ הַחֲרִימָם וְכָל הַמְּלָאכָה נְמִבְזָה
וְנָמֵס אֹתָהּ הֶחֱרִימוּ (שם ז–ט).

מלבד לקיחת דבר אסור, המשותפת לחטא עץ הדעת ולחטא שאול, יש עוד נקודת דמיון חשובה בין החטאים. לאחר שהאדם אוכל מן העץ וה׳ שואל אותו אם אכל מן העץ, האדם מפנה אצבע מאשימה כלפי האישה: ״וַיֹּאמֶר הָאָדָם הָאִשָּׁה אֲשֶׁר נָתַתָּה עִמָּדִי הִוא נָתְנָה לִּי מִן הָעֵץ וָאֹכֵל״ (בראשית ג יב). האדם נמנע מלקבל אחריות למעשיו ומגלגל את האשמה לפתחה של האישה. בדיוק כך שאול חוזר מן המלחמה ומכריז באוזני שמואל: ״הֲקִימֹתִי אֶת דְּבַר ה׳״ (שמ״א טו יג), ובמענה על שאלת שמואל ״וּמֶה קוֹל הַצֹּאן הַזֶּה בְּאָזְנָי וְקוֹל הַבָּקָר אֲשֶׁר אָנֹכִי שֹׁמֵעַ״ (שם יד) הוא אינו מודה בחטאתו אלא מאשים את העם: ״וַיֹּאמֶר שָׁאוּל מֵעֲמָלֵקִי הֱבִיאוּם **אֲשֶׁר חָמַל הָעָם** עַל מֵיטַב הַצֹּאן וְהַבָּקָר לְמַעַן זְבֹחַ לַה׳ אֱלֹהֶיךָ וְאֶת הַיּוֹתֵר הֶחֱרַמְנוּ״ (שם טו).

בהמשך, לאחר ששמואל מוכיח אותו במפורש כי חטא בלקיחת השלל, ״**וְלָמָּה לֹא שָׁמַעְתָּ** בְּקוֹל ה׳ וַתַּעַט אֶל הַשָּׁלָל״ (שם יט), שאול אינו מודה שלא שמע בקול ה׳ אלא מתעקש כי שמע: ״וַיֹּאמֶר שָׁאוּל אֶל שְׁמוּאֵל **אֲשֶׁר שָׁמַעְתִּי** בְּקוֹל ה׳ וָאֵלֵךְ בַּדֶּרֶךְ אֲשֶׁר שְׁלָחַנִי ה׳ וָאָבִיא אֶת אֲגַג מֶלֶךְ עֲמָלֵק וְאֶת עֲמָלֵק הֶחֱרַמְתִּי״ (שם כ).

אי־נכונותו של שאול להודות בחטאו, הצטדקויותיו והתחמקויותיו מובילות את שמואל לנזוף בו נמרצות: ״וַיֹּאמֶר שְׁמוּאֵל הַחֵפֶץ לַה׳ בְּעֹלוֹת וּזְבָחִים כִּשְׁמֹעַ בְּקוֹל ה׳ הִנֵּה שְׁמֹעַ מִזֶּבַח טוֹב לְהַקְשִׁיב מֵחֵלֶב אֵילִים: כִּי חַטַּאת קֶסֶם מֶרִי **וְאָוֶן וּתְרָפִים הַפְצַר** יַעַן מָאַסְתָּ אֶת דְּבַר ה׳ וַיִּמְאָסְךָ מִמֶּלֶךְ״ (שם כב–כג). ההפצרה, ריבוי הדברים – אי־קבלת האחריות – היא און ותרפים, עבודה זרה.[3]

3 מעניין כי חטאו של שאול במלחמתו נגד עמלק מתאפיין בעצמו ב׳עמלקיות׳.

ייתכן כי אי־קבלת האחריות של שאול מסבירה עוד עניין אשר נוטים לפרשו בדרך כלל כביטוי לשבחו. בפרק י מסופר על הגורל ששמואל מטיל כדי לאתר את המלך שבו בחר ה׳:

> וַיַּקְרֵב שְׁמוּאֵל אֵת כָּל שִׁבְטֵי יִשְׂרָאֵל וַיִּלָּכֵד שֵׁבֶט בִּנְיָמִן: וַיַּקְרֵב אֶת שֵׁבֶט בִּנְיָמִן לְמִשְׁפְּחֹתָיו וַתִּלָּכֵד מִשְׁפַּחַת הַמַּטְרִי וַיִּלָּכֵד שָׁאוּל בֶּן קִישׁ וַיְבַקְשֻׁהוּ וְלֹא נִמְצָא: וַיִּשְׁאֲלוּ עוֹד בַּה׳ הֲבָא עוֹד הֲלֹם אִישׁ וַיֹּאמֶר ה׳ הִנֵּה הוּא נֶחְבָּא אֶל הַכֵּלִים (שמ״א י כ–כב).

מה מבטאת הסתתרותו של שאול? אפשרות אחת היא שיש כאן ביטוי לתכונת הביישנות והענווה: שאול מעדיף להתרחק מאור הזרקורים. אפשרות אחרת רואה בהתחבאות ביטוי להיסוסו של שאול לקבל עליו תפקיד ששמואל רואה באורח שלילי. לנוכח דברי שמואל בתחילת הפרק בגנות בקשת העם למלך ותפיסתה כמאיסה במלכות שמיים מובן מדוע שאול בורח מלשמש בתפקיד כזה.

ואולם אפשר להציע אפשרות שלישית, המעמידה את שאול באור חיובי פחות. אפשר שחוסר הנכונות של שאול לקבל אחריות לחטאיו, חוסר נכונות שבגללו גם איבד את מלכותו, מסביר מדוע שאול נחבא אל הכלים: להתחבא פירושו להימנע מלהתייצב נכוחה

כפי שצוין לעיל, עמלק שואף לפגוע בנקודה החלשה, והרי התנהגותו של שאול עצמו דומה: הוא הורג את החלשים ומשאיר בחיים את החזקים והטובים, כלומר את אגג המלך ואת מיטב הצאן והבקר. במקרא יש דוגמאות מעניינות נוספות למנהיגים שאימצו לעצמם תכונות של האויבים שלחמו נגדם. לדוגמה גדעון, לאחר שנלחם במדיינים וניצח אותם, נעשה מדייני בעצמו: את הזהב ששלל במלחמה הוא הופך לעבודה זרה, ובית ישראל זונים אחריה, והרי המדיינים בימי משה החטיאו את ישראל בזנות ובעבודה זרה, וזו הייתה מלכתחילה סיבת היציאה למלחמה נגדם. יפתח המקריב את בתו בעקבות נדרו פועל כמו המואבים אחי העמונים שנגדם נלחם, שכן על מלך מואב נאמר כי הקריב את בנו הבכור לעולה (מל״ב ג כז). וכפי שנראה בפרק יג בספר זה, אפשר לזהות בדוד, שלחם נגד פלשתים, סממני התנהגות פלשתיים.

מול המציאות. אבל להיות מלך פירושו להתייצב, להטות שכם למשא הנהגת העם, לקבל אחריות. עוד התחבאות המבטאת במובהק קבלת אחריות נראית בסיפור גן עדן בספר בראשית: לאחר שהאדם אוכל מעץ הדעת נאמר "וַיִּתְחַבֵּא הָאָדָם וְאִשְׁתּוֹ מִפְּנֵי ה' אֱלֹהִים בְּתוֹךְ עֵץ הַגָּן" (בראשית ג ח). אדם הראשון ברח מפני ה' לאחר שחטא, נמנע מלהתייצב מול חטאו ולהודות בו.

## שמואל ושאול, בלק ובלעם

סיפורי מלכות שאול טומנים בחובם זיקות מאלפות לסיפור מקראי אחר, הלוא הוא סיפור בלק ובלעם בספר במדבר. חשיפת הקשרים האלה תשמש לנו נקודת מוצא להתבוננות חדשה ומורכבת יותר על מלכות שאול ועל סיבת נפילתה.

רמזים ראשוניים לסיפור בלעם מצויים בסיפור הראשון בחטיבת סיפורי שאול. בלעם הולך אל בלק כשהוא "רֹכֵב עַל אֲתֹנוֹ וּשְׁנֵי נְעָרָיו עִמּוֹ" (במדבר כב כב). שאול, כמוהו, יוצא למסע עם נערו כדי לחפש את אתונות אביו.[4] בשני הסיפורים מדובר על הליכה שמטרתה המתוכננת התהפכה לבסוף לטובה: שאול ביקש אתונות ומצא מלוכה, ובלעם הלך לקלל את ישראל ונמצא מברך.

עוד נקודת דמיון מעניינת בין הסיפורים קשורה ליחס הפנימי שבין הדמויות. בסיפור בלעם האתון היא דמות מרכזית המאפילה על שאר הדמויות בסיפור: האתון רואה את המלאך הניצב בדרך, ואילו

4 הצלע השלישית של קשר ספרותי זה היא עקדת יצחק. גם שם נזכרים נערי אברהם וחמורו, והחמור מקביל לאתון. ואולם בסיפור זה, שלא כבסיפור בלעם מצד אחד ובסיפור שאול מצד אחר, לא הנערים רואים ולא החמור רואה אלא אברהם לבדו: "וַיַּרְא אֶת הַמָּקוֹם מֵרָחֹק" (בראשית כב ד). יתרה מזו, לאחר שאברהם רואה את המקום הוא מצווה על נעריו: "שְׁבוּ לָכֶם פֹּה עִם הַחֲמוֹר וַאֲנִי וְהַנַּעַר נֵלְכָה עַד כֹּה וְנִשְׁתַּחֲוֶה וְנָשׁוּבָה אֲלֵיכֶם" (שם ה). ישיבת הנערים עם החמור קושרת בין החמור לנערים ומבדילה אותם מאברהם ויצחק, הממשיכים ללכת אל המקום.

בלעם ונעריו אינם רואים דבר. בסיפור שאול הנער הוא דמות פעילה ויצירתית המאפילה על שאול. הוא שמוצא את הדרך להגיע אל הרואה, ואילו שאול אינו יודע ואינו רואה (ארחיב על כך עוד להלן).

יש עוד קשר בולט בין סיפור בלעם לבין חטיבת סיפורי שאול. תוכחת שמואל לשאול בפרק טו מעוצבת בדרך השירה; הפסוקים ערוכים בצלעות קצובות, מנוסחים בלשון גבוהה ומליצית וכוללים סממנים פואטיים מובהקים כמו תקבולות (למשל: "כִּי חַטַּאת קֶסֶם מֶרִי / וְאָוֶן וּתְרָפִים הַפְצַר" [שמ"א טו כ]). דברי התוכחה של שמואל מהדהדים את ברכותיו של בלעם, הערוכות גם הן בדרך השירה. קשרים לשוניים מובהקים נמצא בין דברי שמואל לבין ברכתו השנייה של בלעם. כך שמואל: "וְגַם נֵצַח יִשְׂרָאֵל לֹא יְשַׁקֵּר **וְלֹא יִנָּחֵם** כִּי לֹא אָדָם הוּא **לְהִנָּחֵם**" (שם כט), וכך בלעם: "לֹא אִישׁ אֵל וִיכַזֵּב וּבֶן אָדָם **וְיִתְנֶחָם** הַהוּא אָמַר וְלֹא יַעֲשֶׂה וְדִבֶּר וְלֹא יְקִימֶנָּה" (במדבר כג יט); כך שמואל: "כִּי חַטַּאת **קֶסֶם** מֶרִי **וְאָוֶן** וּתְרָפִים הַפְצַר יַעַן מָאַסְתָּ אֶת דְּבַר ה' וַיִּמְאָסְךָ מִמֶּלֶךְ" (שמ"א טו כג), וכך בלעם: "לֹא הִבִּיט **אָוֶן** בְּיַעֲקֹב וְלֹא רָאָה עָמָל בְּיִשְׂרָאֵל [...] כִּי לֹא נַחַשׁ בְּיַעֲקֹב וְלֹא **קֶסֶם** בְּיִשְׂרָאֵל כָּעֵת יֵאָמֵר לְיַעֲקֹב וּלְיִשְׂרָאֵל מַה פָּעַל אֵל" (במדבר כג כא-כג).

מעבר לקשרים מפורשים אלו נראה שמחבר שמואל עשה שימוש מופלא בפסוק נוסף מתוך ברכת בלעם. בלעם אומר בברכתו: "לֹא הִבִּיט אָוֶן בְּיַעֲקֹב וְלֹא רָאָה עָמָל **בְּיִשְׂרָאֵל** ה' אֱלֹהָיו עִמּוֹ **וּתְרוּעַת מֶלֶךְ בּוֹ**" (שם כא), ושמואל: "קָרַע ה' אֶת **מַמְלְכוּת יִשְׂרָאֵל** מֵעָלֶיךָ הַיּוֹם וּנְתָנָהּ **לְרֵעֲךָ** הַטּוֹב מִמֶּךָּ" (שמ"א טו כח). **'תרועת המלך' בישראל** שבלעם מזכיר בברכתו[5] הופכת בתוכחת שמואל **למלכות ישראל** שנקרעה משאול והועברה **לרעו**.[6] הבנתם של קשרים אלו כרוכה

5 בכלל, יש אזכורים רבים של מלכות הכלולים בברכות בלעם ("וְיָרֹם מֵאֲגַג מַלְכּוֹ וְתִנַּשֵּׂא מַלְכֻתוֹ" [במדבר כד ז]).

6 וכך פירש רש"י את המילים 'תרועת מלך': "לשון חבה ורעות, כמו 'רעה דוד' – אוהב דוד, 'ויתנה למרעהו'".

בהבנה עמוקה יותר של סיפור בלק ובלעם. מה מבטא ניסיונו של בלעם לקלל את ישראל, קללות שהפכו בפיו לברכות?

השמות יעקב וישראל חוזרים שמונה פעמים בברכותיו של בלעם ורומזים לקיומו של קשר בין סיפור זה לבין סיפור אחר מספר בראשית: הסיפור המתאר את מאבקו של יעקב באיש מסתורי במהלך מסע חזרתו ארצה, מאבק שבו שינה האיש את שמו של יעקב לישראל. רבים עסקו בפרשנותו של סיפור חידתי זה: מה האיש רוצה מיעקב? מדוע נאבק בו ודווקא בעיתוי זה? מה פשר שינוי השם?

אני מציע כי האיש התוקף את יעקב בדרכו חזרה ארצה מערער על זכותו של יעקב, שרימה את אביו וגנב את ברכת אביו, להיכנס אל הארץ ולרשת אותה. **היאבקותו** של יעקב מגלמת שינוי ומאפשרת לו לעבור את מעבר **יבוק**. על דרך הפסוק בישעיהו, "וְהָיָה **הֶעָקֹב לְמִישׁוֹר** וְהָרְכָסִים לְבִקְעָה" (ישעיהו מ ד), יעקב הנאבק עם האיש ביושר, פנים אל פנים, הופך בסיום הקרב מיעקב, לשון עקוב ופתלתל, לישראל, לשון יושר: "לֹא יִקָּרֵא שִׁמְךָ עוֹד **יַעֲקֹב** כִּי אִם **יִשְׂרָאֵל** יִהְיֶה שְׁמֶךָ" (בראשית לה י).

גם סיפור בלק ובלעם מתרחש בעבר הירדן המזרחי, מלחמה שהיא למעשה התחלה של כיבוש הארץ. פרק כא בספר במדבר, המתאר את קורותיהם של בני הדור השני ליציאה ממצרים, מציף שאלה יסודית: מה יתרונו של הדור השני על פני הדור הראשון, שנמנע ממנו להיכנס לארץ? האם די בעובדה שהדור השני לא חטא בחטא המרגלים להבחין בין הדורות?

בנקודה זו בלק ובלעם נכנסים לתמונה. בדומה לאיש המערער על זכותו של יעקב להיכנס לארץ, ניסיונו של בלעם הנביא לקלל את ישראל על סף כניסתם לארץ מבטא ערעור על היותם ראויים להיכנס אליה ולרשת אותה. ואכן, כשם שהאיש הנאבק ביעקב בירך אותו לבסוף, כך בלעם ההולך לקלל את ישראל בירכם לבסוף, ומן הסיפור הראשון נלמד על האחרון: המפתח לכניסה אל הארץ הוא היכולת להשתנות ולהיות אנשים ישרים. בישראל, מודה בלעם, אין נחש ואין קסם, הם ישרים ותמימי דרך; לכן הם ראויים להתברך ולהיכנס אל הארץ.

נחזור לספרנו. משמעות השימוש של מחבר ספר שמואל בברכות בלעם מובנת עתה. בישראל, אומר בלעם, אין אוון, ולכן יש בהם תרועת מלך. שאול לעומת זאת מרבה בדברים, מתחמק, מצטדק, מפציר. ההפצרה היא אוון – 'אוון ותרפים הפצר' – ולכן במקום שתהיה '**תרועת מלך** בו', תיקרע ממנו מלכותו ותינתן לרעו: 'קרע ה' את **ממלכות ישראל** מעליך היום ונתנה **לרעך** הטוב ממך'.

אבל עוד רעיון חשוב נלמד מקשר זה שבין סיפור שאול לסיפור בלק ובלעם: בלעם ובלק הם זוג, נביא ומלך, וכך גם שמואל ושאול. למגינת הלב, סופה של ה'זוגיות' גם הוא דומה: כשם שבלק מטיח את כעסו בבלעם ומגרשו אל ארצו, כך שמואל מטיח בשאול ביקורת קשה ולאחר מכן סב והולך מעימו ולא שב לראותו עוד לעולם. לאנלוגיה הזאת שבין שני הסיפורים עוד אשוב להלן, אבל כבר כעת אומר כי היא מאירה בבסיסה פן חשוב במלכות שאול. שאול איננו מלך אוטונומי הפועל לבדו; שמואל הנביא שותף לו בהנהגת העם. עובדה זאת עשויה להתחדד אם נשווה את שאול לדוד, המלך השני (והאחרון) שהמליך שמואל. שמואל מדבר עם שאול פעמים רבות, אבל עם דוד הוא אינו מדבר אף לא פעם אחת. כדי להבין את הסיבה שבגינה נקרעה ממנו מלכותו יש להפנות את הזרקור לא רק אל חטאי שאול אלא גם למבנה ההנהגה המשותפת של שמואל ושאול. מה השתבש שם בין השניים?

## דגם של מנהיגות משותפת

מעורבותו־שותפותו של שמואל במלכותו של שאול באה לידי ביטוי חזותי־סמלי במקום שבו דרכיהם נפרדות. לאחר ששמואל מוכיח את שאול על התעקשותו שלא להודות בחטאו שאול מודה כי חטא ומבקש משמואל "וְעַתָּה שָׂא נָא אֶת חַטָּאתִי וְשׁוּב עִמִּי וְאֶשְׁתַּחֲוֶה לַה'" (שמ"א טו כה). שמואל מסרב לבקשה וסב על עקביו: "וַיִּסֹּב שְׁמוּאֵל לָלֶכֶת וַיַּחֲזֵק בִּכְנַף מְעִילוֹ וַיִּקָּרַע: וַיֹּאמֶר אֵלָיו שְׁמוּאֵל קָרַע ה' אֶת מַמְלְכוּת יִשְׂרָאֵל מֵעָלֶיךָ הַיּוֹם וּנְתָנָהּ לְרֵעֲךָ הַטּוֹב מִמֶּךָּ" (שם כז-כח).

הפסוק נושא דו־משמעות: מי קרע את כנף מעילו של מי?[7] מצד אחד יש היגיון בסברה ששמואל הוא שקרע את מעילו של שאול. בגדים הם סמל ידוע למלכות, ואם כן, מתבקש שהמעיל שנקרע שייך למי שמלכותו נקרעה ממנו, כלומר לשאול. עם זאת המצב המתואר בפסוק מטה את הכף לפרשנות ההפוכה: שמואל הרי סב ללכת מעם שאול, ולפי הקשר הדברים נראה ששאול, בעודו מנסה למנוע משמואל ללכת, החזיק בכנף מעילו וקרע אותו. יש להעיר כאן שמן הפסוקים עולה שלשמואל יש קשר מיוחד לפריט הביגוד הזה, מעיל. ראשית, בשמואל א פרק ב נאמר שחנה אם שמואל נהגה לעשות לבנה מעיל קטון ולהביא לו אותו מדי עלותה בית ה׳. מעילו של שמואל נזכר שוב בסיפור בעלת האוב, ושם מזוהה שמואל בעלותו באוב כאיש זקן העוטה מעיל (שמ״א כח יד).[8] לפי פרשנות זו יוצא שקריעת מלכותו של שאול ממנו מסומלת דווקא באמצעות קריעת מעילו של **שמואל**, ולנוכח הרעיון שהשניים מנהיגים־שותפים הדבר מובן: מאחר שהם שותפים להנהגה קריעת המלכות משאול היא גם קריעת המלכות משמואל.

שמואל ושאול שותפים בהנהגת העם, ולכל אחד מהם תפקיד משלו. בדברי שמואל אל שאול לאחר שהמליך אותו למלך ובטרם שילח אותו לדרכו החדשה אפשר למצוא ביטוי ברור לחלוקת התפקידים ביניהם. שמואל מוסר בידי שאול סימנים שיפגוש בדרכו, ובין היתר אומר לו כך: ״וְיָרַדְתָּ לְפָנַי הַגִּלְגָּל וְהִנֵּה אָנֹכִי יֹרֵד אֵלֶיךָ לְהַעֲלוֹת עֹלוֹת לִזְבֹּחַ זִבְחֵי שְׁלָמִים שִׁבְעַת יָמִים תּוֹחֵל עַד בּוֹאִי אֵלֶיךָ וְהוֹדַעְתִּי לְךָ אֵת אֲשֶׁר תַּעֲשֶׂה״ (שמ״א י ח).

7 חכמינו במדרש נחלקו בשאלה זו: ״ויסוב שמואל ללכת ויחזק בכנף מעילו ויקרע כנף מעילו של מי? רב ולוי חד אמר כנף מעילו של שאול, וחד אמר כנף מעילו של שמואל״ (מדרש שמואל [בובר] יח, ה).

8 תיאור קצר זה של שמואל, ״אִישׁ זָקֵן [...] וְהוּא עֹטֶה מְעִיל״, מקפל בתוכו את סיפור שאול עצמו: מלכותו באה לו עקב זקנת שמואל ונלקחה ממנו בקריעת המעיל. אפשר לומר שבראותו את שמואל שאול רואה לנגד עיניו את כל חיי מלכותו עוברים בסך.

שמואל מצווה על שאול לחכות לו שבעה ימים בגלגל עד שיגיע אליו ויודיע לו מה עליו לעשות. שמואל הוא המודיע־מצווה, ושאול הוא העושה. שמואל הוא איש האלוהים, ושאול הוא איש הביצוע שתפקידו להוציא אל הפועל את דבר האל שבפי הנביא.

חלוקת התפקידים בין שמואל לשאול מתיישבת היטב לנוכח מה שהפסוקים מגלים לנו על תכונותיו של כל אחד משני המנהיגים. מצד אחד ברור ששאול אינו שייך לעסקי נבואה; במהלך הספר שאול מתנבא פעמיים, אך רואיו שואלים בתמיהה: "הֲגַם שָׁאוּל בַּנְּבִיאִים" (שם יא; שם יט כד). מצד אחר שאול מתגלה כאיש ביצוע מצוין, מנהיג כריזמטי ובעל תעוזה, ומעידה על כך הצלחתו במלחמה נגד נחש העמוני.

עיון בפרק ט, המתאר את הגעתו של שאול לעירו של שמואל, חושף היטב את ההבדל היסודי שבין שמואל לשאול. הנביא ניחן בכושר ראייה, ואכן, שמואל מזדהה לפני שאול בכינוי 'הרואה':

> וּשְׁמוּאֵל רָאָה אֶת שָׁאוּל וַה' עָנָהוּ הִנֵּה הָאִישׁ אֲשֶׁר אָמַרְתִּי אֵלֶיךָ זֶה יַעְצֹר בְּעַמִּי: וַיִּגַּשׁ שָׁאוּל אֶת שְׁמוּאֵל בְּתוֹךְ הַשָּׁעַר וַיֹּאמֶר הַגִּידָה נָּא לִי אֵי זֶה בֵּית הָרֹאֶה: וַיַּעַן שְׁמוּאֵל אֶת שָׁאוּל וַיֹּאמֶר **אָנֹכִי הָרֹאֶה** עֲלֵה לְפָנַי הַבָּמָה וַאֲכַלְתֶּם עִמִּי הַיּוֹם וְשִׁלַּחְתִּיךָ בַבֹּקֶר וְכֹל אֲשֶׁר בִּלְבָבְךָ אַגִּיד לָךְ (שם ט יז–יט).

שמואל מכונה אפוא 'רואה',[9] ואין זה המקום היחיד בפרק שנזכרת בו הראייה. מעניין לגלות שעוד שתי מילים המופיעות בפסוקים הבאים קשורות לשדה הסמנטי של מושג הראייה, והן 'צוף' (מלשון צפייה) ו'תשורה' (שור = ראה):[10]

9 הכתוב משלב בפרק הערה אטימולוגית בנוגע לכינוי 'רואה': "לְפָנִים בְּיִשְׂרָאֵל כֹּה אָמַר הָאִישׁ בְּלֶכְתּוֹ לִדְרוֹשׁ אֱלֹהִים לְכוּ וְנֵלְכָה עַד הָרֹאֶה כִּי לַנָּבִיא הַיּוֹם יִקָּרֵא לְפָנִים הָרֹאֶה" (שמ"א ט ט).

10 ראו לדוגמה בברכת בלעם: "כִּי מֵרֹאשׁ צֻרִים אֶרְאֶנּוּ וּמִגְּבָעוֹת אֲשׁוּרֶנּוּ" (במדבר

הֵמָּה בָּאוּ בְּאֶרֶץ **צוּף** וְשָׁאוּל אָמַר לְנַעֲרוֹ אֲשֶׁר עִמּוֹ לְכָה וְנָשׁוּבָה פֶּן יֶחְדַּל אָבִי מִן הָאֲתֹנוֹת וְדָאַג לָנוּ: וַיֹּאמֶר לוֹ הִנֵּה נָא אִישׁ אֱלֹהִים בָּעִיר הַזֹּאת וְהָאִישׁ נִכְבָּד כֹּל אֲשֶׁר יְדַבֵּר בּוֹא יָבוֹא עַתָּה נֵלֲכָה שָּׁם אוּלַי יַגִּיד לָנוּ אֶת דַּרְכֵּנוּ אֲשֶׁר הָלַכְנוּ עָלֶיהָ: וַיֹּאמֶר שָׁאוּל לְנַעֲרוֹ וְהִנֵּה נֵלֵךְ וּמַה נָּבִיא לָאִישׁ כִּי הַלֶּחֶם אָזַל מִכֵּלֵינוּ **וּתְשׁוּרָה** אֵין לְהָבִיא לְאִישׁ הָאֱלֹהִים מָה אִתָּנוּ: וַיֹּסֶף הַנַּעַר לַעֲנוֹת אֶת שָׁאוּל וַיֹּאמֶר הִנֵּה נִמְצָא בְיָדִי רֶבַע שֶׁקֶל כָּסֶף וְנָתַתִּי לְאִישׁ הָאֱלֹהִים וְהִגִּיד לָנוּ אֶת דַּרְכֵּנוּ (שם ה-ח).

הפסוקים שלפנינו מתארים חלק ממסע החיפוש של שאול ונערו אחר אתונותיו האובדות של קיש אביו של שאול. כאשר השניים מגיעים לארץ צוף וידיהם ריקות שאול מעוניין לשוב הביתה, אך הנער מציע ללכת אל איש האלוהים 'אולי יגיד לנו את דרכנו אשר הלכנו עליה'. שאול מוכן לשמוע לעצת נערו אך מעלה מייד בעיה נוספת: 'ומה נביא לאיש כי הלחם אזל מכלינו ותשורה אין להביא'. גם לבעיה זו הנער מוצא פתרון: רבע שקל כסף שאפשר לתת לנביא.[11]

בכתובים אלו דמותו של הנער משמשת תמונת תשליל לדמותו של שאול. שאול מגלה פסיביות ורפיון בשעה שדווקא הנער משרתו מפגין יצירתיות ויוזמה. לאמיתו של דבר חבוי כאן רעיון עמוק יותר. שאול ונערו מחפשים בפרק זה את הרואה, מחפשים את **הראייה**. אבל שאול – כך רומז לנו הפרק בעדינות ובתחכום – אינו שייך לעולם הראייה והנבואה. שאול מבקש לסוב על עקביו כשמגיעים לצוף – לצפייה. שאול אינו יודע 'מה נביא', אינו יודע את הנבואה, ואין לו גם 'תשורה' – הוא חסר את היכולת לשור, לראות. נערו ההולך עימו וכמוהו הנערות שהשניים פוגשים בעירו של שמואל יודעים טוב משאול כיצד להגיע אל הרואה.

כג ט); "אֶרְאֶנּוּ וְלֹא עַתָּה אֲשׁוּרֶנּוּ וְלֹא קָרוֹב" (שם כד יז).

11 מעניין לראות ששאול יוצא מנקודת הנחה שהנביא לוקח כסף, ושמואל בנאומו לעם מביע חשש דומה באשר למלך; לדבריו המלך הוא אדם **הלוקח** מאחרים.

מכאן שלא זו בלבד ששמואל ושאול הם מנהיגים־שותפים אלא שהם זקוקים זה לזה כדי ליצור מכלול מוצלח. שאול חסר כושר הראייה צריך לצידו את שמואל הרואה. שמואל הנביא צריך לצידו איש מעשה – שאול. דגם הנהגה זה הוא דגם אידיאלי לכאורה: איש הביצוע מושרה ומונחה מכוחו של איש הרוח והחזון.

דוגמה מקראית מוצלחת במיוחד לשיתוף פעולה נכון בין שני מנהיגים נוכל למצוא במגילת אסתר. מרדכי ואסתר פועלים במשותף, איש־איש בגבולות ידיעתו ובמגבלות כוחו. מרדכי הוא בבחינת הנביא המוכיח בשער, איש החזון. הוא הדמות המבוגרת מהשתיים, המזכיר לאסתר את דבר יהדותה ומעורר אותה לפעול למען עמה. אסתר המלכה היא אשת המעשה, ובהכירה מבפנים את חצר המלכות היא אמורה לדעת טוב ממרדכי כיצד לפעול. שני הכוחות חשובים, וסוד הצלחתם נעוץ בהרמוניה שביניהם. מחבר המגילה רומז לנו יפה על מלאכת האיזון המשלימה שבין השניים. בתחילה מרדכי הוא המצווה לאסתר: "וְאֶת פַּתְשֶׁגֶן כְּתָב הַדָּת אֲשֶׁר נִתַּן בְּשׁוּשָׁן לְהַשְׁמִידָם נָתַן לוֹ לְהַרְאוֹת אֶת אֶסְתֵּר וּלְהַגִּיד לָהּ **וּלְצַוּוֹת עָלֶיהָ** לָבוֹא אֶל הַמֶּלֶךְ לְהִתְחַנֶּן לוֹ וּלְבַקֵּשׁ מִלְּפָנָיו עַל עַמָּהּ" (אסתר ד ח), אולם כשזירת הפעילות עוברת לחצר המלכות מרדכי עושה כציוויה של אסתר: "וַיַּעֲבֹר מָרְדֳּכָי וַיַּעַשׂ כְּכֹל אֲשֶׁר **צִוְּתָה עָלָיו** אֶסְתֵּר" (שם יז).

ואולם למרבה הצער אצל שמואל ושאול לא שרדה חלוקת התפקידים במבחן הזמן. בתחילה ניכרת חלוקת תפקידים ברורה בין השניים. הנערות שפגשו שאול ונערו ברמה אומרות להם כי שמואל "יְבָרֵךְ הַזֶּבַח" (שמ"א ט יג), ואכן, תפקידו של הנביא הוא לזבוח ולברך, ותפקידו של שאול הוא להילחם, ובפרק יא הוא אכן נלחם בנחש העמוני ומנצחו. ואולם לאחר מכן חלוקת התפקידים מיטשטשת: בפרק יג, בתחילת סיפור המלחמה נגד פלשתים, שאול הוא שמעלה את העולה ויוצא לקראת שמואל לברכו, ובכך מבצע את תפקידו המקובל של הנביא. בפרק טו היפוך התפקידים הוא היפוך מלא: שאול הוא היוצא לברך את שמואל, וכנגדו שמואל אוחז בחרב ומשסף את אגג,

מעשה שהוא תפקידו של המלך. מה גרם להיפוך תפקידים זה? מדוע לא עלה יפה דגם ההנהגה המשותפת?

## התנגדותו של שמואל למלך בשר ודם

בלי להמעיט במשקל חטאיו של שאול טענתי היא ששמואל היה גורם מרכזי בכישלון ההנהגה המשותפת. חשוב להדגיש: הפרקים הקודמים להתעוררותה של סוגיית המלוכה משרטטים את שמואל כדמות מופת המעוצבת בדמותו של משה רבנו. ציינתי לעיל בפרק הראשון כי שמואל השוכב בהיכל ה׳ ובו "נֵר אֱלֹהִים טֶרֶם יִכְבֶּה" (שמ"א ג ג) מקביל למשה הפוגש בסנה הבוער. כמו כן שמואל, שעליו נאמר "וַיֵּדַע כָּל יִשְׂרָאֵל מִדָּן וְעַד בְּאֵר שָׁבַע כִּי נֶאֱמָן שְׁמוּאֵל לְנָבִיא לַה׳" (שם כ), מקביל למשה, שעליו נאמר בהשוואה לשאר נביאים: "לֹא כֵן עַבְדִּי מֹשֶׁה בְּכָל בֵּיתִי נֶאֱמָן הוּא" (במדבר יב ז).

הקבלה אחרת למשה ניכרת בנאום ששמואל נושא ׳אל כל בית ישראל׳: "וַיְהִי מִיּוֹם שֶׁבֶת הָאָרוֹן בְּקִרְיַת יְעָרִים וַיִּרְבּוּ הַיָּמִים וַיִּהְיוּ עֶשְׂרִים שָׁנָה וַיִּנָּהוּ כָּל בֵּית יִשְׂרָאֵל אַחֲרֵי ה׳: וַיֹּאמֶר שְׁמוּאֵל אֶל כָּל בֵּית יִשְׂרָאֵל לֵאמֹר אִם בְּכָל לְבַבְכֶם אַתֶּם שָׁבִים אֶל ה׳ הָסִירוּ אֶת אֱלֹהֵי הַנֵּכָר מִתּוֹכְכֶם וְהָעַשְׁתָּרוֹת וְהָכִינוּ לְבַבְכֶם אֶל ה׳ וְעִבְדֻהוּ לְבַדּוֹ וְיַצֵּל אֶתְכֶם מִיַּד פְּלִשְׁתִּים" (שמ"א ז ב–ג).

הרעיונות של עבודת ה׳ ב׳כל הלב׳ ועבודת ה׳ ׳לבדו׳ מוכרים לנו היטב מנאומיו של משה בספר דברים, שבהם ניתנת חשיבות מיוחדת להיבטים נפשיים של עבודת ה׳, כגון כוונה ושמחה, וכן רעיון ייחוד ה׳ ומקום עבודתו (ראו למשל דברים יא יג; שם ד לה). רעיון זה מתחדד בזיקה לסיפור הקודם על שבי הארון שהובא למלחמה כדי שיציל את העם מיד פלשתים. שמואל אומר כאן לעם כי מה שיציל אותם מיד פלשתים הוא עבודת ה׳ **לבדו**, לא ארון או אמצעי אחר. גם כאן הדברים חוזרים למשה רבנו, שכאשר ראה את העגל והמחולות שבר את הלוחות. בשבירת הלוחות משה מבטא את הרעיון שאין ערך

ללוחות אם הברית עצמה נשברה. הכתוב בספר תהלים כורך גם הוא את משה ושמואל יחדיו: "מֹשֶׁה וְאַהֲרֹן בְּכֹהֲנָיו וּשְׁמוּאֵל בְּקֹרְאֵי שְׁמוֹ" (תהלים צט ו).[12]

הטון הביקורתי כלפי שמואל נשמע רק כשעולה על הפרק שאלת המלוכה. שמואל מבטא את עמדתו נגד המלכת מלך לישראל באופן שאינו משתמע לשתי פנים:

> וַיְהִי כַּאֲשֶׁר זָקֵן שְׁמוּאֵל וַיָּשֶׂם אֶת בָּנָיו שֹׁפְטִים לְיִשְׂרָאֵל: וַיְהִי שֶׁם בְּנוֹ הַבְּכוֹר יוֹאֵל וְשֵׁם מִשְׁנֵהוּ אֲבִיָּה שֹׁפְטִים בִּבְאֵר שָׁבַע: וְלֹא הָלְכוּ בָנָיו בִּדְרָכָיו וַיִּטּוּ אַחֲרֵי הַבָּצַע וַיִּקְחוּ שֹׁחַד וַיַּטּוּ מִשְׁפָּט: וַיִּתְקַבְּצוּ כֹּל זִקְנֵי יִשְׂרָאֵל וַיָּבֹאוּ אֶל שְׁמוּאֵל הָרָמָתָה: וַיֹּאמְרוּ אֵלָיו הִנֵּה אַתָּה זָקַנְתָּ וּבָנֶיךָ לֹא הָלְכוּ בִּדְרָכֶיךָ עַתָּה שִׂימָה לָּנוּ מֶלֶךְ לְשָׁפְטֵנוּ כְּכָל הַגּוֹיִם: **וַיֵּרַע הַדָּבָר בְּעֵינֵי שְׁמוּאֵל** כַּאֲשֶׁר אָמְרוּ תְּנָה לָּנוּ מֶלֶךְ לְשָׁפְטֵנוּ וַיִּתְפַּלֵּל שְׁמוּאֵל אֶל ה' (שמ"א ח א–ו).

ה' מגיב על כעסו של שמואל כך: "וַיֹּאמֶר ה' אֶל שְׁמוּאֵל שְׁמַע בְּקוֹל הָעָם לְכֹל אֲשֶׁר יֹאמְרוּ אֵלֶיךָ כִּי לֹא אֹתְךָ מָאָסוּ כִּי אֹתִי מָאֲסוּ מִמְּלֹךְ עֲלֵיהֶם: כְּכָל הַמַּעֲשִׂים אֲשֶׁר עָשׂוּ מִיּוֹם הַעֲלֹתִי אֹתָם מִמִּצְרַיִם וְעַד הַיּוֹם הַזֶּה וַיַּעַזְבֻנִי וַיַּעַבְדוּ אֱלֹהִים אֲחֵרִים כֵּן הֵמָּה עֹשִׂים גַּם לָךְ" (שם ז–ח).

ה' אומנם מסתייג מאוד מבקשת העם ורואה בה את מאיסתו שלו כמלך וכריבון, אולם בו בזמן הוא מורה לשמואל מפורשות לשמוע בקול העם: 'שמע בקול העם לכל אשר יאמרו אליך'. על הנחיה זו חוזר ה' שוב בהמשך דבריו: "וְעַתָּה **שְׁמַע בְּקוֹלָם** אַךְ כִּי הָעֵד תָּעִיד בָּהֶם וְהִגַּדְתָּ לָהֶם מִשְׁפַּט הַמֶּלֶךְ אֲשֶׁר יִמְלֹךְ עֲלֵיהֶם" (שם ט).

אומנם ה' מורה לשמואל 'שמע בקולם', אולם נראה כי הוראה זו לא התיישבה באופן מלא על ליבו של שמואל, ואפשר לפקפק בנכונותו לממשה כהלכה. יש כמה סיבות לחשוב כך. ראשית, נראה

12 כן ראו בירמיהו: "וַיֹּאמֶר ה' אֵלַי אִם יַעֲמֹד מֹשֶׁה וּשְׁמוּאֵל לְפָנַי אֵין נַפְשִׁי אֶל הָעָם הַזֶּה" (ירמיהו טו א).

שהתמונה ששמואל מחזיק בדבר מלך ומלכות היא תמונה פסימית קיצונית שאינה עולה בהכרח בקנה אחד עם התפיסה האלוהית. ה׳ אומר לשמואל להזהיר את העם מפני ׳משפט המלך׳, אולם בדברי שמואל הופך משפט זה לרשימת הנהגות של עוול ועושק. לכאורה היה אפשר לטעון כבר בדברי ה׳ כי הביטוי ׳משפט המלך׳ הוא ביטוי אירוני לחוק של עוול, אבל סביר יותר לומר ששמואל **הופך** את ׳משפט המלך׳ שבפי ה׳ לחוק אבסורדי כדי להניא את העם מבקשתו.[13]

שנית, הטיה של שמואל לעבר שלילת המלוכה מתגלה גם בתיאורו את הנסיבות לבקשת המלך בפי העם בפרק יב: ״וַתִּרְאוּ כִּי נָחָשׁ מֶלֶךְ בְּנֵי עַמּוֹן בָּא עֲלֵיכֶם וַתֹּאמְרוּ לִי לֹא כִּי מֶלֶךְ יִמְלֹךְ עָלֵינוּ וַה׳ אֱלֹהֵיכֶם מַלְכְּכֶם: וְעַתָּה הִנֵּה הַמֶּלֶךְ אֲשֶׁר בְּחַרְתֶּם אֲשֶׁר שְׁאֶלְתֶּם וְהִנֵּה נָתַן ה׳ עֲלֵיכֶם מֶלֶךְ״ (שם יב יב–יג).

שמואל מציג את בקשת העם הצגה ביקורתית. הוא מוכיח אותם שהם מבקשים להתגונן מפני נחש מלך בני עמון באמצעות העמדת מלך בשר ודם ושוכחים כי ה׳ אלוהיהם הוא מלכם. בפרק ט לעומת זאת הנסיבות להעמדת המלך נשמעות אחרות לחלוטין: ״וַה׳ גָּלָה אֶת אֹזֶן שְׁמוּאֵל יוֹם אֶחָד לִפְנֵי בוֹא שָׁאוּל לֵאמֹר: כָּעֵת מָחָר אֶשְׁלַח אֵלֶיךָ אִישׁ מֵאֶרֶץ בִּנְיָמִן וּמְשַׁחְתּוֹ לְנָגִיד עַל עַמִּי יִשְׂרָאֵל וְהוֹשִׁיעַ אֶת עַמִּי מִיַּד פְּלִשְׁתִּים כִּי רָאִיתִי אֶת עַמִּי כִּי בָּאָה צַעֲקָתוֹ אֵלָי״ (שם ט טו–טז).

13 נראה כי שמואל מבטא את תפיסתו על המלך כמסיח לפי תומו בפגישתו הראשונה עם שאול. שמואל אומר לשאול ״וְלָאֲתֹנוֹת הָאֹבְדוֹת לְךָ הַיּוֹם שְׁלֹשֶׁת הַיָּמִים אַל תָּשֶׂם אֶת לִבְּךָ לָהֶם כִּי נִמְצָאוּ וּלְמִי כָּל חֶמְדַּת יִשְׂרָאֵל הֲלוֹא לְךָ וּלְכֹל בֵּית אָבִיךָ״ (שמ״א ט כ). צירוף הסמיכות ׳חמדת ישראל׳ יכול להתפרש בשתי דרכים. פירוש אחד של המילה ׳חמדה׳ הוא חשק, השתוקקות, כיסופים (ראו למשל דה״ב כא כ). כלומר, שמואל אומר לשאול שלא ישים ליבו על האתונות, כי הן נמצאו, ומלבד זה הרי ישראל כוספים לו, ומה לו שידאג על אתונות. אבל פירוש נוסף למילה חמדה הוא אוצר (ראו למשל הושע יג טו). שמואל אומר לשאול שלא ישים ליבו לאתונות משום שכמלך נתונים לו ולבית אביו כל נכסיהם ואוצרותיהם (׳מחמדיהם׳) של ישראל.

ה׳ שומע את צעקת העם הסובל מן הפלשתים ושולח אליהם מלך שיושיע אותם. בתיאור הזה, שלא כפי שהציג זאת שמואל, אין כל השתמעות ביקורתית על בקשת העם כאילו זו עומדת במתח עם מלכות ה׳; אדרבה, המלך הוא המענה שה׳ עצמו מספק לצעקת העם שבאה אליו.

שלישית, דומה שהתנגדותו של שמואל להעמדת מלך אינה ניתנת להפרדה מפניות ומאינטרסים אישיים. כפי שראינו בפסוקים שצוטטו לעיל, את בקשת העם למלך מקדימים פסוקים המספרים על התנהגותם המושחתת של בני שמואל שהיו שופטים בבאר שבע. הקדמה זו משמשת רקע לבקשת העם הבאה מייד לאחר מכן; העם מבקש מלך ׳לשופטנו׳ ומנמק את בקשתו על רקע זקנותו של שמואל ועל רקע העובדה שבניו השופטים לא הלכו בדרכיו. בהיבט זה בקשת העם הגיונית ועניינית. בד בבד אפיון המלך בבקשת העם כולל רכיב בעייתי: העם מבקש מלך ׳לשופטנו **ככל הגויים**׳, אבל מלך ישראל אינו אמור להיות ככל הגויים.[14]

שמואל מתנגד לבקשת העם, והכתוב מספר לנו מדוע: ״וַיֵּרַע הַדָּבָר בְּעֵינֵי שְׁמוּאֵל **כַּאֲשֶׁר אָמְרוּ תְּנָה לָּנוּ מֶלֶךְ לְשָׁפְטֵנוּ**״ (שם ח ו). למרבה ההפתעה מתברר שמה שמפריע לשמואל איננו שהעם מבקש מלך ככל הגויים אלא שהוא מבקש מלך ׳לשופטנו׳! דחיית שמואל את בקשת העם משום שהם מבקשים מלך לשופטנו כאשר בניו הם המשמשים שופטים מעלה חשד כי יש כאן נגיעה אישית, שכן בקשת המלך היא למעשה דחייתו ודחיית בניו מלשמש שופטי העם.[15]

14 אפשר לפרש שפרשת המלך בספר דברים, המחייבת לשים מלך שה׳ יבחר בו ואשר ינהג באחווה ובצניעות, מתפלמסת עם רצון העם להמליך עליהם מלך ׳ככל הגויים׳. ראו על כך בהרחבה במבוא לספר.

15 הפסוקים כאן רומזים לסיפור אברהם ושרה בדרך מעניינת ביותר. בספר בראשית נאמר כי שרה דורשת מאברהם ״גָּרֵשׁ הָאָמָה הַזֹּאת וְאֶת בְּנָהּ כִּי לֹא יִירַשׁ בֶּן הָאָמָה הַזֹּאת עִם בְּנִי עִם יִצְחָק״ (בראשית כא י). דרישת שרה היא לצנינים בעיני אברהם: ״וַיֵּרַע הַדָּבָר מְאֹד בְּעֵינֵי אַבְרָהָם עַל אוֹדֹת בְּנוֹ״ (שם יא), אך ה׳ מצווה עליו ״כֹּל אֲשֶׁר תֹּאמַר אֵלֶיךָ שָׂרָה שְׁמַע בְּקֹלָהּ״ (שם יב), ואברהם עושה כדבריו.

רושם זה מתחזק למקרא נאומו של שמואל בפרק יב: "וַיֹּאמֶר שְׁמוּאֵל אֶל כָּל יִשְׂרָאֵל הִנֵּה שָׁמַעְתִּי בְקֹלְכֶם לְכֹל אֲשֶׁר אֲמַרְתֶּם לִי וָאַמְלִיךְ עֲלֵיכֶם מֶלֶךְ: וְעַתָּה הִנֵּה הַמֶּלֶךְ מִתְהַלֵּךְ לִפְנֵיכֶם וַאֲנִי זָקַנְתִּי וָשַׂבְתִּי **וּבָנַי הִנָּם אִתְּכֶם** וַאֲנִי הִתְהַלַּכְתִּי לִפְנֵיכֶם מִנְּעֻרַי עַד הַיּוֹם הַזֶּה" (שם יב א–ב).

שמואל אומנם אינו כופר בקיומו של המלך ('ועתה הנה המלך מתהלך לפניכם'), אולם דבריו בהמשך יוצרים את הרושם שלא השלים עם בקשת העם, שכן הוא מזכיר באוזני העם את קיומם של בניו – 'ובניי הנם איתכם'. מכאן לכאורה ששמואל לא קיבל את טענת העם שבניו אינם ראויים לשמש מנהיגים.

גם המשך נאומו של שמואל תומך בכיוון זה:

> הִנְנִי עֲנוּ בִי נֶגֶד ה' וְנֶגֶד מְשִׁיחוֹ אֶת שׁוֹר מִי לָקַחְתִּי **וַחֲמוֹר מִי לָקַחְתִּי** וְאֶת מִי עָשַׁקְתִּי אֶת מִי רַצּוֹתִי וּמִיַּד מִי לָקַחְתִּי כֹפֶר וְאַעְלִים עֵינַי בּוֹ וְאָשִׁיב לָכֶם: וַיֹּאמְרוּ לֹא עֲשַׁקְתָּנוּ וְלֹא רַצּוֹתָנוּ וְלֹא לָקַחְתָּ מִיַּד אִישׁ מְאוּמָה: וַיֹּאמֶר אֲלֵיהֶם עֵד ה' בָּכֶם וְעֵד מְשִׁיחוֹ הַיּוֹם הַזֶּה כִּי לֹא מְצָאתֶם בְּיָדִי מְאוּמָה וַיֹּאמֶר עֵד (שם ג–ה).

מדוע שמואל מתגונן 'הנני ענו בי נגד ה' ונגד משיחו את שור מי לקחתי וחמור מי לקחתי'? האם אי־פעם האשים העם את שמואל שנהג בשררה ובעושק? ובאמת, כצפוי, העם עונה לשמואל תשובה שאינה משתמעת לשתי פנים: 'לא עשקתנו ולא רצותנו ולא לקחת מיד איש מאומה'.

תמיהה זו מתחדדת אף יותר בהשוואת דברי שמואל כאן לדברי משה בסיפור קורח ועדתו בספר במדבר. דברי שמואל הם ארמז ברור

שמואל, כמו אברהם, מעוניין שבניו הם שימשיכו אותו, אולם העם, המקביל באנלוגיה זו לשרה, מתנגד לכך. התנגדות זו היא לצנינים בעיני שמואל: 'וירע הדבר בעיני שמואל כאשר אמרו תנה לנו מלך', אך כפי שה' מצדד בעמדת שרה, המנוגדת לזו של אברהם, כך הוא מצדד בעמדת העם, המנוגדת לעמדת שמואל, ומורה לו 'שמע בקולם'.

לדברי משה, שלמשמע דברי הבלע של דתן ואבירם, המאשימים אותו כי השתרר על העם, מבקש מה׳ שלא לשמוע לקורח ולעדתו ולדחות את מנחתם: ״וַיִּחַר לְמֹשֶׁה מְאֹד וַיֹּאמֶר אֶל ה׳ אַל תֵּפֶן אֶל מִנְחָתָם **לֹא חֲמוֹר אֶחָד מֵהֶם נָשָׂאתִי** וְלֹא הֲרֵעֹתִי אֶת אַחַד מֵהֶם״ (במדבר טז טו).

כעסו המתגונן של משה מובן לנוכח ההאשמות השקריות שהוטחו בו, אך תגובתו המתגוננת של שמואל אינה מובנת כלל ועיקר. כאמור, הסיבה לבקשת המלך בדברי העם בפרק ח עניינית ומוצדקת: לטענת העם שמואל ובניו אינם כשירים, כל אחד מטעמו הוא, להנהיג את העם: ״וַיֹּאמְרוּ אֵלָיו הִנֵּה אַתָּה זָקַנְתָּ וּבָנֶיךָ לֹא הָלְכוּ בִּדְרָכֶיךָ עַתָּה שִׂימָה לָּנוּ מֶלֶךְ לְשָׁפְטֵנוּ כְּכָל הַגּוֹיִם״ (שמ״א ח ה). העם אינו מסתיר משמואל את נימוקיו המוצדקים, ולא זו בלבד, הוא פונה אל שמואל להיות מי שישים עליהם מלך. אבל מהתגוננותו של שמואל, ׳הנני ענו בי [...] את שור מי לקחתי׳ וכו׳, נראה כי הוא פגוע מדברי העם ואינו מאמין בכנות הנימוקים שהוצגו לפניו ובאמינותם. תביעתו הנמרצת של שמואל להכרה בניקיון כפיו מעידה שהוא סבור שהנימוק האמיתי לבקשת העם אינו ענייני אלא מכוון נגדו אישית, קרי שהעם אינו מעוניין במנהיגותו.

## ״הֲגַם שָׁאוּל בַּנְּבִאִים?״

האי־השלמה של שמואל עם רעיון המלך מלווה את יחסו לשאול שותפו להנהגה. יחסו הפטרנליסטי המופרז של שמואל כלפי שאול כונן תלות בעייתית של שאול בשמואל: היא מנעה ממנו לפעול בחופשיות ולבסוף אף גרמה לו לאבד את מלכותו.

שאיפתו של שמואל להכניס את שאול תחת כנפי הנבואה באה לידי ביטוי באותות שמסר לו לאחר שמשח אותו למלך ובטרם שילח אותו לדרכו החדשה. האות השלישי שמסר שמואל ביד שאול הוא התנבאותו בחברת חבל נביאים:

וַיִּקַּח שְׁמוּאֵל אֶת פַּךְ הַשֶּׁמֶן וַיִּצֹק עַל רֹאשׁוֹ וַיִּשָּׁקֵהוּ וַיֹּאמֶר הֲלוֹא

> כִּי מְשָׁחֲךָ ה' עַל נַחֲלָתוֹ לְנָגִיד: בְּלֶכְתְּךָ הַיּוֹם מֵעִמָּדִי וּמָצָאתָ שְׁנֵי אֲנָשִׁים עִם קְבֻרַת רָחֵל בִּגְבוּל בִּנְיָמִן בְּצֶלְצַח וְאָמְרוּ אֵלֶיךָ נִמְצְאוּ הָאֲתֹנוֹת אֲשֶׁר הָלַכְתָּ לְבַקֵּשׁ וְהִנֵּה נָטַשׁ אָבִיךָ אֶת דִּבְרֵי הָאֲתֹנוֹת וְדָאַג לָכֶם לֵאמֹר מָה אֶעֱשֶׂה לִבְנִי: וְחָלַפְתָּ מִשָּׁם וָהָלְאָה וּבָאתָ עַד אֵלוֹן תָּבוֹר וּמְצָאוּךָ שָּׁם שְׁלֹשָׁה אֲנָשִׁים עֹלִים אֶל הָאֱלֹהִים בֵּית אֵל אֶחָד נֹשֵׂא שְׁלֹשָׁה גְדָיִים וְאֶחָד נֹשֵׂא שְׁלֹשֶׁת כִּכְּרוֹת לֶחֶם וְאֶחָד נֹשֵׂא נֵבֶל יָיִן: וְשָׁאֲלוּ לְךָ לְשָׁלוֹם וְנָתְנוּ לְךָ שְׁתֵּי לֶחֶם וְלָקַחְתָּ מִיָּדָם: אַחַר כֵּן תָּבוֹא גִּבְעַת הָאֱלֹהִים אֲשֶׁר שָׁם נְצִבֵי פְלִשְׁתִּים וִיהִי כְבֹאֲךָ שָׁם הָעִיר וּפָגַעְתָּ חֶבֶל נְבִאִים יֹרְדִים מֵהַבָּמָה וְלִפְנֵיהֶם נֵבֶל וְתֹף וְחָלִיל וְכִנּוֹר וְהֵמָּה מִתְנַבְּאִים: וְצָלְחָה עָלֶיךָ רוּחַ ה' וְהִתְנַבִּיתָ עִמָּם וְנֶהְפַּכְתָּ לְאִישׁ אַחֵר: וְהָיָה כִּי תְבֹאנָה הָאֹתוֹת הָאֵלֶּה לָךְ עֲשֵׂה לְךָ אֲשֶׁר תִּמְצָא יָדֶךָ כִּי הָאֱלֹהִים עִמָּךְ (שמ"א י א-ז).

שלושת האותות שמסר בידו שמואל נועדו לספק הוכחה לעיני שאול כי שמואל הוא נביא אמת ודברו בוא יבוא. הם נועדו לטעת בלב שאול את האמונה בנבואתו של שמואל. אבל האות השלישי מגדיל לעשות מקודמיו: שאול מתנבא בקרב בני הנביאים.

אבל שאול אינו מתאים לנבואה. כפי שצוין לעיל, פעמיים במהלך ספר שמואל נאמר כי הרואים את שאול מתנבא שואלים 'הגם שאול בנביאים'. זו הפעם הראשונה שבה מופיע משפט זה:

> וַיָּבֹאוּ שָׁם הַגִּבְעָתָה וְהִנֵּה חֶבֶל נְבִאִים לִקְרָאתוֹ וַתִּצְלַח עָלָיו רוּחַ אֱלֹהִים וַיִּתְנַבֵּא בְּתוֹכָם: וַיְהִי כָּל יוֹדְעוֹ מֵאִתְּמוֹל שִׁלְשׁוֹם וַיִּרְאוּ וְהִנֵּה עִם נְבִאִים נִבָּא וַיֹּאמֶר הָעָם אִישׁ אֶל רֵעֵהוּ מַה זֶּה הָיָה לְבֶן קִישׁ **הֲגַם שָׁאוּל בַּנְּבִיאִים**: וַיַּעַן אִישׁ מִשָּׁם וַיֹּאמֶר וּמִי אֲבִיהֶם עַל כֵּן הָיְתָה לְמָשָׁל הֲגַם שָׁאוּל בַּנְּבִאִים (שם י-יב).

הרואים תמהים: 'מה זה היה לבן קיש, הגם שאול בנביאים' – וההדגשה היא על היותו 'בן קיש', כלומר בן לאדם שאיננו נביא, מישהו שלא בא ממשפחת נבואה. ואולם 'איש משם' תמה על התמהים: 'ומי אביהם?'

כלומר, האם בהכרח אבותיהם של כל בני הנביאים אף הם נביאים?[16] השאלה כמובן רטורית; ברור שאבותיהם של הנביאים אינם בהכרח נביאים, ואם כך, אין לתמוה על 'בן קיש' המתנבא.

המשפט 'הגם שאול בנביאים' שב וחוזר בפרק יט. שאול שולח שליחים לניות ברמה כדי לקחת משם את דוד, המסתתר בחברת שמואל ובני הנביאים. כאשר שליחי שאול מגיעים אל ניות הם רואים את שמואל המתנבא, ורוח אלוהים שורה גם עליהם. כך אירע גם לקבוצת השליחים השנייה ששלח שאול. לבסוף שאול מחליט ללכת לשם בעצמו ולתפוס את דוד, אך הוא עצמו נתפס בחבלי הנבואה: "וַיֵּלֶךְ שָׁם אֶל נוית נָיוֹת בָּרָמָה וַתְּהִי עָלָיו גַּם הוּא רוּחַ אֱלֹהִים וַיֵּלֶךְ הָלוֹךְ וַיִּתְנַבֵּא עַד בֹּאוֹ בנוית בְּנָיוֹת בָּרָמָה: וַיִּפְשַׁט גַּם הוּא בְּגָדָיו וַיִּתְנַבֵּא גַם הוּא לִפְנֵי שְׁמוּאֵל וַיִּפֹּל עָרֹם כָּל הַיּוֹם הַהוּא וְכָל הַלָּיְלָה עַל כֵּן יֹאמְרוּ הֲגַם שָׁאוּל בַּנְּבִיאִם" (שם יט כג-כד).

כאן, שלא כבהקשר הקודם, התמיהה 'הגם שאול בנביאים' נותרת חסרת מענה. ברצוני להציע שהסיבה לכך היא שהמשפט בהקשרו הראשון מדגיש את מוזרות הקשר שבין שאול לנבואה מבחינת עברו המשפחתי של שאול ('מה זה היה **לבן קיש**'), ואילו התמיהה בהקשר הנוכחי מביאה לידי ביטוי את הרעיון שנבואה ומלוכה הם שני תחומים המוציאים זה את זה: שאול **המלך**, בהיותו מלך, אינו יכול להיות נביא. התנבאות שאול ללא בגדים, ללא בגדי מלכותו, מסמלת יפה את הרעיון שיש מתח בין מלוכה לנבואה: אם אתה נביא, אינך מלך; ואם אתה מלך, אינך נביא. אי אפשר לשאת בשני התפקידים יחדיו.

בפרק יג בספר שמואל, במלחמה הראשונה של שאול בפלשתים, אנו נתקלים בתוצאת תלותו העמוקה בשמואל וקרבתו לעסקי הנבואה. סיפור המלחמה פותח ביונתן בן שאול המכה את נציב פלשתים אשר בגבע, ומעשה זה מניע את הפלשתים להיערך בהמוניהם למלחמה בישראל. היערכות הפלשתים לקרב מעוררת בהלה בקרב העם, והם

16 רש"י, ד"ה "ומי אביהם", פירש כך: "מה תמה לך בדבר [...] וכי נבואה ירושה היא".

מתחבאים במערות ובנקיקים או נסים על נפשם. ובתוך כל הלחץ והמהומה שאול מחכה לשמואל בגלגל שבעה ימים כפי שנצטווה:

> וַיּוֹחֶל שִׁבְעַת יָמִים לַמּוֹעֵד אֲשֶׁר שְׁמוּאֵל וְלֹא בָא שְׁמוּאֵל הַגִּלְגָּל וַיָּפֶץ הָעָם מֵעָלָיו: וַיֹּאמֶר שָׁאוּל הַגִּשׁוּ אֵלַי הָעֹלָה וְהַשְּׁלָמִים וַיַּעַל הָעֹלָה: וַיְהִי כְּכַלֹּתוֹ לְהַעֲלוֹת הָעֹלָה וְהִנֵּה שְׁמוּאֵל בָּא וַיֵּצֵא שָׁאוּל לִקְרָאתוֹ לְבָרְכוֹ (שמ״א יג ח–י).

שאול מחכה לשמואל, אך לבסוף מקריב את העולה בעצמו ובניגוד להנחייתו המפורשת של שמואל – ״וְיָרַדְתָּ לְפָנַי הַגִּלְגָּל וְהִנֵּה אָנֹכִי יֹרֵד אֵלֶיךָ לְהַעֲלוֹת עֹלוֹת לִזְבֹּחַ זִבְחֵי שְׁלָמִים״ (שם י ח). הקרבת שאול את העולה מעידה על חוסר הבנה שלו באשר למהות פעולה זו. ממעשיו ניכר כי בהקרבת העולה הוא רואה פעולה מאגית שבכוחה להביא לידי ניצחון בקרב, אולם לאמיתו של דבר הקורבן הוא דרך להשראת נבואה ולא אמצעי טכני להצלחה בקרב, ומכאן מובן מדוע שמואל הנביא הוא שאמור להעלות את העולה ולא שאול.[17]

על כל זה יצא קצפו של שמואל:

> וַיֹּאמֶר שְׁמוּאֵל מֶה עָשִׂיתָ וַיֹּאמֶר שָׁאוּל כִּי רָאִיתִי כִי נָפַץ הָעָם מֵעָלַי וְאַתָּה לֹא בָאתָ לְמוֹעֵד הַיָּמִים וּפְלִשְׁתִּים נֶאֱסָפִים מִכְמָשׂ: וָאֹמַר עַתָּה יֵרְדוּ פְלִשְׁתִּים אֵלַי הַגִּלְגָּל וּפְנֵי ה׳ לֹא חִלִּיתִי וָאֶתְאַפַּק וָאַעֲלֶה הָעֹלָה: וַיֹּאמֶר שְׁמוּאֵל אֶל שָׁאוּל נִסְכָּלְתָּ לֹא שָׁמַרְתָּ אֶת מִצְוַת ה׳ אֱלֹהֶיךָ אֲשֶׁר צִוָּךְ כִּי עַתָּה הֵכִין ה׳ אֶת מַמְלַכְתְּךָ אֶל יִשְׂרָאֵל עַד עוֹלָם: וְעַתָּה מַמְלַכְתְּךָ לֹא תָקוּם בִּקֵּשׁ ה׳ לוֹ אִישׁ כִּלְבָבוֹ וַיְצַוֵּהוּ ה׳ לְנָגִיד עַל עַמּוֹ כִּי לֹא שָׁמַרְתָּ אֵת אֲשֶׁר צִוְּךָ ה׳ (שם יג יא–יד).

17 משני מקומות נוספים במקרא עולה שהקרבת קורבן היא דרך לקבל נבואה. האחד בספר בראשית, בסיפור ירידת יעקב מצרימה: יעקב זובח זבחים, ומייד לאחר מכן ה׳ מתגלה אליו במראות הלילה (בראשית מו א–ב). גם בלעם, להבדיל, מקבל את נבואותיו לאחר הקרבת קורבנות.

אומנם שאול מקריב את העולה בניגוד להוראת שמואל ופועל מתוך חוסר הבנה, אולם תגובתו של שמואל נראית קיצונית ובלתי פרופורציונלית. ראשית, יש מקום לכאורה להתחשב בנסיבות המלחיצות. שאול הרי חיכה לו שבעה ימים בעוד פלשתים נאספים בהמוניהם למלחמה וכל העם נפוץ מעליו. שנית, גם אם טעה שאול, הרי זו לו הטעות הראשונה מאז נמשח למלך, וכי אין מקום למחול לו עליה? שלישית, גם אם היה מקום להענישו, האם בעונש קשה כל כך כקריעת מלכותו? מתגובתו של שמואל, שאינה הולמת את החטא, עולה הרושם שהוא רק המתין לעילה כדי לדחות את מלכותו של שאול. הגעתו אל הגלגל ברגע האחרון, לאחר תום שבעת הימים, מתחה את החבל מעבר לקצה גבול היכולת והעמידה את שאול במבחן שספק אם היה אפשר בכלל לעמוד בו.

שמואל עוזב את הגלגל, ושאול תלמידו הנטוש והדחוי הולך ומידרדר מדחי אל דחי. בתחילה הוא פונה לאחיה הכוהן נושא האפוד: "וַיֹּאמֶר שָׁאוּל לַאֲחִיָּה הַגִּישָׁה אֲרוֹן הָאֱלֹהִים כִּי הָיָה אֲרוֹן הָאֱלֹהִים בַּיּוֹם הַהוּא וּבְנֵי יִשְׂרָאֵל" (שם יד יח), אך לאחר שהוא רואה שההמולה במחנה פלשתים הולכת ורבה, ורצוי לצאת אל הקרב ולהכות בברזל בעודו חם, הוא מורה לכוהן 'אסוף ידך': "וַיְהִי עַד דִּבֶּר שָׁאוּל אֶל הַכֹּהֵן וְהֶהָמוֹן אֲשֶׁר בְּמַחֲנֵה פְלִשְׁתִּים וַיֵּלֶךְ הָלוֹךְ וָרָב וַיֹּאמֶר שָׁאוּל אֶל הַכֹּהֵן אֱסֹף יָדֶךָ" (שם יט).

לאחר מכן, בסערת הקרב, שאול נבהל להשביע את העם שלא לאכול דבר: "וְאִישׁ יִשְׂרָאֵל נִגַּשׂ בַּיּוֹם הַהוּא וַיֹּאֶל שָׁאוּל אֶת הָעָם לֵאמֹר אָרוּר הָאִישׁ אֲשֶׁר יֹאכַל לֶחֶם עַד הָעֶרֶב וְנִקַּמְתִּי מֵאֹיְבַי וְלֹא טָעַם כָּל הָעָם לָחֶם" (שם כד). אך גם יוזמה זו ששאול נוקט אינה במקומה, כדבריו החריפים של יונתן לאחר ששמע על שבועת אביו: "וַיֹּאמֶר יוֹנָתָן **עָכַר אָבִי אֶת הָאָרֶץ** רְאוּ נָא כִּי אֹרוּ עֵינַי כִּי טָעַמְתִּי מְעַט דְּבַשׁ הַזֶּה: אַף כִּי לוּא אָכֹל אָכַל הַיּוֹם הָעָם מִשְּׁלַל אֹיְבָיו אֲשֶׁר מָצָא כִּי עַתָּה לֹא רָבְתָה מַכָּה בַּפְּלִשְׁתִּים" (שם כט-ל).

לאחר תום המלחמה שאול שואל בה' אם לרדת אחרי פלשתים, אך ה' אינו עונה לו: "וַיֹּאמֶר שָׁאוּל נֵרְדָה אַחֲרֵי פְלִשְׁתִּים לַיְלָה וְנָבֹזָּה בָהֶם עַד אוֹר הַבֹּקֶר וְלֹא נַשְׁאֵר בָּהֶם אִישׁ וַיֹּאמְרוּ כָּל הַטּוֹב בְּעֵינֶיךָ עֲשֵׂה

וַיֹּאמֶר הַכֹּהֵן נִקְרְבָה הֲלֹם אֶל הָאֱלֹהִים: וַיִּשְׁאַל שָׁאוּל בֵּאלֹהִים הַאֵרֵד אַחֲרֵי פְלִשְׁתִּים הֲתִתְּנֵם בְּיַד יִשְׂרָאֵל וְלֹא עָנָהוּ בַּיּוֹם הַהוּא" (שם לו-לז).

שאול תולה את היעדר המענה האלוהי בחטא שחטא העם ועורך גורל ללכידת האשם. יונתן נלכד בגורל, ומתגלה כי טעם מן הדבש למרות שבועת הצום שהטיל אביו. שאול דן את בנו למוות בו במקום, אבל העם מתקומם – ובצדק – נגד החלטה זו ופודה את יונתן: "וַיֹּאמֶר הָעָם אֶל שָׁאוּל הֲיוֹנָתָן יָמוּת אֲשֶׁר עָשָׂה הַיְשׁוּעָה הַגְּדוֹלָה הַזֹּאת בְּיִשְׂרָאֵל חָלִילָה חַי ה׳ אִם יִפֹּל מִשַּׂעֲרַת רֹאשׁוֹ אַרְצָה כִּי עִם אֱלֹהִים עָשָׂה הַיּוֹם הַזֶּה וַיִּפְדּוּ הָעָם אֶת יוֹנָתָן וְלֹא מֵת" (שם מה).

שאול מחפש אפוא סימן אלוהי שיוכיח או שיבטיח לו את הניצחון בקרב, אולם התנהלות זו נראית כשרשרת של טעויות הנעשות בשל לחץ ומצוקה. הוא מקריב את העולה ואיננו מבין את משמעות ההקרבה; הוא פונה לכוהן שישאל בארון אך לאחר מכן מורה לכוהן לאסוף את ידיו. הוא מקלל את האיש אשר יאכל דבר במלחמה אך שבועה זו איננה תורמת להצלחת הקרב אלא מזיקה ומפריעה.

שאול מחפש סימן אלוהי גם במלחמתו האחרונה נגד פלשתים המתוארת בפרק כח, כאשר שמואל כבר איננו בין החיים, וגם שם אפשר לקשור זאת למצוקה שהיה נתון בה. כאשר פלשתים נערכים מול העם למלחמה שאול חש חרדה גדולה ושואל בה׳: "וַיִּשְׁאַל שָׁאוּל בַּה׳ וְלֹא עָנָהוּ ה׳ גַּם בַּחֲלֹמוֹת גַּם בָּאוּרִים גַּם בַּנְּבִיאִם" (שם כח ו). לאחר מכן הוא פונה לבעלת האוב: "וַיֹּאמֶר שָׁאוּל לַעֲבָדָיו בַּקְּשׁוּ לִי אֵשֶׁת בַּעֲלַת אוֹב וְאֵלְכָה אֵלֶיהָ וְאֶדְרְשָׁה בָּהּ וַיֹּאמְרוּ עֲבָדָיו אֵלָיו הִנֵּה אֵשֶׁת בַּעֲלַת אוֹב בְּעֵין דּוֹר" (שם ז).

דרישת שאול באוב היא פעולה חריגה במיוחד. נוסף על איסור התורה לפנות אל האובות והידעונים (ויקרא יט לא) הרי שאול עצמו, כך נמסר לנו בתחילת הסיפור, הסיר את האובות והידעונים מן הארץ! גם כאן נראה כי פעולת שאול היא תוצאה ישירה של מצוקת בדידותו העמוקה. כאשר אדם חש נטוש ועזוב – אלוהים אינו עונה לו, שמואל מת – הוא פונה לחפש משען במקומות אחרים. בדידותו של שאול והתנכרותו של שמואל נמשכות אל המתרחש בביתה של אשת בעלת

האוב. פניו של שמואל הנגלות אל שאול הן פנים מוכיחות וחמורות של דין,[18] והוא מטיח בפני שאול: "לָמָּה הִרְגַּזְתַּנִי לְהַעֲלוֹת אֹתִי" (שם טו), "וְלָמָּה תִּשְׁאָלֵנִי וַה' סָר מֵעָלֶיךָ" (שם טז). לעומת שמואל, אשת בעלת האוב לא זו בלבד שסיכנה את עצמה כשאירחה את שאול בצל קורתה, אלא שכאשר ראתה אותו מבוהל ומיואש לשמע דברי שמואל הביעה כלפיו הזדהות ספונטנית עמוקה ואף סעדה אותו ותמכה בו במסירות רבה.

מבנה סיפורי דומה מצאנו אצל רחל – ששאול המלך הוא מבני בניה – הפונה ליעקב בדרישה "הָבָה לִּי בָנִים וְאִם אַיִן מֵתָה אָנֹכִי" (בראשית ל א). יעקב מגיב על הבקשה בכעס: "וַיִּחַר אַף יַעֲקֹב בְּרָחֵל וַיֹּאמֶר הֲתַחַת אֱלֹהִים אָנֹכִי אֲשֶׁר מָנַע מִמֵּךְ פְּרִי בָטֶן"? (שם ב). יעקב צודק, הוא אינו אלוהים, אולם סגנון תגובתו מנוכר ופוגע. הוא אינו מגלה חמלה והזדהות עם כאבה של רעייתו ומדבר אליה קשות.[19] בדומה לפנייתו של שאול העזוב והנטוש אל האוב, שבו נגלות לו פניו הקשות של שמואל, לא מן הנמנע שתגובתו הקשה של יעקב היא שהניעה את רחל לגנוב את התרפים של אביה, סוג של עבודה זרה שנקשרה אליה סגולה של פריון ולידה.[20]

18 גם אם יש הצדקה לפניו הקשות של שמואל ולמידת הדין שהוא מראה כלפי שאול כפי שציינתי כאן (הוא מרגיזו ממנוחתו בדרך של איסור, ה' סר מעל שאול כעונש על חטאיו; שאול מרגיז את שמואל ממנוחתו בדרך של איסור), אני נאמן לשיטתי ומדגיש כאן את היעדר החמלה שלו, הבולט על דרך הניגוד לעומת תגובתה של בעלת האוב, המאירה פנים לשאול החרד.

19 חז"ל כידוע ביקרו את יעקב על כך: "אמר לו הקב"ה כך עונים את המעיקות? חייך שבניך עתידים לעמוד בפני בנה" (בראשית רבה [אלבק] עא סימן ז).

20 ראו למשל בפירוש 'הואיל משה' לר' שמואל אשכנזי לבראשית לא לד: "ורחל לקחה את התרפים – התרפים לא היו ע"ז ממש אלא ניחוש שעל ידם תתברך עקרת הבית בפרי בטן [...] ועכ"פ נכנסים תחת סוג האלילים כמו שנכנסים הניחושים תחת סוג ע"ז, לפי שמיחסים פעולת הבורא אל הנבראים, ויצדק לומר עליהם למה גנבת את אלהי; ובזה יובן איך היה שרחל לקחה אותן, וגם היה נמצא אחד מהם בידי מיכל העקרה (שמ"א יט יג)". עוד נציין כי הקשר בין סיפורה של רחל לסיפור שאול בביקורו אצל בעלת האוב אינו נעצר כאן. בעלת האוב אומרת

שמואל הנביא אומנם אמור להיות איש הרוח המורה את דרכו של שאול, אולם שמואל יצר בינו לבין שאול – ובעצם בין הנבואה לבין שאול – תלות עמוקה ובעייתית, ותלות זו פגעה בשאול. גישושיו הקדחתניים של שאול אחר סימן אלוהי במהלך המלחמה הם תוצאה ישירה של הריק שנוצר בנטישת שמואל: בהיעדר נביא שאול מנסה למלא בעצמו את תפקיד הנביא, אך התפקיד אינו מתאים לו והוא אף פוגע בתפקודו התקין. שאול חושב שכדי לנצח במלחמה הוא צריך לנהוג כנביא, אבל הוא אינו מבין בנבואה. הוא אינו אמור לחפש סימנים ואותות, החיפוש הזה רק מקצץ בכנפיו ומבלבל אותו. לאמיתו של דבר לא מן הנמנע שהרוח הרעה ששרתה על שאול בהמשך סיפוריו, רוח של קנאה ומדון, היא תוצאה של הניסיון להפוך אותו בכוח לנביא. רוח הנבואה, שלא התאימה לו ולתפקידו, קיבלה צורה של רוח רעה ועכורה.

אופן הפעולה התקין של שאול כמלך בא לידי ביטוי במלחמתו בנחש העמוני. שאול מבין מה נכון לעשות, ועושה: ללא אותות וללא מופתים הוא אוסף את העם, יוצא בראשם למלחמה ונוחל הצלחה כבירה. את אופן הפעולה הרצוי למלך, שיש בו נועזות ויוזמה, נוקט יונתן בנו של שאול במלחמה נגד פלשתים בפרק יג. הניגוד בין תפקודו הלקוי של שאול במלחמה זו לבין תפקודו הרצוי של יונתן מחודד מאוד. שאול מחפש את האות האלוהי בקורבן, בארון ובשבועה, וכמוהו גם יונתן מצפה לאות:

וַיֹּאמֶר יְהוֹנָתָן הִנֵּה אֲנַחְנוּ עֹבְרִים אֶל הָאֲנָשִׁים וְנִגְלִינוּ אֲלֵיהֶם: אִם כֹּה יֹאמְרוּ אֵלֵינוּ דֹּמּוּ עַד הַגִּיעֵנוּ אֲלֵיכֶם וְעָמַדְנוּ תַחְתֵּינוּ וְלֹא נַעֲלֶה

לשאול: "וְעַתָּה שְׁמַע נָא גַם אַתָּה בְּקוֹל שִׁפְחָתֶךָ וְאָשִׂמָה לְפָנֶיךָ פַּת לֶחֶם וֶאֱכוֹל וִיהִי בְךָ כֹּחַ כִּי **תֵלֵךְ בַּדָּרֶךְ**" (שמ"א כח כב). הליכתו בדרך של שאול, הטרגיות של נפילתו במלחמה, חוזרת אל רחל המתה 'בדרך', בדרך אפרתה. על מושג הדרך וספר שמואל ראו בהקדמה לספר זה.

אֲלֵיהֶם: וְאִם כֹּה יֹאמְרוּ עֲלוּ עָלֵינוּ וְעָלִינוּ כִּי נְתָנָם ה׳ בְּיָדֵנוּ **וְזֶה לָּנוּ הָאוֹת** (שמ״א יד ח–י).

אך מה רב ההבדל: האות של שאול הוא הסימן האלוהי שהוא אינו אמור לבקש, ואילו האות של יונתן הוא התגובה של הפלשתים כאשר יתגלו בפניהם, עניין של אסטרטגיית קרב טבעית ומתבקשת.

מעורבותו העמוקה של שמואל בנפילתו של שאול נרמזת באמצעות קשר ספרותי חזק לפרשה אחרת במקרא – פרשת עכן. בתום המלחמה נגד פלשתים שאול פונה אל ה׳ בשאלה אם לרדת אחרי פלשתים, אך ה׳ אינו עונה לו (שם לז). שאול מייחס את חוסר המענה לחטא שיש בעם ומפיל גורל כדי לאתר את החוטא:

וַיִּשְׁאַל שָׁאוּל בֵּאלֹהִים הַאֵרֵד אַחֲרֵי פְלִשְׁתִּים הֲתִתְּנֵם בְּיַד יִשְׂרָאֵל וְלֹא עָנָהוּ בַּיּוֹם הַהוּא: וַיֹּאמֶר שָׁאוּל גֹּשׁוּ הֲלֹם כֹּל פִּנּוֹת הָעָם וּדְעוּ וּרְאוּ בַּמָּה הָיְתָה הַחַטָּאת הַזֹּאת הַיּוֹם: כִּי חַי ה׳ הַמּוֹשִׁיעַ אֶת יִשְׂרָאֵל כִּי אִם יֶשְׁנוֹ בְּיוֹנָתָן בְּנִי כִּי מוֹת יָמוּת וְאֵין עֹנֵהוּ מִכָּל הָעָם: וַיֹּאמֶר אֶל כָּל יִשְׂרָאֵל אַתֶּם תִּהְיוּ לְעֵבֶר אֶחָד וַאֲנִי וְיוֹנָתָן בְּנִי נִהְיֶה לְעֵבֶר אֶחָד וַיֹּאמְרוּ הָעָם אֶל שָׁאוּל הַטּוֹב בְּעֵינֶיךָ עֲשֵׂה: וַיֹּאמֶר שָׁאוּל אֶל ה׳ אֱלֹהֵי יִשְׂרָאֵל הָבָה תָמִים וַיִּלָּכֵד יוֹנָתָן וְשָׁאוּל וְהָעָם יָצָאוּ: וַיֹּאמֶר שָׁאוּל הַפִּילוּ בֵּינִי וּבֵין יוֹנָתָן בְּנִי וַיִּלָּכֵד יוֹנָתָן (שם לז–מב).

בגורל ששאול עורך נלכד בנו יונתן, שהפר את שבועת הצום בטעמו מן הדבש. בתיאור מעשה הגורל רומז השורש לכ״ד לגורל אחר שחוזר בו אותו שורש פעמים רבות: הגורל שיהושע מפיל לאחר תבוסת העם במלחמת העי. נצטט חלק מן הפסוקים: ״וַיַּקְרֵב אֶת מִשְׁפַּחַת יְהוּדָה וַיִּלְכֹּד אֵת מִשְׁפַּחַת הַזַּרְחִי וַיַּקְרֵב אֶת מִשְׁפַּחַת הַזַּרְחִי לַגְּבָרִים וַיִּלָּכֵד זַבְדִּי: וַיַּקְרֵב אֶת בֵּיתוֹ לַגְּבָרִים וַיִּלָּכֵד עָכָן בֶּן כַּרְמִי בֶן זַבְדִּי בֶּן זֶרַח לְמַטֵּה יְהוּדָה״ (יהושע ז יז–יח).

בגורל שיהושע מפיל נלכד עכן ומודה כי מעל בחרם. הקשר בין הסיפור של יונתן לבין סיפורו של עכן ברור: שניהם לוקחים דבר

מה האסור בחרם (עכן) או בשבועה (יונתן). ובכל זאת יש גם פער של ממש בין הסיפורים. לאחר שעכן מודה בחטאו נגזר דינו: "וַיֹּאמֶר יְהוֹשֻׁעַ מֶה עֲכַרְתָּנוּ יַעְכָּרְךָ ה' בַּיּוֹם הַזֶּה וַיִּרְגְּמוּ אֹתוֹ כָל יִשְׂרָאֵל אֶבֶן וַיִּשְׂרְפוּ אֹתָם בָּאֵשׁ וַיִּסְקְלוּ אֹתָם בָּאֲבָנִים" (שם כה). השימוש בשורש עכ"ר חוזר גם בסיפור של יונתן, אבל מעניין לגלות את נקודת ההיפוך מסיפור יהושע – דווקא יונתן מפר השבועה שנתפס בגורל הוא שטוען שאביו עכר את הארץ בשבועתו: "וַיֹּאמֶר יוֹנָתָן עָכַר אָבִי אֶת הָאָרֶץ רְאוּ נָא כִּי אֹרוּ עֵינַי כִּי טָעַמְתִּי מְעַט דְּבַשׁ הַזֶּה" (שמ"א יד כט).

מיהו אפוא 'עכן' בסיפור של יונתן ושאול? מיהו עוכר הארץ האמיתי? האם יונתן, שהפר את שבועת אביו וטעם מן הדבש, או דווקא שאול, שנשבע שבועה מיותרת ומזיקה? הכתוב רומז לנו שהאפשרות השנייה היא הנכונה. לאחר ששאול לוכד את יונתן הוא דן אותו למוות, אך העם פודה אותו מעונש זה: "וַיֹּאמֶר הָעָם אֶל שָׁאוּל הֲיוֹנָתָן יָמוּת אֲשֶׁר עָשָׂה הַיְשׁוּעָה הַגְּדוֹלָה הַזֹּאת בְּיִשְׂרָאֵל חָלִילָה חַי ה' אִם יִפֹּל מִשַּׂעֲרַת רֹאשׁוֹ אַרְצָה כִּי עִם אֱלֹהִים עָשָׂה הַיּוֹם הַזֶּה וַיִּפְדּוּ הָעָם אֶת יוֹנָתָן וְלֹא מֵת" (שם מה).

שלא כעכן, שסוקל העם כולו, את יונתן פודה ממוות העם כולו. מעילת עכן גרמה לתבוסת ישראל בקרב נגד אנשי העי, ואילו יונתן חולל תשועה גדולה. ברור אפוא שהאשם בסיפור אינו מופנה כלפי יונתן אלא דווקא כלפי אביו שאול.[21]

יתרה מזו, בפרק טו במלחמת עמלק חטא שאול בלקיחת החרם – שלל עמלק אשר נועד להיכחד. בדומה לכך עכן גם הוא חטא בלקיחת החרם – שלל מלחמת יריחו. אבל גם כאן אפשר להתבונן על הדברים במבט רחב יותר. שאול לוכד את בנו יונתן בגורל, אולם גם הוא עצמו כמה פרקים לפני כן נלכד בגורל ששמואל מפיל: העם מבקש משמואל מלך, ושמואל מפיל גורל כדי לאתר את האדם המתאים ומוצא את שאול. גם בסיפור לכידתו של שאול בגורל, כמו בסיפורי הגורל האחרים, חוזרים השורשים קר"ב ולכ"ד: "וַיַּקְרֵב

21 אני מודה לבן-ציון עובדיה על נקודה זו.

שְׁמוּאֵל אֵת כָּל שִׁבְטֵי יִשְׂרָאֵל וַיִּלָּכֵד שֵׁבֶט בִּנְיָמִן: וַיַּקְרֵב אֶת שֵׁבֶט בִּנְיָמִן למשפחתו לְמִשְׁפְּחֹתָיו וַתִּלָּכֵד מִשְׁפַּחַת הַמַּטְרִי וַיִּלָּכֵד שָׁאוּל בֶּן קִישׁ וַיְבַקְשֻׁהוּ וְלֹא נִמְצָא" (שם י כ-כא).

בהתחשב במשמעויות הנלוות השליליות שנושאת ההילכדות בגורל, מה פירוש הדבר ששאול נלכד בגורל? אפשר לומר שלכידת שאול מחזקת את הטענה שיש בשאול אשם כלשהו, כיאה לנלכדים בגורל. אבל יש לזכור ששמואל מטיל את הגורל עוד בטרם שאול החל למלוך, ועל כן לא נראה שיש מקום לדבר על אשמה או חטא בשלב זה. דומה כי שמואל משתמש בפרקטיקה המשמשת ללכידת פושעים – בגורל – משום שהוא סבור שמלך הוא חוטא ופושע. במקרה של יהושע חטאו של עכן הוא חטא שמייצג את כלל העם. ה' אומר ליהושע "חָטָא יִשְׂרָאֵל" (יהושע ז יא), כלומר החטא מיוחס לעם ישראל כולו. גם שמואל רואה בהמלכת מלך חטא של ישראל הרוצים מלך, אך את החטא הזה מייצג אדם אחד, ושמואל לוכד אותו בגורל. רעיון זה חוזר ומדגיש את הטענה שפיתחנו לעיל ולפיה שמואל אינו נותן לשאול סיכוי ממשי להיות מלך; הוא מסמן אותו מלכתחילה כחוטא וכאשם, ולא מפליא שלבסוף אף מוצא אותו כך.[22]

## "הָאָדָם יִרְאֶה לַעֵינַיִם"

שמואל מכונה 'הרואה' ומושווה למשה רבנו, אולם בהקשר של סוגיית המלוכה והכרוך בה הכתוב מותח עליו ביקורת ורומז לנו כי ראייתו כהתה ושמיעתו כבדה. בפרק טו, לאחר מלחמת עמלק, שמואל מוכיח את שאול במילים האלה: "וַיֹּאמֶר אֵלָיו שְׁמוּאֵל קָרַע ה' אֶת מַמְלְכוּת

22 אם שמואל אומנם דחה את רעיון המלך ולא הסכין עם מלכותו של שאול, מדוע הוא מתאבל לנוכח נפילתה? תשובה אפשרית היא ששמואל מבין שהמלכות החלופית שעתידה לקום תהיה רעה יותר: כבר לא יהיה מדובר במלך שיהיה כפוף לנביא ותלוי בו אלא במלך עצמאי.

יִשְׂרָאֵל מֵעָלֶיךָ הַיּוֹם וּנְתָנָהּ לְרֵעֲךָ הַטּוֹב מִמֶּךָּ: וְגַם נֵצַח יִשְׂרָאֵל לֹא יְשַׁקֵּר וְלֹא יִנָּחֵם כִּי לֹא אָדָם הוּא לְהִנָּחֵם" (שמ"א טו כח-כט).

שמואל מוכיח את שאול נמרצות, אך דברי תוכחתו, כשהם נקראים בהקשר רחב יותר, מפנים ביקורת חריפה כלפי שמואל עצמו. שמואל קובע כי ה' ('נצח ישראל') לא ישקר ולא יינחם, אולם נאמר כי ה' דווקא **ניחם** (שם יא) על שהמליך את שאול למלך, והרי יש כאן מעין סתירה לקביעתו של שמואל. כמו כן שמואל מלמד כאן את שאול כי יש הבדל בין האדם לבין ה'; אבל את אותו שיעור בדיוק ה' מלמד את שמואל פרק לאחר מכן. ה' שולח את שמואל להמליך למלך את אחד מבניו של ישי בית הלחמי, אך שמואל טועה בזיהוי הבן הנבחר:

> וַיְהִי בְּבוֹאָם וַיַּרְא אֶת אֱלִיאָב וַיֹּאמֶר אַךְ נֶגֶד ה' מְשִׁיחוֹ: וַיֹּאמֶר ה' אֶל שְׁמוּאֵל אַל תַּבֵּט אֶל מַרְאֵהוּ וְאֶל גְּבֹהַּ קוֹמָתוֹ כִּי מְאַסְתִּיהוּ כִּי לֹא אֲשֶׁר יִרְאֶה הָאָדָם כִּי הָאָדָם יִרְאֶה לַעֵינַיִם וַה' יִרְאֶה לַלֵּבָב: וַיִּקְרָא יִשַׁי אֶל אֲבִינָדָב וַיַּעֲבִרֵהוּ לִפְנֵי שְׁמוּאֵל וַיֹּאמֶר גַּם בָּזֶה לֹא בָחַר ה': וַיַּעֲבֵר יִשַׁי שַׁמָּה וַיֹּאמֶר גַּם בָּזֶה לֹא בָחַר ה': וַיַּעֲבֵר יִשַׁי שִׁבְעַת בָּנָיו לִפְנֵי שְׁמוּאֵל וַיֹּאמֶר שְׁמוּאֵל אֶל יִשַׁי לֹא בָחַר ה' בָּאֵלֶּה: וַיֹּאמֶר שְׁמוּאֵל אֶל יִשַׁי הֲתַמּוּ הַנְּעָרִים וַיֹּאמֶר עוֹד שָׁאַר הַקָּטָן וְהִנֵּה רֹעֶה בַּצֹּאן וַיֹּאמֶר שְׁמוּאֵל אֶל יִשַׁי שִׁלְחָה וְקָחֶנּוּ כִּי לֹא נָסֹב עַד בֹּאוֹ פֹה: וַיִּשְׁלַח וַיְבִיאֵהוּ וְהוּא אַדְמוֹנִי עִם יְפֵה עֵינַיִם וְטוֹב רֹאִי וַיֹּאמֶר ה' קוּם מְשָׁחֵהוּ כִּי זֶה הוּא (שם טז ו-יב).

שמואל רואה את אליאב הגבוה והנאה, בנו בכורו של ישי, ומחליט מייד כי זהו המלך המיועד: 'ויהי בבואם וירא את אליאב ויאמר אך נגד ה' משיחו'. נזיפת ה' בשמואל לא מאחרת לבוא: 'אל תבט אל מראהו ואל גבוה קומתו כי מאסתיהו **כי לא אשר יראה האדם כי האדם יראה לעיניים וה' יראה ללבב**'. הפסוקים שולחים את חיצי ביקורתם בחריפות רבה אף יותר: שמואל מטיח בשאול כי "בִּקֵּשׁ ה' לוֹ **אִישׁ כִּלְבָבוֹ**" (שם יג יד), כלומר ה' יבחר אדם אחר למלוך על עמו, אדם כלבבו. אבל גם

כאן כמו בדוגמה הקודמת מילים אלו נעשות למפרע ביקורת גם כלפי שמואל עצמו. שמואל אומר לשאול כי ה׳ ביקש לו **איש כלבבו**, ואכן, מסיפור בחירת דוד מתברר כי מי שרואה ללבב הוא רק ה׳, ׳ה׳ יראה ללבב׳! שלא כשמואל, הרואה לעיניים.

מעניין לראות שגם אחרי שכל הבנים למעט דוד עוברים בסך ולא נבחרים למלוכה ה׳ צריך לומר לשמואל מפורשות ׳קום משחהו כי זה הוא׳. כלומר, גם כאשר אמור להיות גלוי לעין כול שדוד הוא הבן הנבחר, שכן הוא היחיד שנותר, עיניו של שמואל עדיין טחו מראות זאת. שמואל, שאומר לשאול בפגישתם הראשונה ״אָנֹכִי הָרֹאֶה [...] וְכֹל אֲשֶׁר בִּלְבָבְךָ אַגִּיד לָךְ״ (שמ״א ט יט), שמואל הרואה, העומד בניגוד לשאול חסר יכולת הראייה, גם הוא לבסוף אינו רואה.

נוסף על מושג הראייה חשוב גם מושג השמיעה. ראינו לעיל כי תו ההיכר של חטאו של שאול בעמלק הוא חוסר שמיעתו, העובדה שלא שמע בקול ה׳. ניזכר שוב בהדגש זה. לאחר מלחמת עמלק שמואל מוכיח את שאול: ״וְלָמָּה לֹא שָׁמַעְתָּ בְּקוֹל ה׳ וַתַּעַט אֶל הַשָּׁלָל״ (שם טו). אולם שאול הודף את הביקורת ומתעקש כי שמע: ״וַיֹּאמֶר שָׁאוּל אֶל שְׁמוּאֵל אֲשֶׁר שָׁמַעְתִּי בְּקוֹל ה׳ וָאֵלֵךְ בַּדֶּרֶךְ אֲשֶׁר שְׁלָחַנִי ה׳ וָאָבִיא אֶת אֲגַג מֶלֶךְ עֲמָלֵק וְאֶת עֲמָלֵק הֶחֱרַמְתִּי״ (שם כ).

הצטדקותו של שאול גורמת לשמואל להחריף את תוכחתו: ״וַיֹּאמֶר שְׁמוּאֵל הַחֵפֶץ לַה׳ בְּעֹלוֹת וּזְבָחִים כִּשְׁמֹעַ בְּקוֹל ה׳ הִנֵּה שְׁמֹעַ מִזֶּבַח טוֹב לְהַקְשִׁיב מֵחֵלֶב אֵילִים: כִּי חַטַּאת קֶסֶם מֶרִי וְאָוֶן וּתְרָפִים הַפְצַר יַעַן מָאַסְתָּ אֶת דְּבַר ה׳ וַיִּמְאָסְךָ מִמֶּלֶךְ״ (שם כב-כג).

שמואל מוכיח את שאול שהוא איננו שומע בקול ה׳, אולם הוא עצמו איננו מקיים כהלכה ובהכנעה את ציווי ה׳ לשמוע בקול העם ולהמליך עליהם מלך: ״וַיֹּאמֶר ה׳ אֶל שְׁמוּאֵל שְׁמַע בְּקוֹל הָעָם לְכֹל אֲשֶׁר יֹאמְרוּ אֵלֶיךָ״ (שם ח ז). שמואל אומנם ממליך את שאול למלך על העם, אבל כאמור, הוא מעולם לא השלים באמת עם קיומה של מלכות בשר ודם.

## סיכום

יחסו של שמואל כלפי שאול נבע מעמדתו העקרונית השוללת מלוכה אנושית בצירוף מניעים ושיקולים אישיים. העמדה העקרונית ששמואל דוגל בה אינה רק כסות רטורית למניע האישי; שמואל מאמין באמת ובתמים כי מלוכה אנושית היא דבר רע ומנמק את עמדתו. ואולם כמו במקרים רבים, גם כאן הנהגת העמדה התאורטית אינה חפה מסיגים של פניות אישיות. לקחו העמוק של הפרק הוא שהכוח ובקשת השליטה, גם בקרב אנשים גדולים, מסמאים את העיניים מלראות ואוטמים את האוזניים מלשמוע. שמואל הרואה אינו רואה, שמואל המוכיח את שאול כי אינו שומע גם הוא איננו שומע.

כיוון רעיוני דומה הצגתי בפרק הקודם. חנה מתפללת שה׳ יראה בעונייה, מתפללת לבן אשר יראה את פני ה׳, וגם היא עצמה ניחנה בכושר של ראייה. טענתי שם כי הדבר שאִפשר לחנה לראות את הנגע שפשה בשילה היה שבהיותה אישה עקרה עמדה מחוץ למנגנוני השליטה והכוח שסבבו את המשכן. ממקום זה עלה בידה להתבונן על המתרחש במבט משוחרר ונטול פניות ולזהות את העוולות שהסובבים אותה היו עיוורים אליהן ואף תחזקו אותן.

חלק שני

# "קוּם מְשָׁחֵהוּ":
# דוד בדרכו אל כס המלוכה

# פתיחה

בפרק טו שאול מתבשר כי קרע ה׳ את מלכותו והעבירה לרעו הטוב ממנו, אולם פרקים רבים חולפים עד לכינונה של המלכות הבאה אחריה – מלכות דוד.

דוד נכנס לתמונה בפרק טז כאשר ה׳ מצווה את שמואל להגיע אל ישי בית הלחמי ״כִּי רָאִיתִי בְּבָנָיו לִי מֶלֶךְ״ (שמ״א טז א). לאחר שמתברר שה׳ לא בחר באיש משבעת בני ישי הגדולים שולחים להביא את דוד, האח הקטן הרועה בצאן, ומייד בבואו ה׳ מצווה על שמואל ״קוּם מְשָׁחֵהוּ כִּי זֶה הוּא״ (שם יב).

גדולתו של דוד המלך, נבחר ה׳, מתגלה ברגעים רבים לאורך ספר שמואל. כבר בסיפור הראשון שבו הוא מופיע בספר כדמות פעילה – סיפור ניצחונו המזהיר על גוליית – מוצג דוד כאדם נועז, פיקח ובעל כושר מנהיגות יוצא מגדר הרגיל. בעוד כל ישראל נסים ויראים מפני הענק הפלשתי דוד קם, מעורטל משריון ומגן אך חדור אמונה עזה, ומכריע את האויב. יתרה מזו, מדבריו באותו מצב אנו מגלים עד כמה צלולה ובהירה ראייתו הערכית־רוחנית. דוד פונה אל האנשים לפני שהוא ניגש להילחם בפלשתי ושואל אותם כך: ״מַה

יֵעָשֶׂה לָאִישׁ אֲשֶׁר יַכֶּה אֶת הַפְּלִשְׁתִּי הַלָּז וְהֵסִיר חֶרְפָּה מֵעַל יִשְׂרָאֵל כִּי מִי הַפְּלִשְׁתִּי הֶעָרֵל הַזֶּה כִּי חֵרֵף מַעַרְכוֹת אֱלֹהִים חַיִּים" (שם יז כו).

דוד חש בעצמותיו את השפלת ישראל הבאה מידי הפלשתי העומד ומחרף, ושלא ככל הסובבים אותו אינו מוכן לעמוד מנגד. הכינוי 'מערכות אלוהים חיים', שדוד מייחס לישראל, מבטא אף הוא הבנה עמוקה, הפעם בנוגע לתפקידו של מלך ישראל. עם ישראל מתואר בכינוי זה **כעם ה'** – **מערכותיו של ה'** – והרי המלך, כפי שדוד אומר בכמה הזדמנויות בהמשך הספר, נבחר **לשרת** את ה' ואת עמו.[1]

אבל לצד זה – ולא פחות מכך – בחירת דוד לשמש מלך לעם היא ניסיון קשה ומאתגר. לראייתי **זה הדבר** שמעניין במיוחד את מחבר ספרנו: האם יצליח דוד בחיר האל לשמור על ניקיון כפיו עד בוא שעת מלוכתו, ועל אחת כמה וכמה לאחר שיהפוך למלך בפועל?

קריאה מקובלת של פרקים טו-ל מציגה את דוד כאדם שממתין בסבלנות לבוא שעת מלכותו בעוד שאול, העוין אותו, רודף אותו על לא עוול בכפו. ואולם קריאה מדוקדקת תגלה כי דוד איננו מחכה לעת מלכותו בציפייה פסיבית לגמרי אלא חותר אליה במכוון ומניע מהלכים הגובים מהסובבים אותו מחיר, לעיתים גבוה ביותר. במסגרת התמה הכללית החורזת את ספרנו נעקוב בפרקי החלק הזה של הספר אחר גילויים בעייתיים של כוח והפעלת סמכות השזורים במהלכיו של דוד עוד בטרם היה למלך. לטענתי הפעלת הכוח המופרזת היא בין היתר פועל יוצא של השלב הסיפי (הלימינלי) המבלבל שבו דוד נמצא, שלב היוצר סכסוך עמוק בנפשו של דוד ואי־בהירות בתפיסתו העצמית. מצד אחד שאול הוא המלך בפועל, ומצד אחר דוד כבר נמשח למלך ושאול התבשר זה כבר שמלכותו נקרעה ממנו וניתנה לרעו 'הטוב ממנו'. האם משיחתו למלך מתירה לו לנהוג כמלך? האם יחכה בסבלנות לבוא שעתו או יחתור בכוח אל כס המלוכה?

1 ראו לדוגמה בתגובתו למיכל אשתו בסיפור העלאת ארון ה' לירושלים: "וַיֹּאמֶר דָּוִד אֶל מִיכַל לִפְנֵי ה' אֲשֶׁר בָּחַר בִּי מֵאָבִיךְ וּמִכָּל בֵּיתוֹ **לְצַוֹּת אֹתִי נָגִיד עַל עַם ה' עַל יִשְׂרָאֵל** וְשִׂחַקְתִּי לִפְנֵי ה'" (שמ"ב ו כא).

פרק ג

# נישואי דוד לבנות המלך

## הצעת הנישואין ותנאה

שאול מציע לדוד את בתו מרב לאישה: "וַיֹּאמֶר שָׁאוּל אֶל דָּוִד הִנֵּה בִתִּי הַגְּדוֹלָה מֵרַב אֹתָהּ אֶתֶּן לְךָ לְאִשָּׁה אַךְ הֱיֵה לִּי לְבֶן חַיִל וְהִלָּחֵם מִלְחֲמוֹת ה' וְשָׁאוּל אָמַר אַל תְּהִי יָדִי בּוֹ וּתְהִי בוֹ יַד פְּלִשְׁתִּים" (שמ"א יח יז).

המספר מגלה לנו כי מאחורי הצעת הנישואין המכובדת של שאול מסתתרת מזימת מוות; מטרת התנאי המוצמד להצעת הנישואין – להילחם מלחמות ה' – היא להפיל את דוד בקרב. מזימה זו נוצרה על רקע העוינות שטיפח שאול כלפי דוד והחלה להתפתח לאחר ניצחונו בקרב נגד גוליית לנוכח הערצת ההמון שזכה לה. דוד, במענה על ההצעה, משיב כי הוא אינו ראוי להיות חתן המלך: "וַיֹּאמֶר דָּוִד אֶל שָׁאוּל מִי אָנֹכִי וּמִי חַיַּי מִשְׁפַּחַת אָבִי בְּיִשְׂרָאֵל כִּי אֶהְיֶה חָתָן לַמֶּלֶךְ" (שם יח). בהמשך הסיפור שאול מציע לדוד את מיכל, בתו השנייה:

וַתֶּאֱהַב מִיכַל בַּת שָׁאוּל אֶת דָּוִד וַיַּגִּדוּ לְשָׁאוּל וַיִּשַׁר הַדָּבָר בְּעֵינָיו: וַיֹּאמֶר שָׁאוּל אֶתְּנֶנָּה לּוֹ וּתְהִי לוֹ לְמוֹקֵשׁ וּתְהִי בוֹ יַד פְּלִשְׁתִּים וַיֹּאמֶר שָׁאוּל אֶל דָּוִד בִּשְׁתַּיִם תִּתְחַתֵּן בִּי הַיּוֹם: וַיְצַו שָׁאוּל אֶת עֲבָדָו דַּבְּרוּ

אֶל דָּוִד בַּלָּט לֵאמֹר הִנֵּה חָפֵץ בְּךָ הַמֶּלֶךְ וְכָל עֲבָדָיו אֲהֵבוּךָ וְעַתָּה הִתְחַתֵּן בַּמֶּלֶךְ (שם כ-כב).

גם הפעם דוד דוחה את הצעת המלך, וגם הפעם מספק לסירובו נימוק שנשמע אף הוא ביטוי לענווה ולתחושת קטנות: "וַיְדַבְּרוּ עַבְדֵי שָׁאוּל בְּאָזְנֵי דָוִד אֶת הַדְּבָרִים הָאֵלֶּה וַיֹּאמֶר דָּוִד הַנְקַלָּה בְעֵינֵיכֶם הִתְחַתֵּן בַּמֶּלֶךְ וְאָנֹכִי אִישׁ רָשׁ וְנִקְלֶה" (שם כג).

במענה על טענת דוד שהוא חסר יכולת כלכלית, 'איש רש ונקלה', שאול משיב לדוד שהוא אינו חפץ במוהר: "וַיֹּאמֶר שָׁאוּל כֹּה תֹאמְרוּ לְדָוִד אֵין חֵפֶץ לַמֶּלֶךְ בְּמֹהַר כִּי בְּמֵאָה עָרְלוֹת פְּלִשְׁתִּים לְהִנָּקֵם בְּאֹיְבֵי הַמֶּלֶךְ וְשָׁאוּל חָשַׁב לְהַפִּיל אֶת דָּוִד בְּיַד פְּלִשְׁתִּים" (שם כה), אבל תחת המוהר הכספי שאול דורש מוהר מסוג אחר: מאה עורלות פלשתים. עתה דוד נעתר להצעה ואף מגדיל לעשות; במקום מאה הוא מביא מאתיים: "וַיַּגִּדוּ עֲבָדָיו לְדָוִד אֶת הַדְּבָרִים הָאֵלֶּה וַיִּשַׁר הַדָּבָר בְּעֵינֵי דָוִד לְהִתְחַתֵּן בַּמֶּלֶךְ וְלֹא מָלְאוּ הַיָּמִים: וַיָּקָם דָּוִד וַיֵּלֶךְ הוּא וַאֲנָשָׁיו וַיַּךְ בַּפְּלִשְׁתִּים מָאתַיִם אִישׁ וַיָּבֵא דָוִד אֶת עָרְלֹתֵיהֶם וַיְמַלְאוּם לַמֶּלֶךְ לְהִתְחַתֵּן בַּמֶּלֶךְ וַיִּתֶּן לוֹ שָׁאוּל אֶת מִיכַל בִּתּוֹ לְאִשָּׁה" (שם כו-כז).

מניעיו ומחשבותיו של שאול שקופים; לא כן אלו של דוד.[2] האם הנימוקים שמציג דוד לדחיית הצעותיו של שאול הם נימוקים כנים או שהם משמשים מסווה לעניין אחר?

אף שקשה לבסס את הדברים בוודאות יש רגליים לחשד שנימוקיו של דוד בדחיית הצעות הנישואין אינם כנים. ראשית, אם דוד רואה עצמו לא ראוי להתחתן במלך, מדוע את ההצעה השנייה, להינשא למיכל, הוא דוחה לפתע בנימוק אחר, "וְאָנֹכִי אִישׁ רָשׁ וְנִקְלֶה" (שם כג)? מה גורם לו לשנות את נימוקו? שנית, מדוע בפועל הוא מקבל את הצעתו השנייה של שאול להינשא למיכל בתו במחיר עורלות הפלשתים? האם יכולתו 'לשלם' למלך באמצעות העורלות עושה אותו ראוי להיות חתן המלך?

2 אלטר, סיפור דוד, בפירושו לשמ"א יח טו.

הרושם הוא אפוא כי דוד היה מעוניין להינשא לבת המלך. אם כך, מדוע דחה תחילה את הצעות הנישואין הנכבדות שהובאו לפניו? התשובה נעוצה בתנאים שהצמיד שאול להצעותיו. את הצעת הנישואין הראשונה התנה שאול בכך שדוד 'יילחם מלחמות ה''. אך זהו דבר שאין לו קצבה; דוד מוכן אומנם להעמיד את נפשו בסכנה כדי להינשא לבת המלך (ואולי הוא יודע שמטרתו של שאול היא להפילו בקרב), אך לא במחיר הסתכנות מתמדת לכל ימי חייו. הצעת הנישואין השנייה הוצגה אומנם שלא בצמוד לתנאי, אולם סביר להניח שדוד חשב שהתנאי הקודם נותר בעינו, ולכן התמיד בסירובו.[3]

כאמור, את ההצעה האחרונה דוד דוחה באמצעות נימוק אחר – 'ואנוכי איש רש ונקלה'. נימוק זה מחולל תפנית חשובה במשא ומתן. במענה ישיר על הטענה 'ואנוכי איש רש ונקלה' שאול משיב לדוד כי אינו חפץ במוהר – מתן של טובין כלשהם; תחת זאת הוא חפץ במאה עורלות פלשתים 'להינקם באויבי המלך'. מאה עורלות פלשתים אינן מוהר סטנדרטי, אבל הדמיון שלהן למוהר הוא שיש להן גבול וקצבה. עתה מדובר במשימה נקודתית ומוגדרת, והיא מאפשרת לדוד להיעתר להצעת הנישואין על התנאי הכרוך בה.

## להיות חתן המלך

המניע האפל של שאול מוצג לפנינו גלוי ומפורש. ואולם בדומה לחוסר הכנות שבהצעות הנישואין של שאול, אף דוד מתחמק מהצעותיו של המלך מסיבותיו שלו ועושה זאת במסווה של ענווה וקטנות. לאמיתו

3 חשוב לציין ששאול אינו הורג את דוד בידיים אלא מתכנן לעשות זאת באמצעות שליחתו למלחמה. אולי יש ראיה לכך שדוד ידע היטב את תכנונו של שאול, מפני שלאחר זמן, כשנעשה למלך, נהג הוא בעצמו כך כשהרג את אחד מגיבוריו – אוריה החִתי – באמצעות שליחתו לחזית הקרב. ויש אף דמיון לשוני בין המצבים. שאול אומר לדוד: "אַךְ הֱיֵה לִּי **לְבֶן חַיִל** וְהִלָּחֵם מִלְחֲמוֹת ה'" (שמ"א יח יז), ובסיפור דוד יואב שר הצבא נותן את אוריה "אֶל הַמָּקוֹם אֲשֶׁר יָדַע כִּי **אַנְשֵׁי חַיִל** שָׁם" (שמ"ב יא טז).

של דבר, במישור הסמוי רוחשת בין שני האישים דינמיקה של כוח ושליטה. את מחיר ההתמודדות הפוליטית שבין המלך למחליפו העתידי משלמים החלשים הנמחצים בתוך ההתגוששות הזאת, במקרה זה שתי בנותיו של שאול, מרב ומיכל.[4]

מצידו של שאול מדובר בעובדה העצובה שהוא מוכן ששתי בנותיו תהיינה אלמנות, ובלבד שדוד ימות. אבל נראה כי גם מצידו של דוד התמונה אינה פשוטה כלל ועיקר: כשם ששאול משתמש בשתי בנותיו כפיתיון להסיר את דוד מדרכו, כך גם דוד נעזר בנישואיו עם בנות המלך כדי לסלול את דרכו אל כס המלוכה. ההיבט הפוליטי של נישואי דוד לבנות המלך יתחדד ביתר שאת אם נתבונן במערכת היחסים שבין דוד למיכל בפרקנו ובמקומות נוספים בספר שמואל. בפרק יח הכתוב חוזר פעמיים על דבר מיכל בת שאול האוהבת את דוד: "וַתֶּאֱהַב מִיכַל בַּת שָׁאוּל אֶת דָּוִד וַיַּגִּדוּ לְשָׁאוּל וַיִּשַׁר הַדָּבָר בְּעֵינָיו [...] וַיַּרְא שָׁאוּל וַיֵּדַע כִּי ה' עִם דָּוִד, וּמִיכַל בַּת שָׁאוּל אֲהֵבַתְהוּ" (שמ"א יח כ כח).

אישור לאהבתה העזה של מיכל לדוד אנו מקבלים מן הסיפור הזה:

4 בפתח הדיון על התנהגות דוד בנישואיו עם בנות המלך אציין שאני ער בהחלט לנורמות שרווחו בעולם הקדום, נורמות של נישואים פוליטיים, במיוחד כשמדובר בשושלות מלוכה ובאינטרסים מדיניים. שלמה למשל נשא את בת פרעה כחלק מכינון יחסים דיפלומטיים עם ממלכת מצרים. עם זאת במקרה שלנו לא נראה שמדובר בנישואים פוליטיים במובן המקובל: שאול נותן את בתו לדוד לאישה, אולם לא במסגרת של כינון יחסים בין שני מלכים אלא זה מעין פרס על ניצחונותיו. מעבר לכך הכתוב נדרש לא אחת לקשר שבין דוד למיכל במסגרת של מערכת יחסים זוגית; למשל, כאשר הוא מציין שמיכל אהבה את דוד (ואינו מזכיר שדוד אהב את מיכל אלא מתאר את יחסו אליה אחרת, ראו בהרחבה בגוף הפרק) או כאשר הוא מתאר את הדו־שיח המתוח שהיה ביניהם בסיפור העלאת הארון לירושלים. הצגת זווית זו אמורה לדעתי לדרבן את הקוראים לראות את יחסי דוד ומיכל כיחסים שבין בני זוג, ולא לפטור את הביקורת המתגלה מנקודת מבט זו באמירה כי מדובר ב'נישואים פוליטיים', שהיו מקובלים באותם זמנים.

> וַיִּשְׁלַח שָׁאוּל מַלְאָכִים אֶל בֵּית דָּוִד לְשָׁמְרוֹ וְלַהֲמִיתוֹ בַּבֹּקֶר וַתַּגֵּד לְדָוִד מִיכַל אִשְׁתּוֹ לֵאמֹר אִם אֵינְךָ מְמַלֵּט אֶת נַפְשְׁךָ הַלַּיְלָה מָחָר אַתָּה מוּמָת: וַתֹּרֶד מִיכַל אֶת דָּוִד בְּעַד הַחַלּוֹן וַיֵּלֶךְ וַיִּבְרַח וַיִּמָּלֵט: וַתִּקַּח מִיכַל אֶת הַתְּרָפִים וַתָּשֶׂם אֶל הַמִּטָּה וְאֵת כְּבִיר הָעִזִּים שָׂמָה מְרַאֲשֹׁתָיו וַתְּכַס בַּבָּגֶד: וַיִּשְׁלַח שָׁאוּל מַלְאָכִים לָקַחַת אֶת דָּוִד וַתֹּאמֶר חֹלֶה הוּא: וַיִּשְׁלַח שָׁאוּל אֶת הַמַּלְאָכִים לִרְאוֹת אֶת דָּוִד לֵאמֹר הַעֲלוּ אֹתוֹ בַמִּטָּה אֵלַי לַהֲמִתוֹ: וַיָּבֹאוּ הַמַּלְאָכִים וְהִנֵּה הַתְּרָפִים אֶל הַמִּטָּה וּכְבִיר הָעִזִּים מְרַאֲשֹׁתָיו: וַיֹּאמֶר שָׁאוּל אֶל מִיכַל לָמָּה כָּכָה רִמִּיתִנִי וַתְּשַׁלְּחִי אֶת אֹיְבִי וַיִּמָּלֵט וַתֹּאמֶר מִיכַל אֶל שָׁאוּל הוּא אָמַר אֵלַי שַׁלְּחִנִי לָמָה אֲמִיתֵךְ (שמ"א יט יא–יז).

מיכל מסכנת את עצמה למען אהובה דוד. היא מבריחה אותו מיד עבדי שאול דרך החלון, ולאחר מכן אף בודה סיפור על חוליו כדי למשוך עוד זמן ולעכב את הרודפים. ואולם אף שנאמר לנו כי מיכל אוהבת את דוד, על דוד לא נאמר כי הוא אוהב את מיכל. מה שנאמר הוא רק כי 'ישר בעיניו' להתחתן במלך: "וַיַּגִּדוּ עֲבָדָיו לְדָוִד אֶת הַדְּבָרִים הָאֵלֶּה **וַיִּשַׁר הַדָּבָר בְּעֵינֵי דָוִד לְהִתְחַתֵּן בַּמֶּלֶךְ** וְלֹא מָלְאוּ הַיָּמִים" (שם יח כו).

דוד מעוניין '*להתחתן במלך*' – וביטוי זה מופיע שוב ושוב לאורך הפרק. מתברר כי דוד איננו מעוניין במיכל אלא **במלך**, להיות חתנו של המלך, ובמילים אחרות, לדידו של דוד נישואים אלו אינם אלא אמצעי להגיע אל כס המלכות.

הביטוי '**ויישר הדבר** בעיני דוד' מעניין גם הוא ודורש התבוננות. ביטוי זה בהקשר של יחסי איש ואישה נזכר בסיפור אחר במקרא – סיפור שמשון:

> וַיֵּרֶד שִׁמְשׁוֹן תִּמְנָתָה וַיַּרְא אִשָּׁה בְּתִמְנָתָה מִבְּנוֹת פְּלִשְׁתִּים: וַיַּעַל וַיַּגֵּד לְאָבִיו וּלְאִמּוֹ וַיֹּאמֶר אִשָּׁה רָאִיתִי בְתִמְנָתָה מִבְּנוֹת פְּלִשְׁתִּים וְעַתָּה קְחוּ אוֹתָהּ לִי לְאִשָּׁה: וַיֹּאמֶר לוֹ אָבִיו וְאִמּוֹ הַאֵין בִּבְנוֹת אַחֶיךָ וּבְכָל עַמִּי אִשָּׁה כִּי אַתָּה הוֹלֵךְ לָקַחַת אִשָּׁה מִפְּלִשְׁתִּים

הָעֲרֵלִים וַיֹּאמֶר שִׁמְשׁוֹן אֶל אָבִיו אוֹתָהּ קַח לִי כִּי הִיא **יָשְׁרָה בְעֵינָי** (שופטים יד א–ג).

שמשון מבקש מאביו ומאימו לקחת לו אישה מבנות פלשתים כי היא 'ישרה בעיניו', ומשמעות הדבר מתבארת מייד בהמשך: "וְאָבִיו וְאִמּוֹ לֹא יָדְעוּ כִּי מֵה' הִיא כִּי תֹאֲנָה הוּא מְבַקֵּשׁ מִפְּלִשְׁתִּים וּבָעֵת הַהִיא פְּלִשְׁתִּים מֹשְׁלִים בְּיִשְׂרָאֵל" (שם ה).

הכתוב מגלה לנו כי שמשון ביקש לנצל את קרבתו לאישה הפלשתית כדי להתקרב אל הפלשתים ולנקום בהם; נישואיו לאישה מתמנה הם '**תואנה**' – אמתלה, תירוץ. מכאן שמשמעות הביטוי 'ישרה בעיניי' היא 'מתאימה למטרותיי'. היחס המכשירני של שמשון אל האישה מתמנה מתבלט על רקע יחסו השונה של שמשון לאישה האחרת שפגש בהמשך חייו ושלימים הסגירה אותו ביד פלשתים וגרמה למותו – דלילה: "וַיְהִי אַחֲרֵי כֵן וַיֶּאֱהַב אִשָּׁה בְּנַחַל שֹׂרֵק וּשְׁמָהּ דְּלִילָה" (שם טז ד). את דלילה, בניגוד לאישה מתמנה, שמשון אוהב באמת.[5]

נחזור לדוד. הצעת הנישואין של שאול המלך 'ישרה בעיניו', קרי התאימה למטרותיו. ודוק: מטרתו אינה להיות רק אחד מחתניו של המלך אלא **החתן** של המלך – האיש שנשוי **לשתי** בנותיו – וממילא יורשו העתידי. דוד הרי אינו מסתפק בהבאת מאה עורלות פלשתים אלא מביא מאתיים, והדעת נותנת כי מספר זה מכוון כנגד שתי בנותיו של שאול – מאה בעבור כל אחת. רמז לשאיפתו של דוד להתחתן עם שתי הבנות מצוי בדברי שאול עצמו. כששאול שומע שמיכל אוהבת את דוד הוא אומר לדוד "בִּשְׁתַּיִם תִּתְחַתֵּן בִּי הַיּוֹם" (שמ"א יח כא), אולם הניסוח מוזר; לכאורה היה אמור להיכתב 'בשנייה תתחתן בי היום'. התשובה היא ששאול מבין היטב לאן דוד חותר – דוד רוצה להתחתן עם שתיים, לא עם השנייה.

5 אהבתו של שמשון לדלילה סימנה את תחילת קיצו – לא רק משום שדלילה בגדה בשמשון ומסרה את סודו לפלשתים, אלא משום שאהבתו לדלילה הייתה שכחת משימתו ובגידה בשליחותו.

החלון שדרכו מילטה מיכל את דוד והצילה את נפשו מזכיר חלון מסיפור אחר שאף הוא נוגע ישירות ליחסי דוד ומיכל. הכוונה היא לאפיזודת הסיום בסיפור העלאת הארון לירושלים:

> וְדָוִד מְכַרְכֵּר בְּכָל עֹז לִפְנֵי ה׳ וְדָוִד חָגוּר אֵפוֹד בָּד: וְדָוִד וְכָל בֵּית יִשְׂרָאֵל מַעֲלִים אֶת אֲרוֹן ה׳ בִּתְרוּעָה וּבְקוֹל שׁוֹפָר: וְהָיָה אֲרוֹן ה׳ בָּא עִיר דָּוִד **וּמִיכַל בַּת שָׁאוּל נִשְׁקְפָה בְּעַד הַחַלּוֹן** וַתֵּרֶא אֶת הַמֶּלֶךְ דָּוִד מְפַזֵּז וּמְכַרְכֵּר לִפְנֵי ה׳ וַתִּבֶז לוֹ בְּלִבָּהּ [...] וַיָּשָׁב דָּוִד לְבָרֵךְ אֶת בֵּיתוֹ וַתֵּצֵא מִיכַל בַּת שָׁאוּל לִקְרַאת דָּוִד וַתֹּאמֶר מַה נִּכְבַּד הַיּוֹם מֶלֶךְ יִשְׂרָאֵל אֲשֶׁר נִגְלָה הַיּוֹם לְעֵינֵי אַמְהוֹת עֲבָדָיו כְּהִגָּלוֹת נִגְלוֹת אַחַד הָרֵקִים: וַיֹּאמֶר דָּוִד אֶל מִיכַל לִפְנֵי ה׳ אֲשֶׁר בָּחַר בִּי מֵאָבִיךְ וּמִכָּל בֵּיתוֹ לְצַוֹּת אֹתִי נָגִיד עַל עַם ה׳ עַל יִשְׂרָאֵל וְשִׂחַקְתִּי לִפְנֵי ה׳: וּנְקַלֹּתִי עוֹד מִזֹּאת וְהָיִיתִי שָׁפָל בְּעֵינָי וְעִם הָאֲמָהוֹת אֲשֶׁר אָמַרְתְּ עִמָּם אִכָּבֵדָה (שמ״ב ו יד-טז, כ-כב).

מצד אחד תוכן טענתו של דוד צודק וראוי. מיכל טוענת לפני דוד כי התנהגותו אינה מכבדת ומתאימה למלך וכי נגלה לעיני אמהות עבדיו ׳כהיגלות נגלות אחד הריקים׳. בתשובה על טענה זו משיב דוד למיכל כי חובה על מלך ישראל להבין שכבודו נובע מבחירת ה׳, ולפיכך הוא עבד ה׳ העושה את רצונו ומתבטל אליו. מעבר לכך הוא נבחר לנגיד על **עם ה׳**: נתיניו, כולל אותן אמהות שמיכל טוענת שהן לועגות לו ובזות לו, אינם סתם אנשים אלא עם ה׳. האנשים הפשוטים הם עם ה׳.[6]

עם זאת, גם אם מיכל טועה באופן שהיא רואה את הדברים, לא ברור מדוע מוצדק להשפיל את בית אביה ולהדגיש את דחייתם ואת בחירתו על פניהם. החלון שדרכו נשקפה מיכל מהדהד באוזנינו את החלון שדרכו מילטה את אהובה דוד משליחיו של אביה: גם אם מיכל, המתבוננת על דוד דרך החלון, לועגת לדוד שלא בצדק, האם כך ראוי לענות לאישה אוהבת שמילטה אותך דרך החלון ממוות בטוח?

6 על כך נרחיב עוד בפרקים יג-יד בספר זה.

נחזור לסיפור נישואי דוד לבנות המלך. יש לציין כי אותו ביטוי עצמו – ׳ויישר הדבר בעיניו׳ – מופיע בפרקנו גם באשר לשאול, הרואה בנישואין של דוד ומיכל צעד מתאים למטרתו – להרוג את דוד: ״וַתֶּאֱהַב מִיכַל בַּת שָׁאוּל אֶת דָּוִד וַיַּגִּדוּ לְשָׁאוּל וַיִּשַׁר הַדָּבָר בְּעֵינָיו: וַיֹּאמֶר שָׁאוּל אֶתְּנֶנָּה לּוֹ וּתְהִי לוֹ לְמוֹקֵשׁ וּתְהִי בוֹ יַד פְּלִשְׁתִּים. וַיֹּאמֶר שָׁאוּל אֶל דָּוִד בִּשְׁתַּיִם תִּתְחַתֵּן בִּי הַיּוֹם״ (שמ״א יח כ-כא).

הכתוב אינו חוסך את ביקורתו משני האישים, ומקביל את דוד לשאול. שניהם פועלים על בסיס מה שמשרת באופן הטוב ביותר את מטרתם, האחד מטרתו להישאר מלך, ולשם כך שואף לחסל את יריבו, והאחר מטרתו להתקרב אל המלך ולרשת בבוא העת את כס המלכות. מי שמשלמות כאן את המחיר הן שתי הנשים, מרב ומיכל, המנוצלות כאמצעי להשגת מטרה.

מעבר לביטוי ׳ישרה בעיניו׳ נראה שהכתב רומז בעוד רמז מתוחכם שהנישואין אינם אלא התקשרות פוליטית גרידא, שלב נוסף שיש לצלוח בדרך אל המלוכה. שאול מציע לדוד את מרב תחילה, ולאחר מכן את מיכל. נשים לב שהשמות ׳מיכל ו׳מרב׳ הם למעשה שמות בעלי משמעות דומה – האות מ״ם משותפת לשני השמות, והמילים ׳רב׳ ו׳כל׳, המבחינות ביניהם, קרובות במשמעותן: רב – הרבה, וכל – הכול. אנו מפרשים דמיון זה כך: לדידו של דוד לא משנה כלל במי מדובר; בת המלך היא בת המלך, מיכל או מרב הן היינו הך.

עיון בשמות האנשים שנישאו בפועל לבנות שאול מעלה תובנה דומה. מרב נישאה לעדריאל המחולתי, עדריאל מן העיר מחולה, שם שכרוכה בו משמעות מרומזת. פירוש שם זה, אפשר לומר, הוא ׳הרועה המוזיקלי׳ – עדריאל מלשון עדר, מחולתי מלשון מחול. ומיהו הרועה המוזיקלי של ספר שמואל? דוד, כמובן. הוא גם רועה של עדר (כך הוא מציג את עצמו לפני שאול כשהם נפגשים בפעם הראשונה: ״וַיֹּאמֶר דָּוִד אֶל שָׁאוּל **רֹעֶה** הָיָה עַבְדְּךָ לְאָבִיו בַּצֹּאן וּבָא הָאֲרִי וְאֶת הַדּוֹב וְנָשָׂא שֶׂה **מֵהָעֵדֶר**״ [שמ״א יז לד]), והוא גם מוזיקלי, מפליא לנגן בכינור (שם טז טז). פלטי בן ליש הוא האיש שהתחתן לבסוף עם מיכל, ומיהו זה

שמסופר עליו כי פלט – הציל – מן הליש, האריה? שוב דוד. הוא מספר לשאול כי הציל את צאנו מפי הארי ומפי הדוב: "וּבָא **הָאֲרִי** וְאֶת הַדּוֹב וְנָשָׂא שֶׂה מֵהָעֵדֶר: וְיָצָאתִי אַחֲרָיו וְהִכִּתִיו **וְהִצַּלְתִּי מִפִּיו** וַיָּקָם עָלַי וְהֶחֱזַקְתִּי בִּזְקָנוֹ וְהִכִּתִיו וַהֲמִיתִּיו" (שם יז לה).[7]

מה המחבר רומז לנו באמצעות הכפילים האלה? כפיל אחר של דוד עשוי לתרום להבהרת העניין. בפרק ו בשמואל ב מסופר על דוד המעלה את ארון ה׳ לירושלים. את עוזה, ששלח ידו לאחוז בארון כי שמטו הבקר, ה׳ ממית, ודוד מחליט עקב אירוע טרגי זה להסב את הארון אל בית עובד אדום הגִתי:

> וַיִּחַר לְדָוִד עַל אֲשֶׁר פָּרַץ ה׳ פֶּרֶץ בְּעֻזָּה וַיִּקְרָא לַמָּקוֹם הַהוּא פֶּרֶץ עֻזָּה עַד הַיּוֹם הַזֶּה: וַיִּרָא דָוִד אֶת ה׳ בַּיּוֹם הַהוּא וַיֹּאמֶר אֵיךְ יָבוֹא אֵלַי אֲרוֹן ה׳: וְלֹא אָבָה דָוִד לְהָסִיר אֵלָיו אֶת אֲרוֹן ה׳ עַל עִיר דָּוִד וַיַּטֵּהוּ דָוִד בֵּית **עֹבֵד אֱדוֹם הַגִּתִּי** (שמ״ב ו ח–י).

גם ׳עובד אדום הגִתי׳ הוא בעצם דוד. באשר ל׳עובד׳, דוד מכונה ׳עבדי׳ (עבד ה׳) במקרא פעמים רבות מאוד.[8] אדום רומז לאדמוניותו של דוד (שמ״א טז יב). גִתי – שהתיישב בגת הפלשתית. מה פשר הרמיזות האלה? חשוב לציין כי אין בכוונתנו לומר שעובד אדום הגִתי זהה לדוד; ברור שמדובר במישהו אחר. ובכל זאת אנו מציעים כי משמעות הרמיזה לדוד היא שדוד אינו מרים ידיים; הוא אינו מתייאש ממשימת העלאת הארון לירושלים. ואכן, דוד חוזר לאחר מכן אל בית עובד אדום הגִתי, המציין אותו עצמו, ומשלים את המשימה (ראו בשמ״ב ו).

דברים דומים אפשר לומר בעניין הרמיזות כלפי דוד הטמונות בשמם של עדריאל המחולתי ופלטי בן ליש. בנות שאול אומנם ניתנו לאנשים האלה, אך דוד, כך אני מציע, לא התייאש מהן. הוא אמר לעצמו שיום יבוא והוא ייקח אותן אליו בחזרה. רצונו של דוד להינשא

7 עוד כפיל של דוד הוא דואג האדומי. ראו על כך להלן בסיפור הגעת דוד אל נוב.
8 ראו למשל שמ״ב ג יח; מל״א יא יג; יחזקאל לד כד; תהלים פט ד.

לבנות המלך לא התפוגג כאשר הן ניתנו לאחרים; הוא המתין לבוא השעה להשלמת משימתו. לפחות בנוגע למיכל אנו יודעים שכך אכן קרה. מיכל חזרה בסופו של דבר לדוד מידי פלטי בן ליש (ראו על כך עוד להלן).

## שאול ודוד, לבן ויעקב

עלילת פרקנו תתחדד בהשוואה לסיפור מקראי אחר – סיפור נישואי יעקב לשתי נשותיו, רחל ולאה.[9] בשני הסיפורים מסופר על שתי נשים, אחיות, הנישאות בזו אחר זו לאיש אחד. בשני הסיפורים יש אזכור של מילוי התנאי הכרוך בהצעת הנישואין אגב שימוש בשורש זהה – מל"א. בסיפור יעקב נאמר: "וַיַּעֲבֹד יַעֲקֹב בְּרָחֵל שֶׁבַע שָׁנִים וַיִּהְיוּ בְעֵינָיו כְּיָמִים אֲחָדִים בְּאַהֲבָתוֹ אֹתָהּ: וַיֹּאמֶר יַעֲקֹב אֶל לָבָן הָבָה אֶת אִשְׁתִּי כִּי מָלְאוּ יָמָי וְאָבוֹאָה אֵלֶיהָ" (בראשית כט כ-כא). יעקב אומר כי מלאו הימים, כלומר הושלמו שבע שנות התנאי שהתחייב לעבוד בהן בעבור רחל. וכך נאמר בפרקנו:

> וַיֹּאמֶר שָׁאוּל כֹּה תֹאמְרוּ לְדָוִד אֵין חֵפֶץ לַמֶּלֶךְ בְּמֹהַר כִּי בְּמֵאָה עָרְלוֹת פְּלִשְׁתִּים לְהִנָּקֵם בְּאֹיְבֵי הַמֶּלֶךְ וְשָׁאוּל חָשַׁב לְהַפִּיל אֶת דָּוִד בְּיַד פְּלִשְׁתִּים: וַיַּגִּדוּ עֲבָדָיו לְדָוִד אֶת הַדְּבָרִים הָאֵלֶּה וַיִּשַׁר הַדָּבָר בְּעֵינֵי דָוִד לְהִתְחַתֵּן בַּמֶּלֶךְ **וְלֹא מָלְאוּ הַיָּמִים:**[10] וַיָּקָם דָּוִד וַיֵּלֶךְ הוּא וַאֲנָשָׁיו וַיַּךְ בַּפְּלִשְׁתִּים מָאתַיִם אִישׁ וַיָּבֵא דָוִד אֶת עָרְלֹתֵיהֶם וַיְמַלְאוּם לַמֶּלֶךְ לְהִתְחַתֵּן בַּמֶּלֶךְ וַיִּתֶּן לוֹ שָׁאוּל אֶת מִיכַל בִּתּוֹ לְאִשָּׁה (שמ"א יח כה-כז).

בשני הסיפורים הנישואין כרוכים בתחבולה שנקט החותן כלפי חתנו

9 על הקבלה זו ראו גם בזק, מקבילות נפגשות, עמ' 276-278.

10 "וְלֹא מָלְאוּ הַיָּמִים" נמשך אל הפסוק הבא, וכפירוש רש"י: "ולא מלאו הימים – לא המתין עד מלאת הימים שקבע לו להביא את מאה הערלות".

המיועד: לבן מערים על יעקב ונותן לו את לאה במקום רחל כדי לסחוט ממנו עוד שנות עבודה, ושאול מתכנן להמית את דוד באמצעות הנישואין לבנותיו. יחסו המכשירני של לבן לבנותיו יתחדד יפה אם נשווה את פרשת יעקב ולבן לפרשת בריאת האישה בספר בראשית:

> וַיַּפֵּל ה׳ אֱלֹהִים תַּרְדֵּמָה עַל הָאָדָם וַיִּישָׁן וַיִּקַּח אַחַת מִצַּלְעֹתָיו וַיִּסְגֹּר בָּשָׂר תַּחְתֶּנָּה: וַיִּבֶן ה׳ אֱלֹהִים אֶת הַצֵּלָע אֲשֶׁר לָקַח מִן הָאָדָם לְאִשָּׁה וַיְבִאֶהָ אֶל הָאָדָם: וַיֹּאמֶר הָאָדָם זֹאת הַפַּעַם עֶצֶם מֵעֲצָמַי וּבָשָׂר מִבְּשָׂרִי לְזֹאת יִקָּרֵא אִשָּׁה כִּי מֵאִישׁ לֻקֳחָה זֹּאת (בראשית ב כא-כג).

תגובתו של האדם לנוכח האישה שנבראה מצלעו מעוצבת בלשון שירית ומבטאת חגיגיות ושמחה. המילה ׳זאת׳, החוזרת שלוש פעמים, מבטאת פרץ של התפעמות; ׳זאת הפעם׳, אומר האדם, איננה כבכל פעם. ה׳יצור׳ שהובא אליו עתה איננו ככל בעלי החיים הסובבים אותו, יצור זה הוא חלק ממנו, עצמו ובשרו, הוא ׳אישה׳, כי ממנו – ׳מאיש׳ – נלקחה.

תיאור מפגשם הראשון של יעקב ולבן, ולאחר מכן תיאור ה׳תרגיל׳ שלבן עושה ליעקב סביב נישואי בנותיו, כוללים מילות מפתח מסיפור בריאת האישה. נשים לב למילים המודגשות: ״וַיְהִי כִשְׁמֹעַ לָבָן אֶת שֵׁמַע יַעֲקֹב בֶּן אֲחֹתוֹ וַיָּרָץ לִקְרָאתוֹ וַיְחַבֶּק לוֹ וַיְנַשֶּׁק לוֹ **וַיְבִיאֵהוּ** אֶל בֵּיתוֹ וַיְסַפֵּר לְלָבָן אֵת כָּל הַדְּבָרִים הָאֵלֶּה: וַיֹּאמֶר לוֹ לָבָן אַךְ **עַצְמִי וּבְשָׂרִי** **אָתָּה** וַיֵּשֶׁב עִמּוֹ חֹדֶשׁ יָמִים״ (שם כט יג-יד).

ה׳ מביא את האישה אל האדם, ״**וַיְבִאֶהָ** אֶל הָאָדָם״ (שם א כג), ולבן מביא את יעקב אל ביתו, ״**וַיְבִיאֵהוּ** אֶל בֵּיתוֹ״ (שם כט יג). בדומה לאדם הראשון, שראה באישה עצמו ובשרו, גם לבן מכנה את יעקב ׳עצמי ובשרי׳, וגם המילה ׳זאת׳ אינה נפקדת מסיפור לבן:

> וַיֹּאמֶר לָבָן לֹא יֵעָשֶׂה כֵן בִּמְקוֹמֵנוּ לָתֵת הַצְּעִירָה לִפְנֵי הַבְּכִירָה: מַלֵּא שְׁבֻעַ **זֹאת** וְנִתְּנָה לְךָ גַּם אֶת **זֹאת** בַּעֲבֹדָה אֲשֶׁר תַּעֲבֹד עִמָּדִי עוֹד שֶׁבַע שָׁנִים אֲחֵרוֹת: וַיַּעַשׂ יַעֲקֹב כֵּן וַיְמַלֵּא שְׁבֻעַ **זֹאת** וַיִּתֶּן לוֹ אֶת רָחֵל בִּתּוֹ לוֹ לְאִשָּׁה (שם כט כו-כח).

כשם שאדם הראשון חוזר על המילה ׳זאת׳ שלוש פעמים בהתייחסו לאישה שהובאה לו, גם לבן חוזר על המילה ׳זאת׳ שלוש פעמים בהתייחסו לבנותיו.

ואולם דומה כי הקרבה המילולית בין הסיפורים מדגישה דווקא את ההיפוך שביניהם: תגובתו של אדם הראשון ספוגה בשמחה והתרגשות לנוכח האישה **הזאת** שהובאה לפניו, אולם אצל לבן המוקד הוא הרווח הכלכלי שהוא מתעתד להפיק מן הסובבים אותו. הוא מביא את יעקב אל ביתו ומכנה אותו ׳עצמי ובשרי׳ כחלק משיקול כלכלי שמניע אותו. יתרה מזו, לבן מכנה כל אחת משתי בנותיו ׳זאת׳; במילים ׳מלא שבע זאת׳ הכוונה היא ללאה, ובמילים ׳וניתנה לך גם את זאת׳ הכוונה היא לרחל. במהופך מסיפור אדם הראשון, ללבן לא משנה כלל מי היא ׳זאת׳ כל עוד הוא יפיק מכך רווח לעצמו, ושתי בנותיו ניתנות להחלפה זו בזו.

להקשרים אלו מעניין לצרף את סיפור שמשון. כששמשון מבקש לבוא אל אשתו הפלשתית אביה מונע זאת ממנו בתואנה שהוא שונא אותה מאחר שגילתה למרעיו את חידתו:

> וַיְהִי מִיָּמִים בִּימֵי קְצִיר חִטִּים וַיִּפְקֹד שִׁמְשׁוֹן אֶת אִשְׁתּוֹ בִּגְדִי עִזִּים וַיֹּאמֶר אָבֹאָה אֶל אִשְׁתִּי הֶחָדְרָה וְלֹא נְתָנוֹ אָבִיהָ לָבוֹא: וַיֹּאמֶר אָבִיהָ אָמֹר אָמַרְתִּי כִּי שָׂנֹא שְׂנֵאתָהּ וָאֶתְּנֶנָּה לְמֵרֵעֶךָ הֲלֹא אֲחֹתָהּ הַקְּטַנָּה טוֹבָה מִמֶּנָּה תְּהִי נָא לְךָ תַּחְתֶּיהָ: וַיֹּאמֶר לָהֶם שִׁמְשׁוֹן נִקֵּיתִי הַפַּעַם מִפְּלִשְׁתִּים כִּי עֹשֶׂה אֲנִי עִמָּם רָעָה (שופטים טו א–ג).

דפוס היחסים המשפחתיים דומה: גם כאן לחותן הפלשתי שתי בנות, בכירה וצעירה, והוא מבקש לתת לחתנו את בתו האחת במקום האחרת. שמשון מסרב להצעה.

למי דומה התנהלותו של שמשון המסרב לשאת את הקטנה, לזו של דוד או לזו של יעקב? התשובה היא שלזו של דוד. אף שדוד מוכן להינשא למיכל, הבת הקטנה, ושמשון מסרב, את שניהם הנשים לא באמת מעניינות, והם אדישים להבדל שבין הקטנה לגדולה: אצל

דוד הנישואים עם בנות שאול הם דרך להיות חתן המלך, וממילא יורש המלכות העתידי, ואצל שמשון הנישואים לאישה הפלשתית הם תואנה להתקרב אל הפלשתים ולהכות בהם. לדוד לא אכפת אם מדובר בקטנה או בגדולה כל עוד הוא מתקרב אל המלך ואל המלכות שיועד לה באמצעות נישואין אלו. לשמשון, כמוהו, אין כל צורך להינשא עתה לקטנה, שכן נישואיו לבת פלשתים נועדו מלכתחילה להכשיר את הדרך לנקום בהם, ומשנפתחה אפשרות זו בעקבות סיפור גילוי החידה, הנישואים לבת השנייה מתייתרים לחלוטין. אצל יעקב, לעומתם, הסיפור שונה; אכפת לו מאוד מי תהיה אשתו – הוא אוהב את רחל ורוצה להינשא דווקא לה.

בעיני דוד לא האהבה היא הסיפור אלא ההתקרבות אל המלך, ועובדה זו משתלבת יפה בהבדל נוסף שבין הסיפור של דוד ובנות המלך לבין הסיפור של יעקב ובנות לבן: לבן מצליח להערים על יעקב ולהחליף בין הנשים, למגינת ליבו של חתנו, ואילו דוד אינו נופל בפח שטמן לו חותנו; נהפוך הוא, לא רק שלא נפל בקרב אלא גם הצליח להכפיל את מספר העורלות המבוקשות ולהיות חתן המלך. הקשר בין הדברים ברור: דוד, לעומת יעקב, פועל פעולה מחושבת ומתוכננת. הוא איננו תמים כלל ועיקר.

## דוד, מיכל ופלטי בן ליש

המשך הסיפור מדגיש ביתר שאת את חוסר הסימטרייה ביחסים שבין דוד למיכל. בתחילת ספר שמואל ב נאמר כי אבנר בן נר, שר צבאו של שאול, ממליך את איש בושת בן שאול על ישראל (שמ"ב ב ח–ט). ואולם אף על פי שאיש בושת מוכתר למלך, רב כוחו של אבנר בחצרו של איש בושת. הפסוקים ממחישים זאת היטב:

וַיְהִי בִּהְיוֹת הַמִּלְחָמָה בֵּין בֵּית שָׁאוּל וּבֵין בֵּית דָּוִד וְאַבְנֵר הָיָה מִתְחַזֵּק בְּבֵית שָׁאוּל: וּלְשָׁאוּל פִּלֶגֶשׁ וּשְׁמָהּ רִצְפָּה בַת אַיָּה וַיֹּאמֶר אֶל אַבְנֵר מַדּוּעַ בָּאתָה אֶל פִּילֶגֶשׁ אָבִי: וַיִּחַר לְאַבְנֵר מְאֹד עַל דִּבְרֵי

אִישׁ בֹּשֶׁת וַיֹּאמֶר הֲרֹאשׁ כֶּלֶב אָנֹכִי אֲשֶׁר לִיהוּדָה הַיּוֹם אֶעֱשֶׂה חֶסֶד עִם בֵּית שָׁאוּל אָבִיךָ אֶל אֶחָיו וְאֶל מֵרֵעֵהוּ וְלֹא הִמְצִיתִךָ בְּיַד דָּוִד וַתִּפְקֹד עָלַי עֲוֹן הָאִשָּׁה הַיּוֹם: כֹּה יַעֲשֶׂה אֱלֹהִים לְאַבְנֵר וְכֹה יֹסִיף לוֹ כִּי כַּאֲשֶׁר נִשְׁבַּע ה׳ לְדָוִד כִּי כֵן אֶעֱשֶׂה לּוֹ: לְהַעֲבִיר הַמַּמְלָכָה מִבֵּית שָׁאוּל וּלְהָקִים אֶת כִּסֵּא דָוִד עַל יִשְׂרָאֵל וְעַל יְהוּדָה מִדָּן וְעַד בְּאֵר שָׁבַע: וְלֹא יָכֹל עוֹד לְהָשִׁיב אֶת אַבְנֵר דָּבָר מִיִּרְאָתוֹ אֹתוֹ (שמ״ב ג ו–יא).

איש בושת תובע את עלבונה של מלכות שאול מיד אבנר בן נר על שהלה בא על פילגש אביו רצפה בת איה. אבנר, שחרה אפו מאוד על דברי איש בושת, טוען כלפיו שאילו רק רצה, היה יכול לתת אותו בידי דוד, ולא נתקררה דעתו עד שנשבע לאיש בושת להעביר את הממלכה מידיו ולתת אותה ביד דוד. אמר ועשה: "וַיִּשְׁלַח אַבְנֵר מַלְאָכִים אֶל דָּוִד תַּחְתָּיו לֵאמֹר לְמִי אָרֶץ לֵאמֹר כָּרְתָה בְרִיתְךָ אִתִּי וְהִנֵּה יָדִי עִמָּךְ לְהָסֵב אֵלֶיךָ אֶת כָּל יִשְׂרָאֵל" (שם יב). דוד מסכים לכריתת הברית אך מתנה את המהלך בכך שאבנר יביא עימו אליו את מיכל בת שאול, אשר ניתנה זה כבר לפלטי בן ליש:[11] "וַיֹּאמֶר טוֹב אֲנִי אֶכְרֹת אִתְּךָ בְּרִית אַךְ דָּבָר אֶחָד אָנֹכִי שֹׁאֵל מֵאִתְּךָ לֵאמֹר לֹא תִרְאֶה אֶת פָּנַי כִּי אִם לִפְנֵי הֱבִיאֲךָ אֵת מִיכַל בַּת שָׁאוּל בְּבֹאֲךָ לִרְאוֹת אֶת פָּנָי" (שם יג).

דוד עצמו פונה אל איש בושת ותובע את מיכל. איש בושת לוקח אותה מעם פלטי בן ליש, ואישהּ הולך אחריה ובוכה:

וַיִּשְׁלַח דָּוִד מַלְאָכִים אֶל אִישׁ בֹּשֶׁת בֶּן שָׁאוּל לֵאמֹר תְּנָה אֶת אִשְׁתִּי אֶת מִיכַל אֲשֶׁר אֵרַשְׂתִּי לִי בְּמֵאָה עָרְלוֹת פְּלִשְׁתִּים: וַיִּשְׁלַח אִישׁ בֹּשֶׁת וַיִּקָּחֶהָ מֵעִם אִישׁ מֵעִם פַּלְטִיאֵל בֶּן לָיִשׁ: וַיֵּלֶךְ אִתָּהּ אִישָׁהּ הָלוֹךְ וּבָכֹה אַחֲרֶיהָ עַד בַּחֻרִים וַיֹּאמֶר אֵלָיו אַבְנֵר לֵךְ שׁוּב וַיָּשֹׁב (שמ״ב ג יד–טז).

11 ראו שמ״א כה מד.

מדוע התנה דוד את כריתת הברית בהשבת מיכל? מדוע נזכר בה דווקא עכשיו?

היה אפשר לומר שדוד התגעגע למיכל, אשר נלקחה ממנו וניתנה לפלטי בן ליש, והנה נקרתה בידיו ההזדמנות להחזיר את ה'שבויה' אל ביתה. ואולם אם נכון פירושנו שלעיל, שלפיו ראה דוד בנישואיו עם מיכל צעד פוליטי להשגת מטרתו – כס המלוכה – ובעצם אין כאן אהבה של ממש, גם פסוקים אלו צריכים להתפרש בהתאם לפירושנו: ראשית, אפשר שבאמצעות דרישה זו דוד רומז לאבנר שהוא הבוס: אתה אומנם לקחת את פילגש שאול, אבל אני לקחתי אישה חשובה ממנה – את בתו. דוד מדגיש לפני אבנר את כוחו ואת עדיפותו מסיבה טובה: הרי אם אבנר בוגד היום באיש בושת, הוא יבגוד בדוד מחר. כמו כן השבת מיכל בת שאול לדוד היא מבחן מצוין לאבנר, שהבטיח לדוד כי בכוחו להסב את כל ישראל אליו: אם יצליח להשיב את האישה לדוד חרף התנגדותו הצפויה של איש בושת (שהרי אם איש בושת כעס על שאבנר בא על אחת מפילגשי אביו, ודאי יתנגד שבת שאול תחזור לאויבו דוד), אפשר לסמוך על הבטחתו.

לסיכום, גם כאן, כמו בסיפור נישואי דוד למיכל, עולה ובוקע צילו הלא אנושי של הפן הפוליטי: אהבתו של פלטי למיכל נמחצת תחת מאבקי הכוח שבין אבנר לדוד. מיכל היא כלי משחק בידיהם של המנהיגים, ובזירת ההתגוששות הפוליטית אין מקום לאהבה אנושית פשוטה. ייתכן שהסיפור מדגיש כי פלטי הלך אחרי מיכל ובכה כדי להנגיד את פלטי לדוד. פלטי, שלא כדוד, אהב את מיכל.

## פרק ד

# דוד בנוב עיר הכוהנים

בפרק הקודם ראינו כיצד דוד, באמצעות נישואיו עם מיכל, מבסס את מעמדו כיורשו הטבעי של שאול. בפרק הזה נמשיך להתבונן בדוד הסולל את דרכו אל המלוכה, והפעם באמצעות כינון קשרים עם מוסד הכהונה.

דוד בורח מפני שאול, ויעדו הראשון הוא נוב עיר הכוהנים. הוא מבקש מאחימלך כוהן נוב לחם וחרב, ואחימלך נותן לו לאכול לחם קודש לאחר בדיקת טהרתו וטהרת אנשיו. סוף הסיפור טרגי: דואג האדומי, מנאמני שאול שנכח במקום, מספר לשאול את הדברים האלה: "וַיַּעַן דֹּאֵג הָאֲדֹמִי וְהוּא נִצָּב עַל עַבְדֵי שָׁאוּל וַיֹּאמַר רָאִיתִי אֶת בֶּן יִשַׁי בָּא נֹבֶה אֶל אֲחִימֶלֶךְ בֶּן אֲחִטוּב: וַיִּשְׁאַל לוֹ בַּה' וְצֵידָה נָתַן לוֹ וְאֵת חֶרֶב גָּלְיָת הַפְּלִשְׁתִּי נָתַן לוֹ" (שמ"א כב ט-י).

דואג מדבר אמת באשר לנתינת החרב אך מוסר מידע שקרי בנוגע לשאילה בה'. במאמר מוסגר אעיר כי ייתכן שדואג לא המציא את טענתו יש מאין אלא הסיק אותה בטעות ממה שראו עיניו. כנראה ראה דואג שאחימלך ניגש אל אחורי האפוד – הכלי המשמש לשאילה בה' – כדי לקחת משם את חרב גוליית הפלשתי, והסיק מכאן שאחימלך שאל בעבורו בה': "וַיֹּאמֶר הַכֹּהֵן חֶרֶב גָּלְיָת הַפְּלִשְׁתִּי אֲשֶׁר הִכִּיתָ בְּעֵמֶק הָאֵלָה **הִנֵּה הִיא לוּטָה בַשִּׂמְלָה אַחֲרֵי הָאֵפוֹד** אִם

אֹתָהּ תִּקַּח לְךָ קָח כִּי אֵין אַחֶרֶת זוּלָתָהּ בָּזֶה וַיֹּאמֶר דָּוִד אֵין כָּמוֹהָ תְּנֶנָּה לִּי" (שם כא י).

מכל מקום, בתגובה על דברי דואג שאול מזמין אליו את אחימלך ומאשימו כי קשר נגדו:

> וַיִּשְׁלַח הַמֶּלֶךְ לִקְרֹא אֶת אֲחִימֶלֶךְ בֶּן אֲחִיטוּב הַכֹּהֵן וְאֵת כָּל בֵּית אָבִיו הַכֹּהֲנִים אֲשֶׁר בְּנֹב וַיָּבֹאוּ כֻלָּם אֶל הַמֶּלֶךְ: וַיֹּאמֶר שָׁאוּל שְׁמַע נָא בֶּן אֲחִיטוּב וַיֹּאמֶר הִנְנִי אֲדֹנִי: וַיֹּאמֶר אלו אֵלָיו שָׁאוּל לָמָּה קְשַׁרְתֶּם עָלַי אַתָּה וּבֶן יִשָׁי בְּתִתְּךָ לוֹ לֶחֶם וְחֶרֶב וְשָׁאוֹל לוֹ בֵּאלֹהִים לָקוּם אֵלַי לְאֹרֵב כַּיּוֹם הַזֶּה (שם כב יא–יג).

כעסו של שאול מובן: ממקומות נוספים בספר שמואל מוכרת העובדה ששאילה בה׳ בתיווך הכוהן היא תפקידו וזכותו של המלך בלבד, ולא של כל אדם (ראו למשל שמ"א יד יט; שם כג ט–י). ואם דוד אכן שאל בה׳ באמצעות אחימלך, יש כאן ביטוי מובהק למרידה במלכותו של שאול. אחימלך מכחיש את האשמה מכול וכול: "וַיַּעַן אֲחִימֶלֶךְ אֶת הַמֶּלֶךְ וַיֹּאמַר וּמִי בְכָל עֲבָדֶיךָ כְּדָוִד נֶאֱמָן וַחֲתַן הַמֶּלֶךְ וְסָר אֶל מִשְׁמַעְתֶּךָ וְנִכְבָּד בְּבֵיתֶךָ: הַיּוֹם הַחִלֹּתִי לִשְׁאָל לוֹ בֵאלֹהִים חָלִילָה לִּי אַל יָשֵׂם הַמֶּלֶךְ בְּעַבְדּוֹ דָבָר בְּכָל בֵּית אָבִי כִּי לֹא יָדַע עַבְדְּךָ בְּכָל זֹאת דָּבָר קָטֹן אוֹ גָדוֹל" (שם יד–טו).

שאול אינו מקבל את דברי אחימלך ומצווה להרוג את כל כוהני נוב, ותיאור פעולה זו מהדהד את סיפור חטאו של שאול בעמלק, החטא שאחריו נקרעה ממנו מלכותו:

> וַיֹּאמֶר הַמֶּלֶךְ מוֹת תָּמוּת אֲחִימֶלֶךְ אַתָּה וְכָל בֵּית אָבִיךָ: וַיֹּאמֶר הַמֶּלֶךְ לָרָצִים הַנִּצָּבִים עָלָיו סֹבּוּ וְהָמִיתוּ כֹּהֲנֵי ה׳ כִּי גַם יָדָם עִם דָּוִד וְכִי יָדְעוּ כִּי בֹרֵחַ הוּא וְלֹא גָלוּ אֶת אָזְנִי וְלֹא אָבוּ עַבְדֵי הַמֶּלֶךְ לִשְׁלֹחַ אֶת יָדָם לִפְגֹעַ בְּכֹהֲנֵי ה׳: וַיֹּאמֶר הַמֶּלֶךְ לְדוֹאֵג סֹב אַתָּה וּפְגַע בַּכֹּהֲנִים וַיִּסֹּב דוֹאֵג הָאֲדֹמִי וַיִּפְגַּע הוּא בַּכֹּהֲנִים וַיָּמֶת בַּיּוֹם הַהוּא שְׁמֹנִים וַחֲמִשָּׁה אִישׁ נֹשֵׂא אֵפוֹד בָּד: וְאֵת נֹב עִיר הַכֹּהֲנִים

> הִכָּה לְפִי חֶרֶב מֵאִישׁ וְעַד אִשָּׁה מֵעוֹלֵל וְעַד יוֹנֵק וְשׁוֹר וַחֲמוֹר וָשֶׂה לְפִי חָרֶב (שם טז-יט).

דואג אומנם מוסר לשאול מידע שקרי – במכוון או שלא במכוון – אולם נראה כי חשדו הכללי של שאול בדוד אינו משולל יסוד. אני מבקש להציע כי הגעת דוד אל אחימלך איננה תמימה לגמרי; דוד לא מצא בנוב מפלט ומחסה בלבד ולא חיפש רק חרב ולחם כפשוטו.

## מה באמת חיפש דוד בנוב?

כפי שכבר התחלנו לראות, דוד מפלס את דרכו אל המלוכה, ולנוכח מגמתו זו לא מקרי כלל שהגיע דווקא לנוב. ראשית, כשם שדוד בורח בהמשך הסיפור אל הפלשתים, אויביו המוצהרים של שאול, גם כאן דוד מבקש לחסות בצילו של אדם העומד בצידו השני של המתרס הפוליטי: אחימלך הוא נינו של עלי הכוהן, והרי שאול החליף את בית עלי בהנהגת העם.[1] מלבד זאת נוב היא עיר כוהנים. מלך צריך כוהן שיתלווה אליו, וסביר להניח שדוד חפץ בקשר עם מוסד הכהונה כנדבך לבניית מלכותו. נשים לב שבסופו של דבר – גם אם באופן טרגי ולא מתוכנן – אביתר הכוהן, היחיד שנותר מן הטבח הנורא של שמונים וחמישה כוהני נוב, מצטרף אל דוד ככוהן:

> וַיִּמָּלֵט בֵּן אֶחָד לַאֲחִימֶלֶךְ בֶּן אֲחִטוּב וּשְׁמוֹ אֶבְיָתָר וַיִּבְרַח אַחֲרֵי דָוִד: וַיַּגֵּד אֶבְיָתָר לְדָוִד כִּי הָרַג שָׁאוּל אֵת כֹּהֲנֵי ה׳: וַיֹּאמֶר דָּוִד לְאֶבְיָתָר יָדַעְתִּי בַּיּוֹם הַהוּא כִּי שָׁם דּוֹאֵג הָאֲדֹמִי כִּי הַגֵּד יַגִּיד לְשָׁאוּל אָנֹכִי סַבֹּתִי בְּכָל נֶפֶשׁ בֵּית אָבִיךָ: שְׁבָה אִתִּי אַל תִּירָא כִּי אֲשֶׁר יְבַקֵּשׁ אֶת נַפְשִׁי יְבַקֵּשׁ אֶת נַפְשֶׁךָ כִּי מִשְׁמֶרֶת אַתָּה עִמָּדִי (שם כ-כג).

1 "וַאֲחִיָּה בֶן אֲחִטוּב אֲחִי אִיכָבוֹד בֶּן פִּינְחָס בֶּן עֵלִי כֹּהֵן ה׳ בְּשִׁלוֹ נֹשֵׂא אֵפוֹד וְהָעָם לֹא יָדַע כִּי הָלַךְ יוֹנָתָן" (שמ"א יד ג). כלומר, אחיה הוא בנו של אחיטוב, אחיו של איכבוד, נכדו של עלי, ומכאן שאחיה הוא נינו של עלי.

ושוב, שלא במפתיע, מייד בסיפור הבא, שבו דוד יורד אל קעילה, נאמר כי אביתר שואל לדוד בה׳. הקשר שדוד יוצר עם אביתר הוא למעשה קשר עם מוסד הכהונה, וקשר זה נרמז באמצעות המילה ׳משמרת׳. כשאביתר מגיע אל דוד, דוד אומר לו ״כִּי מִשְׁמֶרֶת אַתָּה עִמָּדִי״ (שם כג). בפשטות הכוונה היא שדוד ידאג לאביתר וישמור עליו מכל משמר, אולם מעניין כי המילה ׳משמרת׳ מופיעה בתורה פעמים רבות מאוד בהקשר של קדושת הכהונה והלווייה. אם כן, המילים ׳כי משמרת אתה עימדי׳ אין פירושן רק ׳אשמור עליך׳ אלא (גם) ׳אתה הכוהן, איש הקודש שלי׳.

מעבר לעצם הקשר עם הכהונה חשוב להאזין היטב גם לדו־שיח שבין דוד לאחימלך. נתבונן בפסוקים:

> וַיָּקָם וַיֵּלַךְ וִיהוֹנָתָן בָּא הָעִיר: וַיָּבֹא דָוִד נֹבֶה אֶל אֲחִימֶלֶךְ הַכֹּהֵן וַיֶּחֱרַד אֲחִימֶלֶךְ לִקְרַאת דָּוִד וַיֹּאמֶר לוֹ מַדּוּעַ אַתָּה לְבַדֶּךָ וְאִישׁ אֵין אִתָּךְ: וַיֹּאמֶר דָּוִד לַאֲחִימֶלֶךְ הַכֹּהֵן הַמֶּלֶךְ צִוַּנִי דָבָר וַיֹּאמֶר אֵלַי אִישׁ אַל יֵדַע מְאוּמָה אֶת הַדָּבָר אֲשֶׁר אָנֹכִי שֹׁלֵחֲךָ וַאֲשֶׁר צִוִּיתִךָ וְאֶת הַנְּעָרִים יוֹדַעְתִּי אֶל מְקוֹם פְּלֹנִי אַלְמוֹנִי (שם כא א–ג).

לפסוקים אלו זיקה הדוקה לסיפור המופיע בפרק הקודם. לאחר ששאול קוצף על דוד שנעדר מסעודת החודש ואף מאשים את בנו שהוא מעדיף את דוד על פניו, יונתן אומר לדוד כי ירמוז לו באמצעות החיצים ובהוראותיו לנערו אם הוא יכול להישאר בקרבת אביו או שמא כלתה אליו הרעה מעם אביו ועליו לקום ולברוח. נשים לב לנוכחות המילים המודגשות בשני הסיפורים. כך בסיפור החיצים:

> וְהִנֵּה **אֶשְׁלַח** אֶת **הַנַּעַר** לֵךְ מְצָא אֶת הַחִצִּים אִם אָמֹר אֹמַר **לַנַּעַר** הִנֵּה הַחִצִּים מִמְּךָ וָהֵנָּה קָחֶנּוּ וָבֹאָה כִּי שָׁלוֹם לְךָ וְאֵין דָּבָר חַי ה׳: וְאִם כֹּה אֹמַר לָעֶלֶם הִנֵּה הַחִצִּים מִמְּךָ וָהָלְאָה לֵךְ כִּי **שִׁלַּחֲךָ** ה׳: **וְהַדָּבָר** אֲשֶׁר **דִּבַּרְנוּ** אֲנִי וָאָתָּה הִנֵּה ה׳ בֵּינִי וּבֵינְךָ עַד עוֹלָם [...] וַיִּקְרָא

> יְהוֹנָתָן אַחֲרֵי הַנַּעַר מְהֵרָה חוּשָׁה אַל תַּעֲמֹד וַיְלַקֵּט נַעַר יְהוֹנָתָן אֶת הַחִצִּים וַיָּבֹא אֶל אֲדֹנָיו: **וְהַנַּעַר לֹא יָדַע מְאוּמָה** אַךְ יְהוֹנָתָן וְדָוִד **יָדְעוּ אֶת הַדָּבָר** (שם כ כא-כג, לח-לט).

וכך בפרקנו: "וַיֹּאמֶר דָּוִד לַאֲחִימֶלֶךְ הַכֹּהֵן הַמֶּלֶךְ צִוַּנִי **דָבָר** וַיֹּאמֶר אֵלַי אִישׁ **אַל יֵדַע מְאוּמָה אֶת הַדָּבָר** אֲשֶׁר אָנֹכִי **שֹׁלֵחֲךָ** וַאֲשֶׁר צִוִּיתִךָ וְאֶת הַנְּעָרִים **יוֹדַעְתִּי** אֶל מְקוֹם פְּלֹנִי אַלְמוֹנִי" (שם כא ג). שלל מילים זהות נזכרות בשני הסיפורים: נער, ידע, דבר, שלח, ואפילו הביטוי השלם 'לא/אל ידע מאומה'. יונתן יורה **חיצים** ושולח את **נערו** למצוא אותם; דוד מספר לאחימלך שאת **הנערים** יידע אל מקום פלוני אלמוני, כי דבר המלך **נחוץ**. מה משמעות מערכת הקשרים הזאת?

דוד טוען לפני אחימלך כי המלך שלח אותו אליו בשליחות סודית. עובדה זו, כמובן, איננה אמת, אבל הסיפור שדוד בודה אינו מצוץ לגמרי מן האצבע; מישהו באמת שלח אותו תוך כדי 'יידוע' הנער, שאינו יודע מאומה, 'אל מקום פלוני אלמוני'. אלא שהאדם ששלח אותו בלי שאיש ידע דבר איננו המלך אלא יונתן בן המלך, ששילח את דוד הרחק **מפני** אביו!

אני מציע כי ההחלפה הזאת, הצבת יונתן במקום שאול, מבטאת את נקודת מבטו של דוד, ולפיה האדם שבאמת ראוי להיות המלך הוא יונתן רעו. העובדה שדוד רואה ביונתן אדם הראוי למלוכה אינה אמורה להפתיענו: דוד ויונתן אינם רעים אהובים בלבד אלא משמשים זה לזה מעין נפש תאומה – הם רואים את העולם עין בעין ופועלים בו באופן דומה. יש קשר הדוק בין הסיפור המתאר כיצד הכו יונתן ונערו לבדם את חיילי הפלשתים בפרק יד, ניצחון של מעטים על רבים, וכדברי יונתן לנערו "כִּי אֵין לַה' מַעְצוֹר לְהוֹשִׁיעַ בְּרַב אוֹ בִמְעָט" (שם יד ו), לבין סיפור ניצחונו של דוד הנער הקטן על גוליית הענק במלחמה נגד פלשתים בפרק יז. שאול אחר; הוא זר לשותפות העמוקה ששוררת בין בנו יונתן לבין דוד. בדו־שיח שבין דוד לאחימלך דוד מבטא אפוא לא רק את מחשבתו הטובה על יונתן אלא רומז לאחימלך גם דבר מה על עצמו.

## דוד כשר למלוכה

לאחר שדוד מספר לאחימלך על נסיבות בואו הוא עובר לבקשתו:

וְעַתָּה מַה יֵּשׁ תַּחַת יָדְךָ חֲמִשָּׁה לֶחֶם תְּנָה בְיָדִי אוֹ הַנִּמְצָא: וַיַּעַן הַכֹּהֵן אֶת דָּוִד וַיֹּאמֶר אֵין לֶחֶם חֹל אֶל תַּחַת יָדִי כִּי אִם לֶחֶם קֹדֶשׁ יֵשׁ אִם נִשְׁמְרוּ הַנְּעָרִים אַךְ מֵאִשָּׁה: וַיַּעַן דָּוִד אֶת הַכֹּהֵן וַיֹּאמֶר לוֹ כִּי אִם אִשָּׁה עֲצֻרָה לָנוּ כִּתְמוֹל שִׁלְשֹׁם בְּצֵאתִי וַיִּהְיוּ כְלֵי הַנְּעָרִים קֹדֶשׁ וְהוּא דֶּרֶךְ חֹל וְאַף כִּי הַיּוֹם יִקְדַּשׁ בַּכֶּלִי: וַיִּתֶּן לוֹ הַכֹּהֵן קֹדֶשׁ כִּי לֹא הָיָה שָׁם לֶחֶם כִּי אִם לֶחֶם הַפָּנִים הַמּוּסָרִים מִלִּפְנֵי ה׳ לָשׂוּם לֶחֶם חֹם בְּיוֹם הִלָּקְחוֹ (שמ״א כא ד-ז).

במבט ראשון נראה שהדו־שיח בין דוד לאחימלך נסב על שאלה בהלכות טומאה וטהרה; אחימלך, שומר משמרת הקודש בנוב, מברר תחילה אם דוד ואנשיו טהורים לפני שיתיר להם לאכול מלחם הפנים. כאמור, דו־שיח זה טומן בחובו רמז העשוי להתפענח למקרא הפרק הקודם, שאף בו בולט העיסוק בלחם ובטהרה:

וַיִּסָּתֵר דָּוִד בַּשָּׂדֶה וַיְהִי הַחֹדֶשׁ וַיֵּשֶׁב הַמֶּלֶךְ עַל אֶל **הַלֶּחֶם** לֶאֱכוֹל: וַיֵּשֶׁב הַמֶּלֶךְ עַל מוֹשָׁבוֹ כְּפַעַם בְּפַעַם אֶל מוֹשַׁב הַקִּיר וַיָּקָם יְהוֹנָתָן וַיֵּשֶׁב אַבְנֵר מִצַּד שָׁאוּל וַיִּפָּקֵד מְקוֹם דָּוִד: וְלֹא דִבֶּר שָׁאוּל מְאוּמָה בַּיּוֹם הַהוּא כִּי אָמַר מִקְרֶה הוּא בִּלְתִּי **טָהוֹר הוּא כִּי לֹא טָהוֹר**: וַיְהִי מִמָּחֳרַת הַחֹדֶשׁ הַשֵּׁנִי וַיִּפָּקֵד מְקוֹם דָּוִד, וַיֹּאמֶר שָׁאוּל אֶל יְהוֹנָתָן בְּנוֹ מַדּוּעַ לֹא בָא בֶן יִשַׁי גַּם תְּמוֹל גַּם הַיּוֹם אֶל **הַלָּחֶם**: וַיַּעַן יְהוֹנָתָן אֶת שָׁאוּל נִשְׁאֹל נִשְׁאַל דָּוִד מֵעִמָּדִי עַד **בֵּית לָחֶם**: וַיֹּאמֶר שַׁלְּחֵנִי נָא כִּי זֶבַח מִשְׁפָּחָה לָנוּ בָּעִיר וְהוּא צִוָּה לִי אָחִי וְעַתָּה אִם מָצָאתִי חֵן בְּעֵינֶיךָ אִמָּלְטָה נָּא וְאֶרְאֶה אֶת אֶחָי עַל כֵּן לֹא בָא אֶל שֻׁלְחַן הַמֶּלֶךְ (שם כ כד-כט).

את היעדרותו של דוד מסעודת הלחם שאול מפרש כפגיעה בסמכותו.

ביום הראשון שאול תולה את ההיעדרות בחוסר טהרה מקרי של דוד, אולם ביום השני הוא חוקר את יונתן 'מדוע לא בא בן ישי גם תמול גם היום אל הלחם'. כשיונתן מנסה לגונן על ידיד נפשו חורה אפו של שאול, והוא גוער בבנו בבוטות יתרה: "בֶּן נַעֲוַת הַמַּרְדּוּת הֲלוֹא יָדַעְתִּי כִּי בֹחֵר אַתָּה לְבֶן יִשַׁי לְבָשְׁתְּךָ וּלְבֹשֶׁת עֶרְוַת אִמֶּךָ" (שם ל).

שאול תולה את היעדרותו של דוד בהיותו במצב של חוסר טהרה, 'בלתי טהור הוא כי לא טהור', אבל למעשה, כך אני מציע, חושד ב'טהרתו' הכללית של הסיפור. דוד, חושד שאול, אינו טהור באמת; סיבת היעדרותו מן הסעודה איננה כשרה. גם בסיפורנו אחימלך, החרד אל דוד, חוקר ושואל: "מַדּוּעַ אַתָּה לְבַדֶּךָ וְאִישׁ אֵין אִתָּךְ" (שם כא ב). המצב מוזר, מעורר חשד. דוד משיב לאחימלך כי המלך שלח אותו בשליחות סודית ולכן הוא לבדו, ללא הנערים, ואף שנראה כי 'דרך חול הוא',[2] דוד טוען כי הוא ואנשיו טהורים ומותר להם לאכול מלחם הקודש, ובכך רומז לאחימלך כי על אף מוזרות המצב הכול כשר ו'טהור'.

הסיפור מקדד את מלכותו הקרֵבה ובאה של דוד עוד קידוד מאלף. אחימלך אומר לדוד כי יש בידו לחם קודש. תחילה לא נאמר באיזה לחם קודש מדובר, אולם לאחר כמה פסוקים מתברר כי אחימלך נתן לדוד את לחם הפנים: "וַיִּתֶּן לוֹ הַכֹּהֵן קֹדֶשׁ כִּי לֹא הָיָה שָׁם לֶחֶם כִּי אִם לֶחֶם הַפָּנִים הַמּוּסָרִים מִלִּפְנֵי ה' לָשׂוּם לֶחֶם חֹם בְּיוֹם הִלָּקְחוֹ" (שם ז).

ללחם הפנים יש בהקשר זה משמעות סמלית בולטת ביותר: הלחם החדש והחם מחליף את הלחם הישן והקר. אם דוד הוא 'קודש', אזי לחם הקודש המזוהה עם לחם הפנים הניתן בידיו מסמל את היותו המלך המיועד, האדם שיחליף בבוא העת את המלך הישן שאול.

מבין השיטין של הסיפור עולה אפוא בשורה: דוד טהור וכשר למלוכה, והוא עתיד להחליף את שאול.

2 רבו הפירושים על המילים 'והוא דרך חול'. רד"ק מפרש בדומה למוצע כאן: "כלומר אף על פי שיצאנו דרך חול שלא היינו סבורים שהיינו צריכים ללחם קדש אף על פי כן טהרנו עצמנו כדרך בני אדם שדעתם לצאת לדרך".

## "אָנֹכִי סַבֹּתִי בְּכָל נֶפֶשׁ בֵּית אָבִיךָ"

בשורת כשרותו של דוד למלוכה נקשרת כמובן לעובדה שכבר נמשח למלך, אולם לתמונה זו נלווים גם צללים. הגעתו של דוד אל נוב גובה מחיר כבד ביותר: שאול, שחושד באחימלך כי בגד בו, מצווה להרוג את שמונים וחמישה כוהני נוב ולחסל את העיר כולה, "מֵאִישׁ וְעַד אִשָּׁה מֵעוֹלֵל וְעַד יוֹנֵק וְשׁוֹר וַחֲמוֹר וָשֶׂה לְפִי חָרֶב" (שמ"א כב יט).

עתה נשאל: האם דוד אכן 'טהור' ונקי גם מדמם של כוהני נוב?

נראה שלא. ראשית, לא מן הנמנע שאילו סיפר דוד לאחימלך על המתח שנוצר לאחרונה בינו לבין שאול, לא היה ניאות אחימלך לסייע לו ולא היה נאשם ומומת באשמת בגידה. אחימלך, המום מן האשמה המוטחת בפניו, מציג לפני שאול את תמונת היחסים שכולם, כולל הוא, מכירים: "וּמִי בְכָל עֲבָדֶיךָ כְּדָוִד נֶאֱמָן וַחֲתַן הַמֶּלֶךְ וְסָר אֶל מִשְׁמַעְתֶּךָ וְנִכְבָּד בְּבֵיתֶךָ" (שם יד). דוד הוא נאמן המלך וחתנו, ומדוע יעלה על דעתו ששאול מבקש את נפשו של דוד? יתרה מזו, סיפורו של דוד שלפיו המלך שלח אותו בשליחות סודית רק מוסיף ומאשש את קיומה של תמונת היחסים הקרובה והטובה.

לאמיתו של דבר, באחד הפרקים הבאים בספר אנו מתוודעים לפתע לעובדה המסופרת מפי דוד עצמו הקושרת אותו לטבח הכוהנים בקשר חמור אף יותר. כך הוא אומר לאביתר, הניצול היחיד מן הטבח, לאחר ששמע את סיפורו: "וַיַּגֵּד אֶבְיָתָר לְדָוִד כִּי הָרַג שָׁאוּל אֵת כֹּהֲנֵי ה': וַיֹּאמֶר דָּוִד לְאֶבְיָתָר יָדַעְתִּי בַּיּוֹם הַהוּא כִּי שָׁם דּוֹאֵג הָאֲדֹמִי כִּי הַגֵּד יַגִּיד לְשָׁאוּל אָנֹכִי סַבֹּתִי בְּכָל נֶפֶשׁ בֵּית אָבִיךָ" (שם כא-כב).

דוד יודע אפוא כי לקיחת החרב והלחם מאחימלך מסכנת מאוד את יושבי נוב. הוא רואה שדואג האדומי נמצא שם ויודע שהוא עתיד לספר לשאול את שראו עיניו, והוא אומר ללא כחל ושרק: "אָנֹכִי סַבֹּתִי בְּכָל נֶפֶשׁ בֵּית אָבִיךָ" (שם כב) – גרמתי ('סבותי' מלשון סיבה) למותם.[3] המספר בוחר לגלות לנו רק בסוף הסיפור שדוד ידע על

3 לביקורת חריפה של חז"ל על דוד בעניין זה ראו בבלי, סנהדרין צה.

נוכחותו של דואג, כי מידע שמגיע בסוף יוצר רושם בעל משקל רב, במקרה זה שלילי מאוד, שכן הוא משנה למפרע את התמונה שגיבשו הקוראים עד כה.[4]

המספר בתחכומו הרב רומז לנו על מעורבותו של דוד בטבח הכוהנים באמצעות שלל זיקות לשוניות בין דואג לדוד:

א. מילותיו של דוד המתוודה לפני אביתר על חלקו במה שהתרחש, 'אנוכי **סבותי** בכל נפש בית אביך', מהדהדות את לשון פקודתו של שאול: "וַיֹּאמֶר הַמֶּלֶךְ לדויג לְדוֹאֵג **סֹב** אַתָּה וּפְגַע בַּכֹּהֲנִים **וַיִּסֹּב** דּוֹאֵג הָאֲדֹמִי וַיִּפְגַּע הוּא בַּכֹּהֲנִים וַיָּמֶת בַּיּוֹם הַהוּא שְׁמֹנִים וַחֲמִשָּׁה אִישׁ נֹשֵׂא אֵפוֹד בָּד" (שם יח).

ב. דבריו של דוד בבואו אל אחימלך, "וַיַּעַן דָּוִד אֶת הַכֹּהֵן וַיֹּאמֶר לוֹ כִּי אִם אִשָּׁה **עֲצֻרָה** לָנוּ כִּתְמוֹל שִׁלְשֹׁם בְּצֵאתִי וַיִּהְיוּ כְלֵי הַנְּעָרִים קֹדֶשׁ וְהוּא דֶּרֶךְ חֹל וְאַף כִּי הַיּוֹם יִקְדַּשׁ בַּכֶּלִי" (שם כא ו), מהדהדים פסוק אחר הנוגע לדואג: "וְשָׁם אִישׁ מֵעַבְדֵי שָׁאוּל בַּיּוֹם הַהוּא **נֶעְצָר** לִפְנֵי ה' וּשְׁמוֹ דֹּאֵג הָאֲדֹמִי אַבִּיר הָרֹעִים אֲשֶׁר לְשָׁאוּל" (שם ח).

ג. כינויו של דואג, 'האדומי', מזכיר מאוד את כינויו של דוד, "אַדְמוֹנִי" (שם טז יב).

ד. דואג מכונה גם 'אביר הרועים', והרי דוד עצמו הוא רועה צאן. כך הוא גם הציג את עצמו לפני שאול כאשר דיבר איתו בפעם הראשונה: "וַיֹּאמֶר דָּוִד אֶל שָׁאוּל **רֹעֶה הָיָה עַבְדְּךָ** לְאָבִיו בַּצֹּאן וּבָא הָאֲרִי וְאֶת הַדּוֹב וְנָשָׂא שֶׂה מֵהָעֵדֶר: וְיָצָאתִי אַחֲרָיו וְהִכִּתִיו וְהִצַּלְתִּי מִפִּיו וַיָּקָם עָלַי וְהֶחֱזַקְתִּי בִּזְקָנוֹ וְהִכִּתִיו וַהֲמִיתִּיו" (שם יז לד-לה).

כל הרמיזות האלה מובילות לאמירה מוסרית בדבר מעורבותו של דוד בטבח שהתרחש בנוב.

4 שטרנברג עמד על תופעה זו בהרחבה, ראו: Meir Sternberg, *The Poetics of Biblical Narrative: Ideological Literature and the Drama of Reading*, Bloomington 1985, pp. 311–313.

פרק ה

# דוד בקעילה

לאחר שעזב את נוב עיר הכוהנים, וכתום תקופה קצרה שעשה אצל אכיש מלך גת, דוד מגיע אל מערת עדולם. שם מתקבצים סביבו ארבע מאות איש, "כָּל אִישׁ מָצוֹק וְכָל אִישׁ אֲשֶׁר לוֹ נֹשֶׁא וְכָל אִישׁ מַר נֶפֶשׁ" (שמ"א כב ב), ולדוד וחבורתו מגיעה ידיעה על התקפת פלשתים על קעילה. כך נפתח הסיפור:

> וַיַּגִּדוּ לְדָוִד לֵאמֹר הִנֵּה פְלִשְׁתִּים נִלְחָמִים בִּקְעִילָה וְהֵמָּה שֹׁסִים אֶת הַגֳּרָנוֹת: וַיִּשְׁאַל דָּוִד בַּה' לֵאמֹר הַאֵלֵךְ וְהִכֵּיתִי בַּפְּלִשְׁתִּים הָאֵלֶּה, וַיֹּאמֶר ה' אֶל דָּוִד לֵךְ וְהִכִּיתָ בַפְּלִשְׁתִּים וְהוֹשַׁעְתָּ אֶת קְעִילָה: וַיֹּאמְרוּ אַנְשֵׁי דָוִד אֵלָיו הִנֵּה אֲנַחְנוּ פֹה בִּיהוּדָה יְרֵאִים וְאַף כִּי נֵלֵךְ קְעִלָה אֶל מַעַרְכוֹת פְּלִשְׁתִּים: וַיּוֹסֶף עוֹד דָּוִד לִשְׁאֹל בַּה', וַיַּעֲנֵהוּ ה' וַיֹּאמֶר קוּם רֵד קְעִילָה כִּי אֲנִי נֹתֵן אֶת פְּלִשְׁתִּים בְּיָדֶךָ (שם כג א-ד).

כשדוד שומע כי פלשתים נלחמים בקעילה הוא שואל את ה' אם לרדת ולהציל את אנשי קעילה מיד פלשתים, ונענה בחיוב: "לֵךְ וְהִכִּיתָ בַפְּלִשְׁתִּים וְהוֹשַׁעְתָּ אֶת קְעִילָה" (שם ב). בעקבות פחדם של אנשיו דוד שואל את ה' שנית את אותה השאלה, ושוב נענה בחיוב: "קוּם רֵד קְעִילָה כִּי אֲנִי נֹתֵן אֶת פְּלִשְׁתִּים בְּיָדֶךָ" (שם ד).

דוד יורד לקעילה ומושיע את אנשיה: "וַיֵּלֶךְ דָּוִד ואנשו וַאֲנָשָׁיו קְעִילָה וַיִּלָּחֶם בַּפְּלִשְׁתִּים וַיִּנְהַג אֶת מִקְנֵיהֶם וַיַּךְ בָּהֶם מַכָּה גְדוֹלָה וַיֹּשַׁע דָּוִד אֵת יֹשְׁבֵי קְעִילָה" (שם ה). כששאול שומע כי דוד בא אל קעילה הוא מכנס את כל העם כדי לרדת ולתפוס את דוד:

> וַיֻּגַּד לְשָׁאוּל כִּי בָא דָוִד קְעִילָה וַיֹּאמֶר שָׁאוּל נִכַּר אֹתוֹ אֱלֹהִים בְּיָדִי כִּי נִסְגַּר לָבוֹא בְּעִיר דְּלָתַיִם וּבְרִיחַ: וַיְשַׁמַּע שָׁאוּל אֶת כָּל הָעָם לַמִּלְחָמָה לָרֶדֶת קְעִילָה לָצוּר אֶל דָּוִד וְאֶל אֲנָשָׁיו: וַיֵּדַע דָּוִד כִּי עָלָיו שָׁאוּל מַחֲרִישׁ הָרָעָה וַיֹּאמֶר אֶל אֶבְיָתָר הַכֹּהֵן הַגִּישָׁה הָאֵפוֹד: וַיֹּאמֶר דָּוִד ה׳ אֱלֹהֵי יִשְׂרָאֵל שָׁמֹעַ שָׁמַע עַבְדְּךָ כִּי מְבַקֵּשׁ שָׁאוּל לָבוֹא אֶל קְעִילָה לְשַׁחֵת לָעִיר בַּעֲבוּרִי: הֲיַסְגִּרֻנִי בַעֲלֵי קְעִילָה בְיָדוֹ הֲיֵרֵד שָׁאוּל כַּאֲשֶׁר שָׁמַע עַבְדֶּךָ ה׳ אֱלֹהֵי יִשְׂרָאֵל הַגֶּד נָא לְעַבְדֶּךָ, וַיֹּאמֶר ה׳ יֵרֵד: וַיֹּאמֶר דָּוִד הֲיַסְגִּרוּ בַּעֲלֵי קְעִילָה אֹתִי וְאֶת אֲנָשַׁי בְּיַד שָׁאוּל, וַיֹּאמֶר ה׳ יַסְגִּירוּ (שם ז–יב).

השמועה כי שאול יורד לקעילה מגיעה אל דוד, והוא מפנה אל ה׳ שאלה כפולה: אם יסגירו אותו בעלי קעילה ביד שאול ואם ירד שאול לקעילה. תשובתו של ה׳ היא 'ירד'. מאחר שה׳ מתעלם משאלתו השנייה של דוד, אם יסגירו אותו בעלי קעילה, דוד מוצא לנכון לשוב ולשאול: 'האם יסגירו?' על כך ה׳ משיב: 'יסגירו'.

תוכנן וסגנונן של תשובות ה׳ מעוררים שתי שאלות. ראשית, מדוע התשובות קצרות ולקוניות כל כך – 'ירד', 'יסגירו'? – אפשר להשוות את סגנון התשובה כאן לסגנונה בפסוקים הקודמים, כשדוד שואל אם לרדת ולהושיע את קעילה. שם התשובה מפורטת ואורכה כאורך השאלה.[1] שנית, מדוע ה׳ מתייחס בפעם הראשונה רק לשאלה על הירידה ומתעלם מן השאלה על ההסגרה?

1 ראו למשל בסיפור צקלג, ששם אורך השאלה ואורך התשובה זהים פחות או יותר: "וַיִּשְׁאַל דָּוִד בַּה׳ לֵאמֹר אֶרְדֹּף אַחֲרֵי הַגְּדוּד הַזֶּה הַאַשִּׂגֶנּוּ וַיֹּאמֶר לוֹ רְדֹף כִּי הַשֵּׂג תַּשִּׂיג וְהַצֵּל תַּצִּיל" (שמ״א ל ח).

## מלחמתו של שאול בדוד

השאלה הכפולה שדוד מציג – אם ירד שאול ואם יסגירוהו בעלי קעילה בידו – מראה בעליל כי דוד חשב שגם אם ירד שאול אל קעילה, ספק אם יסגירו אותו אנשי קעילה. פעולת הסגרה היא ביטוי לנאמנות; דוד מסופק אפוא בשאלה אם אנשי קעילה ישמרו את נאמנותם לשאול, ואולי בייחוד מאחר שהצילם מיד האויב, מקופלת בשאלת דוד ציפייתו שיגנו עליו מפני שאול. אבל מדוע העלה דוד במחשבתו כי אנשי קעילה יהיו נאמנים לו עד כדי כך? הרי סוף־סוף שאול הוא המלך!

התשובה מתבקשת: דוד סבור כי שאול כבר אינו המלך של העם באופן מלא, ובאמת נראה כי יש לו על מה לסמוך. הרי אחד מתפקידיו המרכזיים של המלך הוא להציל את העם מיד אויביו, אולם לאחר מלחמת עמלק ולאחר שהתבשר שאול כי לא תקום ממלכתו, הוא כבר אינו עסוק בהצלת העם. למעשה, עד מלחמתו האחרונה של שאול בפלשתים, המלחמה שבה נפל בגלבוע, לא נזכרת כל מלחמה של שאול באויבי ישראל, ומכאן ששאול חדל בעצם למלא את תפקידו כמלך.

למעשה, שאול מנהל עתה מלחמה **אחרת**: מלחמה בדוד. אפשר לומר כי שאול החליף את מלחמתו באויבי ישראל במלחמתו בדוד, והכתוב רומז לנו על כך כאשר הוא שותל בתיאורי הרדיפה ביטויים שנזכרו לעיל בתיאור מלחמותיו של שאול בפלשתים ובעמלק. הנה שלוש דוגמאות:

א. שאול מצווה להרוג בעמלק מעולל ועד יונק: "עַתָּה לֵךְ וְהִכִּיתָה
אֶת עֲמָלֵק וְהַחֲרַמְתֶּם אֶת כָּל אֲשֶׁר לוֹ וְלֹא תַחְמֹל עָלָיו וְהֵמַתָּה מֵאִישׁ
עַד אִשָּׁה **מֵעֹלֵל וְעַד יוֹנֵק** מִשּׁוֹר וְעַד שֶׂה מִגָּמָל וְעַד חֲמוֹר" (שמ"א
טו ג). אותו ביטוי חוזר בתיאור הריגתו את העיר נוב: "וְאֵת נֹב
עִיר הַכֹּהֲנִים הִכָּה לְפִי חֶרֶב מֵאִישׁ וְעַד אִשָּׁה **מֵעוֹלֵל וְעַד יוֹנֵק** וְשׁוֹר
וַחֲמוֹר וָשֶׂה לְפִי חָרֶב" (שם כב יט).

ב. שאול אוסף את כל העם כדי לתפוס את דוד: "**וַיְשַׁמַּע שָׁאוּל אֶת
כָּל הָעָם** לַמִּלְחָמָה לָרֶדֶת קְעִילָה לָצוּר אֶל דָּוִד וְאֶל אֲנָשָׁיו" (שם ח).

הביטוי 'וישמע שאול' הופיע לעיל בסיפור מלחמת שאול בעמלק: "**וַיְשַׁמַּע שָׁאוּל אֶת הָעָם** וַיִּפְקְדֵם בַּטְּלָאִים מָאתַיִם אֶלֶף רַגְלִי וַעֲשֶׂרֶת אֲלָפִים אֶת אִישׁ יְהוּדָה" (שם טו ד).

ג. בפרק כד נאמר כי שאול לוקח שלושת אלפים איש לבקש את דוד: "וַיְהִי כַּאֲשֶׁר שָׁב שָׁאוּל מֵאַחֲרֵי פְּלִשְׁתִּים וַיַּגִּדוּ לוֹ לֵאמֹר הִנֵּה דָוִד בְּמִדְבַּר עֵין גֶּדִי: וַיִּקַּח **שָׁאוּל שְׁלֹשֶׁת אֲלָפִים** אִישׁ בָּחוּר מִכָּל יִשְׂרָאֵל וַיֵּלֶךְ לְבַקֵּשׁ אֶת דָּוִד וַאֲנָשָׁיו עַל פְּנֵי צוּרֵי הַיְּעֵלִים" (שם כד א-ב). אותו מספר לוחמים נזכר בסיפור מלחמת שאול בפלשתים: "בֶּן שָׁנָה שָׁאוּל בְּמָלְכוֹ וּשְׁתֵּי שָׁנִים מָלַךְ עַל יִשְׂרָאֵל: וַיִּבְחַר לוֹ שָׁאוּל **שְׁלֹשֶׁת אֲלָפִים** מִיִּשְׂרָאֵל וַיִּהְיוּ עִם שָׁאוּל אַלְפַּיִם בְּמִכְמָשׂ וּבְהַר בֵּית אֵל וְאֶלֶף הָיוּ עִם יוֹנָתָן בְּגִבְעַת בִּנְיָמִין וְיֶתֶר הָעָם שִׁלַּח אִישׁ לְאֹהָלָיו" (שם יג א-ב).

## האפוד ומלחמת שאול ודוד

הרעיון שלפיו היעד היחיד ששאול מנסה לתקוף הוא דוד מודגש באמצעות נקודה נוספת. לאחר תיאור הושעת קעילה מסופר על אביתר שהגיע לקעילה ועימו האפוד:[2] "וַיְהִי בִּבְרֹחַ אֶבְיָתָר בֶּן אֲחִימֶלֶךְ אֶל דָּוִד קְעִילָה אֵפוֹד יָרַד בְּיָדוֹ" (שם כג ו). מייד לאחר אזכור הבאת האפוד נאמר כי שאול מחליט לרדת אל קעילה כדי לתפוס את דוד, וכשהדבר הגיע לאוזניו של דוד הוא שאל **באפוד** אם יסגירוהו בעלי קעילה ביד שאול.

את שאלותיו בדבר הושעת קעילה שאל דוד ללא אפוד, ואילו את שאלותיו בדבר הסגרתו ביד שאול שאל באפוד. הבדל זה מתבאר כמובן בטבעיות לנוכח חבירת אביתר אל דוד בקעילה, שכן האפוד

2 האפוד ששואלים בו הוא אולי האורים והתומים שעל החושן הקשור באפוד, שהוא חלק מבגדי הכוהן הגדול (שמות כח ד). בספר במדבר נאמר כי הכוהן הגדול שואל באורים לפני ה', ובספר שמות נאמר "וְנָתַתָּ אֶל חֹשֶׁן הַמִּשְׁפָּט אֶת הָאוּרִים וְאֶת הַתֻּמִּים" (שמות כח ל), והרי החושן קשור לאפוד (שם כח).

לא היה בידי דוד לפני כן, וממילא לא היה באפשרותו לשאול בו. עם זאת התחושה היא שלא במקרה שאל דוד באפוד רק את שאלתו בדבר ההסגרה וכי יש קשר מהותי בין שאלת ההסגרה לבין השאילה באפוד.

נרחיב על כך. פסוק ו, המספר על אביתר, הכוהן היחיד שניצל מן הטבח הנורא, מעלה מייד בזיכרוננו את סיפור נוב. אבל לא רק אביתר מזכיר את נוב אלא גם האפוד שהוא מביא עימו. דואג האדומי סיפר לשאול כי ראה את אחימלך שואל בה׳ בעבור דוד, ומידע זה היה הגורם שבעטיו פקד שאול על דואג להרוג את הכוהנים:

> וַיַּעַן דֹּאֵג הָאֲדֹמִי וְהוּא נִצָּב עַל עַבְדֵי שָׁאוּל וַיֹּאמַר רָאִיתִי אֶת בֶּן יִשַׁי בָּא נֹבֶה אֶל אֲחִימֶלֶךְ בֶּן אֲחִטוּב: וַיִּשְׁאַל לוֹ בַּה׳ וְצֵידָה נָתַן לוֹ וְאֵת חֶרֶב גָּלְיָת הַפְּלִשְׁתִּי נָתַן לוֹ [...] וַיֹּאמֶר שָׁאוּל שְׁמַע נָא בֶּן אֲחִיטוּב וַיֹּאמֶר הִנְנִי אֲדֹנִי: וַיֹּאמֶר אלו אֵלָיו שָׁאוּל לָמָּה קְשַׁרְתֶּם עָלַי אַתָּה וּבֶן יִשָׁי בְּתִתְּךָ לוֹ לֶחֶם וְחֶרֶב וְשָׁאוֹל לוֹ בֵּאלֹהִים לָקוּם אֵלַי לְאֹרֵב כַּיּוֹם הַזֶּה (שם כב ט–י, יב–יג).

מדוע חרה אפו של שאול כל כך? הסיבה פשוטה: מי שנוהג לשאול בה׳ טרם צאתו למלחמה הוא מלך, ואין פלא ששאול ראה בשאילה באפוד קריאת תיגר בוטה. יתרה מזו, ראינו ששאילה בה׳ נעשית בדרך כלל במלחמה; סביר מאוד אם כך ששאול, החושש כל כך מפני האפשרות שדוד ייקח ממנו את המלוכה,[3] שמע שדוד קיבל חרב וצידה מאחימלך וחשב שדוד שאל בה׳ **על אודות המלחמה בו עצמו**.

האפוד והזיכרונות שהוא נושא עימו – חשד הבגידה והמלחמה שבין שאול לדוד – משתלבים בהתאמה למהלך הפרק. מושא שאלתו הראשונה של דוד בפרשת קעילה הוא הצלת קעילה; אין לשאלה זו קשר ישיר למאבק שבין שאול לדוד. ואולם לאחר שנודע לשאול שדוד ירד אל קעילה מוקד עניינו של הפרק משתנה; עתה הזרקור מופנה

3 ראו למשל כאן: ״וַיִּחַר לְשָׁאוּל מְאֹד וַיֵּרַע בְּעֵינָיו הַדָּבָר הַזֶּה וַיֹּאמֶר נָתְנוּ לְדָוִד רְבָבוֹת וְלִי נָתְנוּ הָאֲלָפִים **וְעוֹד לוֹ אַךְ הַמְּלוּכָה**״ (שמ״א יח ח).

לשאלת ההסגרה, היינו למאבק שבין שאול לדוד. אותו אפוד שהעלה בפרק הקודם את חשדו הנורא של שאול כי אחימלך שואל בו לרעתו ולטובת דוד משתלב בנקודה זו היטב: הוא משמש את דוד לשאילת שאלה הנוגעת ישירות למאבק בינו לבין שאול.

קריאה זו בפסוקים מדגישה כי נושאם המרכזי הוא מיהו מלך ישראל ולמי נתונות נאמנותו ותמיכתו של העם. מצד אחד הכתוב מבליט ששאול כבר אינו נלחם את מלחמת העם; דוד הוא שמושיע את קעילה ומבצע את תפקידו של שאול, והוא גם שנוהג כמנהגם של מלכים ושואל את ה׳ באפוד. שאול, מנגד, אינו שואל באפוד, והמלחמה היחידה שהוא מנהל איננה באויבי ישראל אלא בדוד.

מחשבתו של דוד ששאול כבר איננו מלך מקבלת חיזוק ממה שקרה לאחר עזיבתו את קעילה. בצבאו של דוד לפני שירד אל קעילה נמנו ארבע מאות איש: ״וַיֵּלֶךְ דָּוִד מִשָּׁם וַיִּמָּלֵט אֶל מְעָרַת עֲדֻלָּם וַיִּשְׁמְעוּ אֶחָיו וְכָל בֵּית אָבִיו וַיֵּרְדוּ אֵלָיו שָׁמָּה: וַיִּתְקַבְּצוּ אֵלָיו כָּל אִישׁ מָצוֹק וְכָל אִישׁ אֲשֶׁר לוֹ נֹשֶׁא וְכָל אִישׁ מַר נֶפֶשׁ וַיְהִי עֲלֵיהֶם לְשָׂר וַיִּהְיוּ עִמּוֹ כְּאַרְבַּע מֵאוֹת אִישׁ״ (שמ״א כב א–ב).

ואולם מייד לאחר הצלת קעילה אנו מגלים שצבאו מונה שש מאות איש: ״וַיָּקָם דָּוִד וַאֲנָשָׁיו **כְּשֵׁשׁ מֵאוֹת אִישׁ** וַיֵּצְאוּ מִקְּעִלָה וַיִּתְהַלְּכוּ בַּאֲשֶׁר יִתְהַלָּכוּ וּלְשָׁאוּל הֻגַּד כִּי נִמְלַט דָּוִד מִקְּעִילָה וַיֶּחְדַּל לָצֵאת״ (שם כג יג). מתברר אפוא כי מאתיים אנשים מבני קעילה הצטרפו לדוד. עובדה זו ודאי הוסיפה משקל לסברתו של דוד שהעם מתחיל לנטוש את שאול ועובר לתמוך בו.

אומנם מהמשך הסיפורים עולים אי־אלו ספקות על משמעות נתון זה, שכן נראה כי אותם מאתיים מצטרפים חדשים לא נטמעו טמיעה מלאה באנשיו של דוד. למשל, בסיפור נבל הכרמלי בפרק כה, לאחר סיפור קעילה, דוד מתהלך בלוויית ארבע מאות איש בלבד. בסיפור צקלג, בפרק ל, עולה עוד עניין הראוי לתשומת לב מיוחדת: דוד בלוויית שש מאות איש רודף אחרי גדוד העמלקים שהחריבו את צקלג ושבו את הנשים והילדים ומגיע עד נחל הבשור: ״וַיֵּלֶךְ דָּוִד הוּא וְשֵׁשׁ מֵאוֹת אִישׁ אֲשֶׁר אִתּוֹ וַיָּבֹאוּ עַד נַחַל הַבְּשׂוֹר וְהַנּוֹתָרִים עָמָדוּ״ (שם

ל ט). ואולם רק ארבע מאות מהשש מאות עברו את הנחל: "וַיִּרְדֹּף דָּוִד הוּא וְאַרְבַּע מֵאוֹת אִישׁ וַיַּעַמְדוּ מָאתַיִם אִישׁ אֲשֶׁר פִּגְּרוּ מֵעֲבֹר אֶת נַחַל הַבְּשׂוֹר" (שם י).

מתברר שמאתיים משש מאות הלוחמים שיצאו עם דוד פיגרו מאחור ולא עברו את נחל הבשור. השם 'נחל הבשור' טומן בדרך הרמז גם את המילה בשורה:[4] אותם מאתיים שפיגרו מאחור הם אותם מאתיים שהצטרפו בשעתו לדוד בקעילה. אנשים אלו ממתינים לבשורה, ממתינים לראות מה ילד יום. מתברר אפוא כי גם מי שהצטרפו לדוד אינם מנאמניו הגמורים.

## התגובה האלוהית על שאלתו של דוד

שאלתי לעיל מדוע ה' אינו משיב לשאלתו של דוד בדבר ההסגרה, ולאחר שדוד שב ושואל אותו משיב לו תשובה קצרה ולקונית. הצעתי היא כי בשתיקתו ובתשובותיו הלקוניות ה' מביע תרעומת למשמע שאלותיו של דוד.[5]

ובכן, מה לא מצא חן בעיני ה' בשאלתו של דוד? דומה כי ה' רומז לדוד באמצעות שתיקתו שאם שאול אכן ירד לקעילה, **אין עוד**

4 לדברי פרופ' יואל אליצור, לשורש בש"ר שלושה מובנים אפשריים: אדם, בשר ובשורה. המשקל רגיל בלשון גם בתחום שמות אנשים ומקומות, כמו בעור, חמור, פתור, גדור. הפירוש שמדבר על בשור במשמעות בשורה סביר, שכן נתון בולט בנוף הנגב המערבי הוא שחצייתו קשה לאנשים עייפים אחרי הליכה של כמה קילומטרים.

5 שתיקה מביעה פעמים רבות אי־נחת או כעס, ובספר שמואל עצמו אפשר למצוא שתי דוגמאות לכך. דוגמה אחת היא חנה, שמתוך כעס ומרירות אינה משיבה ואינה מגיבה על הפצרותיו של אלקנה אלא קמה ומתפללת לה': "וַיֹּאמֶר לָהּ אֶלְקָנָה אִישָׁהּ חַנָּה לָמֶה תִבְכִּי וְלָמֶה לֹא תֹאכְלִי וְלָמֶה יֵרַע לְבָבֵךְ הֲלוֹא אָנֹכִי טוֹב לָךְ מֵעֲשָׂרָה בָּנִים: וַתָּקָם חַנָּה אַחֲרֵי אָכְלָה בְשִׁלֹה וְאַחֲרֵי שָׁתֹה וְעֵלִי הַכֹּהֵן יֹשֵׁב עַל הַכִּסֵּא עַל מְזוּזַת הֵיכַל ה'" (שמ"א א ח–ט). ההקשר השני הוא היעדר התגלותו של ה' בשילה: "בַּיָּמִים הָהֵם אֵין חָזוֹן נִפְרָץ" (שם ג א). ה' אינו מדבר בשילה עקב כעסו לנוכח הנעשה שם.

**מקום לשאלה** אם יסגירו אותו, שכן אמור להיות לו מובן מאליו שאנשי קעילה ינהגו כך. האפשרות שדוד מעלה על דעתו, שאנשי קעילה **לא** יסגירו אותו, מעידה שהוא סבור שאנשי קעילה 'חייבים לו', ועל בסיס חובה זו יהיו מוכנים להגן עליו אגב בגידה בנאמנותם למלכם שאול, ותודעה זו של דוד היא אשר מעוררת את תרעומתו של ה'. ה' רומז לדוד בשתיקתו כי הושעת העם היא דבר חיובי ורצוי, אולם טרם הגיע זמנו למלוך, ואל לו לדרוש את נאמנות העם במחיר בגידתם במלכם.

סיפור זה מדגים יפה את מצב הביניים העדין שדוד מצוי בו ואת חציית הגבול המסוכנת, עניין מרכזי גם בסיפור הבא.

פרק ו

# מי הוא 'משיח ה''? – כריתת מעילו של שאול במערה

וַיְהִי כַּאֲשֶׁר שָׁב שָׁאוּל מֵאַחֲרֵי פְּלִשְׁתִּים וַיַּגִּדוּ לוֹ לֵאמֹר הִנֵּה דָוִד בְּמִדְבַּר עֵין גֶּדִי: וַיִּקַּח שָׁאוּל שְׁלֹשֶׁת אֲלָפִים אִישׁ בָּחוּר מִכָּל יִשְׂרָאֵל וַיֵּלֶךְ לְבַקֵּשׁ אֶת דָּוִד וַאֲנָשָׁיו עַל פְּנֵי צוּרֵי הַיְּעֵלִים: וַיָּבֹא אֶל גִּדְרוֹת הַצֹּאן עַל הַדֶּרֶךְ וְשָׁם מְעָרָה וַיָּבֹא שָׁאוּל לְהָסֵךְ אֶת רַגְלָיו וְדָוִד וַאֲנָשָׁיו בְּיַרְכְּתֵי הַמְּעָרָה יֹשְׁבִים: וַיֹּאמְרוּ אַנְשֵׁי דָוִד אֵלָיו הִנֵּה הַיּוֹם אֲשֶׁר אָמַר ה' אֵלֶיךָ הִנֵּה אָנֹכִי נֹתֵן אֶת אֹיִבְךָ בְּיָדֶךָ וְעָשִׂיתָ לּוֹ כַּאֲשֶׁר יִטַב בְּעֵינֶיךָ וַיָּקָם דָּוִד וַיִּכְרֹת אֶת כְּנַף הַמְּעִיל אֲשֶׁר לְשָׁאוּל בַּלָּט (שמ"א כד א-ד).

מדוע דוד כורת את כנף מעילו של שאול? תשובה מקובלת על שאלה זו מבוססת על דברי דוד בהמשך הסיפור:

וַיֹּאמֶר דָּוִד לְשָׁאוּל לָמָּה תִשְׁמַע אֶת דִּבְרֵי אָדָם לֵאמֹר הִנֵּה דָוִד מְבַקֵּשׁ רָעָתֶךָ: הִנֵּה הַיּוֹם הַזֶּה רָאוּ עֵינֶיךָ אֵת אֲשֶׁר נְתָנְךָ ה' הַיּוֹם בְּיָדִי בַּמְּעָרָה וְאָמַר לַהֲרָגְךָ וַתָּחָס עָלֶיךָ וָאֹמַר לֹא אֶשְׁלַח יָדִי בַּאדֹנִי כִּי מְשִׁיחַ ה' הוּא: וְאָבִי רְאֵה גַּם רְאֵה אֶת כְּנַף מְעִילְךָ בְּיָדִי כִּי

> בְּכָרְתִי אֶת כְּנַף מְעִילְךָ וְלֹא הֲרַגְתִּיךָ דַּע וּרְאֵה כִּי אֵין בְּיָדִי רָעָה וָפֶשַׁע וְלֹא חָטָאתִי לָךְ וְאַתָּה צֹדֶה אֶת נַפְשִׁי לְקַחְתָּהּ (שם ט–יא).

דוד משתמש בכנף המעיל שבידו כראיה לכך שהיה יכול להרוג את שאול אך נמנע מלעשות זאת, עדות שאין בידו רעה ופשע. אבל האם באמת היו כוונותיו של דוד טהורות כל כך וכריתת המעיל נועדה מלכתחילה לשמש ראיה לחפותו ותו לא?

נתבונן שוב בפסוק זה על חלקיו: ׳ויאמרו אנשי דוד אליו הנה היום אשר אמר ה׳ אליך הנה אנוכי נותן את אוייבך בידך ועשית לו כאשר ייטב בעיניך ויקום דוד ויכרות את כנף המעיל אשר לשאול בלט׳. אנשי דוד מזהים את שאול המסך את רגליו במערה ומדרבנים את דוד לקום ולהורגו. דוד שומע את דבריהם, קם אל שאול וכורת את כנף מעילו. מה תכנן דוד לעשות כאשר קם אל שאול?

אם ניצמד לרעיון שדוד כרת את המעיל כדי שקריעתו תשמש ראיה לחפותו ולטוהר כוונותיו, מתקבלות כאן שתי דרכים דומות אך לא זהות להבנת הכתוב. אפשרות אחת היא שמלכתחילה קם דוד אל שאול **רק** כדי לכרות לו את כנף המעיל אך **לא** כדי להרוג אותו. הצעה זו נראית דחוקה בפשט הכתוב. הרי לאחר שכרת את כנף המעיל וחזר לאנשיו מנע דוד מאנשיו לגשת אל שאול ולהרוג אותו: ״וַיְשַׁסַּע דָּוִד אֶת אֲנָשָׁיו בַּדְּבָרִים וְלֹא נְתָנָם לָקוּם אֶל שָׁאוּל״ (שם ז). אם התנגד דוד בנחרצות רבה כל כך להריגתו של שאול, כפי שעולה מפורשות מפסוק זה, מדוע לא השמיע ולו הגה קל נגד הצעת אנשיו לקום ולהרוג את שאול? קריאת פסוק ד ברצף יוצרת את הרושם שדוד שמע להצעתם של אנשיו להרוג את שאול וקם ממקומו כדי להוציאה אל הפועל.

אפשרות שנייה היא שכאשר קם דוד אל שאול הוא באמת התכוון להורגו כעצת אנשיו, אבל אז, במפתיע, שינה את דעתו ורק כרת את כנף המעיל. ואולם גם הצעה זו דחוקה, שכן לחרטתו של דוד אין סימן וזכר בכתוב. אם אכן מדובר בשינוי תוכניתו של דוד ברגע האחרון, היינו מצפים להפסקה כלשהי בין שתי הפעולות, הקימה והכריתה, אולם בפסוק הן צמודות זו לזו ונקראות ברצף אחד.

אפשרות שלישית ומעניינת מציע הרלב"ג בפירושו לפסוק ד: "ויקם דוד ויכרת את כנף המעיל – יתכן לפי הפשט שכבר היה רצון דוד להרגו ולא השיג ממנו כי אם הכנף והתחרט אחר זה דוד על מחשבתו ואף על פי שהותר לו להורגו כי רודף היה".

לפי הרלב"ג, דוד קם כדי להרוג את שאול וניסה בפועל להרוג אותו אולם "לא השיג ממנו כי אם הכנף". פירוש זה מתחשב הן בהיעדר תגובה של דוד לנוכח עצת אנשיו להרוג את שאול, הן ברציפותן של פעולות הקימה והכריתה. ואולם הצעה זו קשה מטעם אחר. האם ייתכן שדוד, הלוחם המעולה, יחמיץ את המטרה במצב שבו שאול נמצא לבדו במערה, מסך את רגליו ונטול הגנה? ואם אכן החמיץ, האם ייתכן שניסיון כושל זה לא עורר את תשומת ליבו של שאול? שלא כהצעת הרלב"ג, נראה שדוד התכוון מלכתחילה לפעולה כירורגית ונקודתית של כריתת המעיל, ולכן עלה בידו לשמור על חשאיות בביצועה.

אני מבקש להציע עוד הצעה המתחשבת בשיקולים שהוצגו לעיל: דוד אומנם קיבל את עצתם של אנשיו להרוג את שאול וקם כדי לממשה, אבל לא על מנת לממשה בפועל, 'בידיים', אלא להכשיר את מימושה בידי אנשיו. הבנת העניין נעוצה במשמעותה של כריתת המעיל, ולשם כך נחזור לפרק טו, לסיפור קריעת מעילו של שמואל על ידי שאול.[1]

את קריעת המעיל שמואל מפרש כך: "וַיֹּאמֶר אֵלָיו שְׁמוּאֵל קָרַע ה' אֶת מַמְלְכוּת יִשְׂרָאֵל מֵעָלֶיךָ הַיּוֹם וּנְתָנָהּ **לְרֵעֲךָ הַטּוֹב מִמֶּךָּ**" (שם טו כח), ומכאן אנו למדים כי הבגד מסמל מלכות וקריעתו את ביטולה. לפי הקריאה שאנו מציעים, דוד מבקש לרמוז לשאול באמצעות כריתת מעילו כי איננו מלך עוד, ובו בזמן מבקש להכשיר את הריגתו בפועל על ידי אנשיו, פעולה שדוד מעדיף שלא לעשותה בעצמו. כריתת המעיל היא אפוא פעולה בעלת משמעת כפולה: היא מעלה לפני שאול את זיכרון קריעת מלכותו, המציפה את פחדיו העמוקים ביותר, ובה

1 עיינו על כך עוד לעיל בפרק ב בספר זה.

בעת מאפשרת לאנשיו לקום ולפגוע פיזית בשאול, שכן כולם מבינים עכשיו ששאול הוא כאחד האדם, רודף ואויב, ומותר לפגוע בו. אנשי דוד הבינו את הרמז וקמו להשלים את המלאכה, אולם דוד, שהבין לפתע את משמעות מעשיו, חזר בו ומנעם מלפגוע בשאול.

אפשרות זו מבהירה היטב גם את הפסוק הבא, המתאר את חרטתו העמוקה של דוד מייד לאחר שכרת את כנף המעיל: "וַיְהִי אַחֲרֵי כֵן וַיַּךְ לֵב דָּוִד אֹתוֹ עַל אֲשֶׁר כָּרַת אֶת כָּנָף אֲשֶׁר לְשָׁאוּל" (שם כד ה). לפי ההנחה שדוד התכוון 'רק' לכרות את כנף המעיל, מושא חרטתו של דוד הוא עצם השחתת המעיל. כך פירש אברבנאל בפירושו לפסוק ה: "וזכר הכתוב מחסידותו ויושר לבבו שגם הדבר הקטן ההוא מכריתת כנף מעילו נתחרט על מה שעשה אתו, שהיה בעיניו כמרים יד במלך, וזהו ויך לב דוד אותו כי חשב שמא יחשב בו עון בזה".

חרטתו העמוקה של דוד גם על 'דבר קטן' כמו כריתת מעיל ('דבר קטן' לפחות לעומת 'הדבר הגדול' שנמנע מלעשותו – הריגתו של שאול) היא עדות לחסידותו. זו קריאה אפשרית, אולם טבעי יותר לומר שחרטתו של דוד נעוצה בכך שעשה או התכוון לעשות משהו בעל משמעות פוגענית וחמורה יותר. לחלופין, לפי פירוש הרלב"ג שהוזכר לעיל, דוד התחרט עמוקות על שהתכוון להרוג את שאול, אף שבפועל החמיץ. אולם גם פירוש זה קשה, שכן הכתוב אומר מפורשות שדוד התחרט על **כריתת כנף המעיל** ולא על שהתכוון **להרוג את שאול.**

לעומת זאת לפי הצעתנו הפסוק מתפרש היטב: דוד התחרט עמוקות על כריתת כנף המעיל בשל משמעותה הפוגענית והחמורה של פעולתו.

## משיח ה'

הצעה פרשנית זו מאפשרת הבנה עמוקה יותר של הכינוי 'משיח ה'' שדוד מייחס לשאול: "וַיֹּאמֶר לַאֲנָשָׁיו חָלִילָה לִּי מֵה' אִם אֶעֱשֶׂה אֶת הַדָּבָר הַזֶּה לַאדֹנִי **לִמְשִׁיחַ ה'** לִשְׁלֹחַ יָדִי בּוֹ כִּי **מְשִׁיחַ ה'** הוּא [...] הִנֵּה הַיּוֹם

הַזֶּה רָאוּ עֵינֶיךָ אֵת אֲשֶׁר נְתָנְךָ ה' הַיּוֹם בְּיָדִי בַּמְּעָרָה וְאָמַר לַהֲרָגְךָ וַתָּחָס עָלֶיךָ וָאֹמַר לֹא אֶשְׁלַח יָדִי בַּאדֹנִי כִּי **מְשִׁיחַ ה' הוּא**" (שמ"א כד ו, י).

מדוע דוד מתייחס לשאול דווקא כאן – ובפעם הראשונה – כאל 'משיח ה''?

התשובה נעוצה בפרשנות שהצעתי לעיל. בכורתו את המעיל דוד מבטא כאמור את קריעת מלכותו של שאול. מצד אחד דוד מאמין ששאול איננו מלך עוד, ומצד אחר הוא חוזר בו מהרעיון **להרוג** את שאול. השימוש ברעיון 'משיח ה'' הוא פתרון אלגנטי למתח שבין שתי העמדות. דוד קובע כי אפשר להיות מלך באמצעות שני ערוצים. ערוץ אחד הוא ההתנהגות כמלך, ואומנם על פי זה שאול אינו מלך, שהרי אינו מתנהג כמלך. אבל, מחדש כאן דוד, יש ערוץ אחר שבו אפשר להפוך למלך: משיחה. מי שנמשח למלך הוא מלך גם אם אינו מתנהג כמלך!

המושג 'משיח ה'' הוא המצאה גאונית במובן נוסף: בעזרתה דוד לא רק מגונן על שאול אלא גם על עצמו, שהרי גם הוא עצמו נמשח למלך על פי ה' גם אם כרגע הוא עדיין אינו מתפקד כמלך הלכה למעשה. ואכן, בפרק יט בשמואל ב, המתאר את שובו של דוד לירושלים לאחר תום מרד אבשלום, אנו מגלים כי הרעיון של 'משיח ה'' הופנם היטב בסביבתו הקרובה של דוד. מסופר שם כי שמעי בן גרא, שקילל את דוד קללה נמרצת כאשר ברח מירושלים (ראו שמ"ב טז ז), ירד עם אנשי יהודה אל הירדן לברך את דוד בשובו בשלום ממלחמת מרד בנו. בראותו את שמעי, אבישי בן צרויה, שהיה אז האיש שהציע לדוד להרוג את שמעי, חוזר ומפציר בדוד להרוג את שמעי: "וַיַּעַן אֲבִישַׁי בֶּן צְרוּיָה וַיֹּאמֶר הֲתַחַת זֹאת לֹא יוּמַת שִׁמְעִי כִּי קִלֵּל אֶת מְשִׁיחַ ה'" (שם יט כב).

ואולם דוד מסרב וטוען לפני אבישי: "מַה לִּי וְלָכֶם בְּנֵי צְרוּיָה כִּי תִהְיוּ לִי הַיּוֹם לְשָׂטָן הַיּוֹם יוּמַת אִישׁ בְּיִשְׂרָאֵל כִּי הֲלוֹא יָדַעְתִּי כִּי הַיּוֹם אֲנִי מֶלֶךְ עַל יִשְׂרָאֵל: וַיֹּאמֶר הַמֶּלֶךְ אֶל שִׁמְעִי לֹא תָמוּת וַיִּשָּׁבַע לוֹ הַמֶּלֶךְ" (שם כג-כד).

דוד אומנם מסרב כאן לעצתו של אבישי, אולם לימים, בצוואתו לבנו שלמה, הוא מוודא ששמעי לא יינקה. במבט לאחור על דברי

דוד לאבישי יש לשים דגש מיוחד על המילה 'היום': '**היום** יומת איש בישראל? כי הלוא ידעתי כי **היום** אני מלך על ישראל'. היום איש לא יומת; בעתיד – יומת.

## לקיחת החנית וצפחת המים

דאגתו של דוד לעצמו וייאושו המוחלט מתיקון היחסים עם שאול משתקפים בבירור בסיפור המקביל לסיפור זה: "וַיָּקָם דָּוִד וַיָּבֹא אֶל הַמָּקוֹם אֲשֶׁר חָנָה שָׁם שָׁאוּל וַיַּרְא דָּוִד אֶת הַמָּקוֹם אֲשֶׁר שָׁכַב שָׁם שָׁאוּל וְאַבְנֵר בֶּן נֵר שַׂר צְבָאוֹ וְשָׁאוּל שֹׁכֵב בַּמַּעְגָּל וְהָעָם חֹנִים סְבִיבֹתָו: וַיַּעַן דָּוִד וַיֹּאמֶר אֶל אֲחִימֶלֶךְ הַחִתִּי וְאֶל אֲבִישַׁי בֶּן צְרוּיָה אֲחִי יוֹאָב לֵאמֹר מִי יֵרֵד אִתִּי אֶל שָׁאוּל אֶל הַמַּחֲנֶה וַיֹּאמֶר אֲבִישַׁי אֲנִי אֵרֵד עִמָּךְ" (שמ"א כו ה-ו).

מעניין לשים לב לזהותם של שני האנשים שדוד פונה אליהם בבקשה שילוו אותו אל המחנה – אבישי בן צרויה ואחימלך. את אבישי בן צרויה אנו מכירים, הוא שמציע לדוד להרוג את שאול. ואשר לאחימלך, איננו יודעים מיהו אחימלך זה, אבל אנו זוכרים היטב ששמו של כוהן נוב שהרג שאול היה אחימלך, והדבר אינו נשמע מקרי. שני האנשים שמלווים את דוד בדרכו אל שאול אינם אנשים ניטרליים. בסופו של דבר דוד מונע מאבישי להרוג את שאול:

> וַיֹּאמֶר דָּוִד אֶל אֲבִישַׁי אַל תַּשְׁחִיתֵהוּ כִּי מִי שָׁלַח יָדוֹ בִּמְשִׁיחַ ה' וְנִקָּה: וַיֹּאמֶר דָּוִד חַי ה' כִּי אִם ה' יִגָּפֶנּוּ אוֹ יוֹמוֹ יָבוֹא וָמֵת אוֹ בַמִּלְחָמָה יֵרֵד וְנִסְפָּה: חָלִילָה לִּי מֵה' מִשְּׁלֹחַ יָדִי בִּמְשִׁיחַ ה' וְעַתָּה קַח נָא אֶת הַחֲנִית אֲשֶׁר מְרַאֲשֹׁתָיו וְאֶת צַפַּחַת הַמַּיִם וְנֵלְכָה לָּנוּ (שם ט-יא).

דוד אומנם מונע מאבישי להרוג את שאול אבל עם זאת מדבר בחופשיות על האפשרות ששאול ימות, רק לא מידו. נראה שבראש מעייניו עומד רצונו להישאר נקי מדמים.

דוד יורד אל מחנה שאול ולוקח ממנו את חניתו ואת צפחת המים

שלו, ולאחר מכן קורא אל אבנר שר צבאו של שאול: "הֲלוֹא אִישׁ אַתָּה וּמִי כָמוֹךָ בְּיִשְׂרָאֵל וְלָמָּה לֹא שָׁמַרְתָּ אֶל אֲדֹנֶיךָ הַמֶּלֶךְ כִּי בָא אַחַד הָעָם לְהַשְׁחִית אֶת הַמֶּלֶךְ אֲדֹנֶיךָ: לֹא טוֹב הַדָּבָר הַזֶּה אֲשֶׁר עָשִׂיתָ חַי ה' כִּי בְנֵי מָוֶת אַתֶּם אֲשֶׁר לֹא שְׁמַרְתֶּם עַל אֲדֹנֵיכֶם עַל מְשִׁיחַ ה' וְעַתָּה רְאֵה אֵי חֲנִית הַמֶּלֶךְ וְאֶת צַפַּחַת הַמַּיִם אֲשֶׁר מְרַאֲשֹׁתָיו" (שם טו-טז).

כשם שכריתת המעיל מציפה בשאול את פחדיו מקריעת המלכות ממנו, כך לקיחת החנית וצפחת המים מציפה בו את הפחד כי אנשיו אינם נאמנים ומסורים לו. בפרק כב שאול טוען לפני אנשיו כי אינם נאמנים לו, שהם קושרים נגדו עם דוד ואינם מגלים את אוזנו. כאן דוד טוען לפני אבנר שהוא ואנשיו מפקירים את שאול, שאינם שומרים עליו כיאות. דברי דוד מכוונים לכאורה לאבנר, אבל למעשה, הם מיועדים לאוזני שאול: הוא רומז לו שפחדיו אמת, שאנשיו אינם נאמנים ומסורים לו.

נסכם: את כנף המעיל שבידו דוד מצליח למנף בפיקחות רבה לראיה לחפותו ולצדיקותו, היינו שאף שהיה בידו לפגוע בשאול נמנע מלעשות כן והחליט 'רק' לכרות את המעיל: "הִנֵּה הַיּוֹם הַזֶּה רָאוּ עֵינֶיךָ אֵת אֲשֶׁר נְתָנְךָ ה' הַיּוֹם בְּיָדִי בַּמְּעָרָה וְאָמַר לַהֲרָגְךָ וַתָּחָס עָלֶיךָ וָאֹמַר לֹא אֶשְׁלַח יָדִי בַּאדֹנִי כִּי מְשִׁיחַ ה' הוּא: וְאָבִי רְאֵה גַּם רְאֵה אֶת כְּנַף מְעִילְךָ בְּיָדִי כִּי בְּכָרְתִי אֶת כְּנַף מְעִילְךָ וְלֹא הֲרַגְתִּיךָ דַּע וּרְאֵה כִּי אֵין בְּיָדִי רָעָה וָפֶשַׁע וְלֹא חָטָאתִי לָךְ וְאַתָּה צֹדֶה אֶת נַפְשִׁי לְקַחְתָּהּ" (שם י-יא).

כאמור, על פי הצעתי, זהו מסגור מחודש של משמעות האירוע המקורי שכוון לפגוע בשאול פגיעה חמורה. אם אכן נכונים דבריי, יותר משהפרק מדגיש את צדיקותו וחפותו של דוד הוא מבטא את הקונפליקט שבו הוא מצוי: מצד אחד הוא נמשח למלך ועתיד להיות המלך, ומצד אחר שאול הוא המלך בפועל, וגם הוא 'משיח ה''. הקונפליקט, שבא לידי ביטוי בשני הפרקים הקודמים, לובש צורה אחרת, קיצונית יותר, בפרק כה, בעימות עם נבל הכרמלי.

## פרק ז

# דוד ונבל הכרמלי

הפרק פותח בהצגת דמותו של נבל: "וְאִישׁ בְּמָעוֹן וּמַעֲשֵׂהוּ בַכַּרְמֶל וְהָאִישׁ גָּדוֹל מְאֹד וְלוֹ צֹאן שְׁלֹשֶׁת אֲלָפִים וְאֶלֶף עִזִּים וַיְהִי בִּגְזֹז אֶת צֹאנוֹ בַּכַּרְמֶל: וְשֵׁם הָאִישׁ נָבָל וְשֵׁם אִשְׁתּוֹ אֲבִגָיִל וְהָאִשָּׁה טוֹבַת שֶׂכֶל וִיפַת תֹּאַר וְהָאִישׁ קָשֶׁה וְרַע מַעֲלָלִים וְהוּא כָלִבִּי" (שמ"א כה ב–ג).

תיאורו של נבל כאדם קשה ורע מעללים מטרים את המשך הסיפור:

וַיִּשְׁמַע דָּוִד בַּמִּדְבָּר כִּי גֹזֵז נָבָל אֶת צֹאנוֹ: וַיִּשְׁלַח דָּוִד עֲשָׂרָה נְעָרִים וַיֹּאמֶר דָּוִד לַנְּעָרִים עֲלוּ כַרְמֶלָה וּבָאתֶם אֶל נָבָל וּשְׁאֶלְתֶּם לוֹ בִשְׁמִי לְשָׁלוֹם: וַאֲמַרְתֶּם כֹּה לֶחָי וְאַתָּה שָׁלוֹם וּבֵיתְךָ שָׁלוֹם וְכֹל אֲשֶׁר לְךָ שָׁלוֹם: וְעַתָּה שָׁמַעְתִּי כִּי גֹזְזִים לָךְ עַתָּה הָרֹעִים אֲשֶׁר לְךָ הָיוּ עִמָּנוּ לֹא הֶכְלַמְנוּם וְלֹא נִפְקַד לָהֶם מְאוּמָה כָּל יְמֵי הֱיוֹתָם בַּכַּרְמֶל: שְׁאַל אֶת נְעָרֶיךָ וְיַגִּידוּ לָךְ וְיִמְצְאוּ הַנְּעָרִים חֵן בְּעֵינֶיךָ כִּי עַל יוֹם טוֹב בָּנוּ בָּאנוּ תְּנָה נָּא אֵת אֲשֶׁר תִּמְצָא יָדְךָ לַעֲבָדֶיךָ וּלְבִנְךָ לְדָוִד (שם ד–ח).

במבט ראשון נראה כי אין מוצדקת מבקשתו של דוד. הרי הוא ואנשיו שמרו על צאנו של נבל בשדה במסירות רבה, ומדוע שלא ייתן נבל לו ולאנשיו שכר חלף עבודתם? עוד דברים אפשר לומר בשבח בקשתו

של דוד. ראשית, דוד אינו נוקב בהיקף התמורה הנדרשת אלא מאפשר לנבל להחליט מה לתת, 'תנה נא את אשר תמצא ידך'. שנית, הוא מציע לנבל לאמת עם נעריו את העובדות שהוא מתאר, 'שאל את נעריך ויגידו לך'. שלישית, הוא מקפיד לדבר אל נבל בנימוס. הוא פותח בשלום משולש, 'ואתה שלום וביתך שלום וכל אשר לך שלום', ומוסיף מילות תחנונים והתרפסות '**וימצאו הנערים חן בעיניך**... אשר תמצא ידך **לעבדיך ולבנך** לדוד'.

ובכל זאת נבל דוחה את הבקשה על הסף: "וַיַּעַן נָבָל אֶת עַבְדֵי דָוִד וַיֹּאמֶר מִי דָוִד וּמִי בֶן יִשָׁי הַיּוֹם רַבּוּ עֲבָדִים הַמִּתְפָּרְצִים אִישׁ מִפְּנֵי אֲדֹנָיו: וְלָקַחְתִּי אֶת לַחְמִי וְאֶת מֵימַי וְאֵת טִבְחָתִי אֲשֶׁר טָבַחְתִּי לְגֹזְזָי וְנָתַתִּי לַאֲנָשִׁים אֲשֶׁר לֹא יָדַעְתִּי אֵי מִזֶּה הֵמָּה" (שם י-יא). לא רק שנבל אינו מוכן לתת לדוד דבר, אלא הוא מצהיר בלשון גסה כי אינו מכיר בדוד ומכנה אותו עבד הבורח מפני אדוניו.

דוד בתגובה מורה לאנשיו לחגור את חרבם כדי להשיב לנבל כגמולו: "וַיֹּאמֶר דָּוִד לַאֲנָשָׁיו חִגְרוּ אִישׁ אֶת חַרְבּוֹ וַיַּחְגְּרוּ אִישׁ אֶת חַרְבּוֹ וַיַּחְגֹּר גַּם דָּוִד אֶת חַרְבּוֹ וַיַּעֲלוּ אַחֲרֵי דָוִד כְּאַרְבַּע מֵאוֹת אִישׁ וּמָאתַיִם יָשְׁבוּ עַל הַכֵּלִים" (שם יג).

כנגד שלושת מופעי המילה 'שלום' בבקשת דוד מופיעה עכשיו החרב שלוש פעמים. את תוכנית החרב של דוד מגלה לנו הכתוב בהמשך הסיפור: "וְדָוִד אָמַר אַךְ לַשֶּׁקֶר שָׁמַרְתִּי אֶת כָּל אֲשֶׁר לָזֶה בַּמִּדְבָּר וְלֹא נִפְקַד מִכָּל אֲשֶׁר לוֹ מְאוּמָה וַיָּשֶׁב לִי רָעָה תַּחַת טוֹבָה:[1] כֹּה יַעֲשֶׂה אֱלֹהִים לְאֹיְבֵי דָוִד וְכֹה יֹסִיף אִם אַשְׁאִיר מִכָּל אֲשֶׁר לוֹ עַד הַבֹּקֶר מַשְׁתִּין בְּקִיר" (שם כא-כב). אם כן, דוד התכוון להרוג כל זכר בביתו

1 אלטר, סיפור דוד, מראה יפה כי במקומות רבים במהלך הספר הכתוב איננו חושף לפנינו את מניעיו ומחשבותיו של דוד. המקום הזה דווקא יוצא דופן: הכתוב מספר לנו מה חשב דוד, ובמקרה זה המחשבה מאירה את דוד באור בעייתי מאוד, כמי שפעל מלכתחילה על תנאי של קבלת טובה עתידית: השמירה שהעניק לנבל נתפסת בעיניו כשווא ושקר משום שהלה לא שילם לו כלום!

של נבל. אילולי התערבותה של אביגיל, מתברר, מביתו של נבל לא היה נותר דבר.

מחבר הסיפור מתאר את נבל כאיש קשה ורע מעללים, תיאור קולע לכאורה, אך גם האנשים הקרובים לו ביותר אינם חוסכים ממנו את שבט ביקורתם. כך למשל אומר אחד מנערי נבל לאביגיל לאחר שנבל משיב ריקם את פני נערי דוד: "וְעַתָּה דְּעִי וּרְאִי מַה תַּעֲשִׂי כִּי כָלְתָה הָרָעָה אֶל אֲדֹנֵינוּ וְעַל כָּל בֵּיתוֹ וְהוּא בֶּן בְּלִיַּעַל מִדַּבֵּר אֵלָיו" (שם יז).

הכינוי 'בן בלייעל' לנבל חוזר בדברי אביגיל לדוד, והיא אף מוסיפה ודורשת את השם 'נבל' מלשון נבלה:[2] "אַל נָא יָשִׂים אֲדֹנִי אֶת לִבּוֹ אֶל **אִישׁ הַבְּלִיַּעַל** הַזֶּה עַל נָבָל **כִּי כִשְׁמוֹ כֶּן הוּא נָבָל שְׁמוֹ וּנְבָלָה עִמּוֹ** וַאֲנִי אֲמָתְךָ לֹא רָאִיתִי אֶת נַעֲרֵי אֲדֹנִי אֲשֶׁר שָׁלָחְתָּ" (שם כה).

להעצמת הגנאי נציין כי כינויו של האיש מהדהד בבירור את הפסוק בשירת האזינו בספר דברים:

> הַצּוּר תָּמִים פָּעֳלוֹ כִּי כָל דְּרָכָיו מִשְׁפָּט אֵל אֱמוּנָה וְאֵין עָוֶל צַדִּיק וְיָשָׁר הוּא: שִׁחֵת לוֹ לֹא בָּנָיו מוּמָם דּוֹר עִקֵּשׁ וּפְתַלְתֹּל: **הֲ לַה' תִּגְמְלוּ זֹאת** עַם **נָבָל** וְלֹא חָכָם הֲלוֹא הוּא אָבִיךָ קָּנֶךָ הוּא עָשְׂךָ וַיְכֹנְנֶךָ (דברים לב ד-ו).

נבל, שהשיב לדוד "רָעָה תַּחַת טוֹבָה" (שמ"א כה כא), נוהג כמו עם ישראל המתוארים בשירת האזינו כמי שגומלים לה' רעה תחת טובה ומכונים בשל כך 'עם נבל'. התכחשותו של נבל לדוד ואנשיו היא אכן מעשה נבלה, אך האם התמונה באמת חד־צדדית לרעת נבל ולטובת דוד?

2 הסיפור משחק פעמיים נוספות עם השם 'נבל'. ראשית, אביגיל מביאה לדוד בין היתר שני **נבלי** יין (שמ"א כה יח). שנית, כשהיא אומרת לדוד בהמשך "יִהְיוּ **כְנָבָל** אֹיְבֶיךָ" (שם כו) אפשר שכוונתה היא מלשון לנבול ולקמול, כגון "נָבֹל תִּבֹּל" (שמות יח יח).

## חרבו של דוד

סימן מחשיד לכך שאף טליתו של דוד בסיפור זה איננה כולה תכלת הוא התוקפנות שבה הגיב על סירובו של נבל לשלם את שכרו. גם אם נכון שנבל הוא קמצן רע לב שהשפיל את דוד, האם מותר בשל כך להרוג אותו, כל שכן להרוג את כל אנשי ביתו?

הביקורת מתחדדת אם נשווה למשל את סיפורנו לסיפור הריגת שמעון ולוי באנשי העיר שכם. יעקב גינה בחריפות את המעשה שעשו שמעון ולוי, אולם במקרה זה אפשר להציג טעמים לזכותם. אומנם רק שכם, בנו של חמור, אנס את דינה, אולם נראה שלא בכדי כל העיר קרויה שכם על שמו, וכנראה גם הם אינם נקיי כפיים לחלוטין. כפי שציין מאיר שטרנברג, אנשי שכם הסכימו למול את עצמם רק לאחר ששמעו על הרווח הגדול שהם עתידים להפיק מהתקשרות זו: ״מִקְנֵהֶם וְקִנְיָנָם וְכָל בְּהֶמְתָּם הֲלוֹא לָנוּ הֵם אַךְ נֵאוֹתָה לָהֶם וְיֵשְׁבוּ אִתָּנוּ״ (בראשית לד כג).[3]

לעומת זאת קשה למצוא כאן טעמים לזכותו של דוד. אם חטא נבל, מה חטאו אנשי ביתו? לביקורת זו יש הד בכתוב, הקושר במרומז בין דמותו של דוד לדמותו של עשיו: דוד החוגר את חרבו מקביל לעשיו, שעליו נאמר ״וְעַל חַרְבְּךָ תִחְיֶה״ (בראשית כז מ); דוד ההולך לבית נבל בלוויית ארבע מאות איש מקביל לעשיו ההולך לקראת יעקב בבואו מבית לבן ״וְעִמּוֹ אַרְבַּע מֵאוֹת אִישׁ״ (שם לג א). עוד מעניין לציין שעשיו ודוד הם שתי הדמויות המקראיות היחידות המתוארות בכתוב בתואר ׳אדמוני׳ (בראשית כה כה; שמ״א טז יב; שם יז מב), כינוי הרומז אף הוא לאודם הדם.

עוצמת זעמו המתפרץ של דוד מתחדדת על רקע התחבולות המגוונות שמפעילה אביגיל אשת נבל כדי לגרום לדוד להשיב את חרבו לנדנה. בפתח דבריה היא טוענת שלא ראתה את הנערים שבאו לדרוש את התשלום על השמירה. לכל אורך המפגש היא מפגינה כניעה

3 ראו שטרנברג, פואטיקה, עמ׳ 466.

והתבטלות: עם הגעתה היא משתחווה לפני דוד ארצה, מכנה את עצמה לפני דוד מספר רב של פעמים 'אמתך' ומביאה לו 'ברכה' – מנחה, ביטוי לבקשת מחילה.

ואולם עיקר העיקרים הוא המהלך הדיפלומטי המתוחכם שהיא נוקטת. אביגיל איננה מציבה את עצמה בחזית מול דוד אלא יוצרת רושם מובהק שהיא לטובתו, איתו ולא נגדו, ובכך מאפשרת לו לסגת בו מכוונתו המקורית בלי שהסכמתו זו תהיה כניעה. מהלך זה בא לידי ביטוי בשתי פנים: ראשית, היא איננה מעלה כל פקפוק בעצם קיומה של העוולה שנגרמה לו, במעשה הנבלה. יתרה מזו, היא מציבה את עצמה עם דוד באותו צד, ומנגד היא מעמידה את שלל אויביו וחורשי רעתו ובהם את נבל אישה, שהיא מכנה איש בלייעל, 'נבל שמו ונבלה עימו'.

שנית, כשהיא מתארת את ההשלכות הרעות שעלולות להיות לנקמתו היא שמה את הדגש כמעט רק **עליו עצמו**, בכפיו הנקיות של מי שעתיד להיות נגיד על ישראל אשר יוכתמו בדם חינם: "כִּי עָשֹׂה יַעֲשֶׂה ה' לַאדֹנִי בַּיִת נֶאֱמָן כִּי מִלְחֲמוֹת ה' אֲדֹנִי נִלְחָם וְרָעָה לֹא תִמָּצֵא בְךָ מִיָּמֶיךָ [...] וְלֹא תִהְיֶה זֹאת לְךָ לְפוּקָה וּלְמִכְשׁוֹל לֵב לַאדֹנִי וְלִשְׁפָּךְ דָּם חִנָּם וּלְהוֹשִׁיעַ אֲדֹנִי לוֹ וְהֵיטִב ה' לַאדֹנִי וְזָכַרְתָּ אֶת אֲמָתֶךָ" (שם כה כח, לא). כמעט נוצר הרושם שהחף מפשע העיקרי שיוכתם בדם אינו מי שיספוג את מכת חרבו של דוד שלא במשפט אלא דווקא מניף החרב – דוד.

זאת ועוד, לא מן הנמנע שאביגיל פנתה לא רק לשכלו ולליבו של דוד אלא גם ליצרו. לא זו בלבד שהיא מציבה את עצמה בצד שלו ובה בעת משמיעה דברי גינוי בולטים כלפי אישה, היא מוסיפה רמז בדבר אפשרות לקשר עתידי ביניהם: 'ולא תהיה זאת לך לפוקה ולמכשול לב לאדוני ולשפוך דם חינם ולהושיע אדוני לו והיטיב ה' לאדוני וזכרת את אמתך'.

דבריה עמומים, ולא ברור מה טיבו של זיכרון זה שעליו היא מדברת, אולם ייתכן שהמשך הסיפור מבאר אותו למפרע כקשר נישואין, שכן לאחר מות נבל, כידוע, לקח דוד את אביגיל

לאישה.[4] הד לצליל האינטימי שנלווה לפגישתם של דוד ואביגיל נשמע כבר בתיאור הגעתה של אביגיל אל דוד: "וְהָיָה הִיא רֹכֶבֶת עַל הַחֲמוֹר וְיֹרֶדֶת **בְּסֵתֶר הָהָר** וְהִנֵּה דָוִד וַאֲנָשָׁיו יֹרְדִים לִקְרָאתָהּ וַתִּפְגֹּשׁ אֹתָם" (שם כ).

**תיאור ירידתה של אביגיל 'בסתר ההר', שלא ברור כלל לשם מה נצרך, שולח את הקוראים לפרשה מקראית שעניינה אישה נשואה הנסתרת עם גבר זר – פרשת סוטה בספר במדבר: "אִישׁ אִישׁ כִּי תִשְׂטֶה**

4 חז"ל ביקרו את אביגיל על דברים אלו: "והטיב ה' לאדני וזכרת את אמתך, אמר רב נחמן: היינו דאמרי אינשי: איתתא בהדי שותא פילכא" (בבלי, מגילה יד ע"ב). ופירש רש"י: "עם שהאשה מדברת היא טווה, כלומר, עם שהיא מדברת עמו על בעלה – הזכירה לו את עצמה, שאם ימות ישאנה". בירושלמי הביקורת כלפי אביגיל חריפה במיוחד: "וזכרת את אמתך – מלמד שפקרה עצמה וכיון שפקרה עצמה פגמה הכתוב. בכל קרייא את קרי אביגיל בר מהדין פסוקא ויאמר דוד לאביגל ברוך השם וגו'. מבוא בדמים דם נידה ושפיכות דמים" (ירושלמי [וילנא] סנהדרין ב, ג). עוד יש לציין כי מהירות היענותה של אביגיל לשליחי דוד שבאו לדבר בנישואיה לדוד מעוררת את הרושם שהיא רק חיכתה להזמנה זו, ונראה כי יש בכך טעם לפגם. לאמיתו של דבר הסיפור מעורר את החשד שלאביגיל יש יד במותו של נבל. נשים לב לתזמון שבו אביגיל בוחרת לספר לנבל על מה שקרה. אביגיל מספרת לנבל את הסיפור למחרת המשתה שערך בביתו, 'בצאת היין' ממנו. ברור שכשנבל שיכור אי אפשר לספר לו דבר. מנגד, אנשים בשעה שפג יינם פגיעים יותר נפשית ופיזית. התופעה המכונה חמרמורת (*Hangover*) כרוכה בתסמינים פיזיולוגיים ונפשיים, כגון עייפות, קושי בריכוז וחרדות. במילים אחרות, ייתכן שאביגיל, באמצעות תזמון הסיפור, גרמה בעצמה – אולי אפילו במכוון – למיתתו של נבל. לצד אלו אפשר שביקורת על פעולותיה של אביגיל נשמעת משני הקשרים נוספים בהמשך סיפורי דוד. ראשית, מעניין לראות שבכל מקום שאביגיל נזכרת כאשת דוד במהלך הפרקים הבאים היא מוצגת בצמוד לעברה, "אֲבִיגַיִל אֵשֶׁת נָבָל הַכַּרְמְלִי" (ראו שמ"א ל ה; שמ"ב ב ב; שם ג ג). נוסף על כך ברשימת בני דוד המופיעה בתחילת שמואל ב נזכר כלאב, בנה של אביגיל, כבן השני לאחר הבכור אמנון ("וּמִשְׁנֵהוּ כִלְאָב לַאֲבִיגַיִל אֵשֶׁת נָבָל הַכַּרְמְלִי"), אולם מההמשך נראה כי מעולם לא היה מועמד של ממש לרשת את כיסא אביו.

אִשְׁתּוֹ וּמָעֲלָה בוֹ מָעַל: וְשָׁכַב אִישׁ אֹתָהּ שִׁכְבַת זֶרַע וְנֶעְלַם מֵעֵינֵי אִישָׁהּ **וְנִסְתְּרָה** וְהִיא נִטְמָאָה" (במדבר ה יב-יג).[5]

בין שהכתוב שולח ביקורת מרומזת כלפי אביגיל ובין שלאו, חשוב להיצמד לעיקר: מהלכיה של אביגיל מנעו מדוד 'מבוא בדמים' והצילו נפשות רבות. יש להוסיף כאן כי סיפור התערבותה של אביגיל 'טובת השכל', כלשון הכתוב, הוא חלק מדפוס סיפורי מעניין ובולט המצוי בספר שמואל: אישה שבחוכמתה מביאה שלום ופיוס ומונעת שפיכות דמים. לצד סיפור אביגיל ישנו הסיפור המופיע בפרק יד בשמואל ב על אודות האישה החכמה מתקוע שגייס יואב על מנת שתגרום לפיוס בין דוד לאבשלום. הדוגמה השנייה מופיעה בפרק כ בשמואל ב, ששם מסופר על 'האישה החכמה' (ראו שם פסוק טז) שגרמה להסרת המצור שהטיל יואב על עירה ולהצלת אנשיה באמצעות חיסולו של שבע בן בכרי, שמצא בעיר מסתור.

ואולם כשם שמגוון התחבולות שאביגיל מפעילה הן עדות לתבונתה, כך הן משמשות עדות ל'אדמוניותו' של דוד. ואכן, אפשר למצוא הקבלות רבות בין האמצעים שיעקב נוקט כדי לפייס את עשיו אחיו הבא לקראתו לבין מהלכי הפיוס של אביגיל. הן יעקב הן אביגיל משתחווים ארצה ומביאים מנחה – ברכה – להפגנת כניעה ובקשת מחילה.[6] יעקב מכנה את עשיו 'אדוני' שוב ושוב, ואביגיל את עצמה – 'אמתך'.

הביטוי 'לשאת פנים' במשמעות של סליחה מופיע גם הוא בשני הסיפורים. יעקב אומר לשליחיו לומר לעשיו: "גַּם הִנֵּה עַבְדְּךָ יַעֲקֹב אַחֲרֵינוּ, כִּי אָמַר אֲכַפְּרָה פָנָיו בַּמִּנְחָה הַהֹלֶכֶת לְפָנָי וְאַחֲרֵי כֵן אֶרְאֶה פָנָיו,

5 הצליל הזה לא נעלם מאוזני חז"ל: "אמר רבה בר שמואל על עסקי דם הבא מן הסתרים נטלה דם והראתה לו [...] מלמד שגילתה את שוקה והלך לאורה ג' פרסאות" (בבלי, מגילה יד ע"א).

6 מנחתו של יעקב מכונה בדרך כלל 'מנחה', אולם לקראת סוף הסיפור גם 'ברכה' (ראו בראשית לג יא).

אוּלַי יִשָּׂא פָנָי" (בראשית לב כא), ודוד אומר לאביגיל: "עֲלִי לְשָׁלוֹם לְבֵיתֵךְ רְאִי שָׁמַעְתִּי בְקוֹלֵךְ וָאֶשָּׂא פָּנָיִךְ" (שמ"א כה לה).

וכמובן, בסופו של דבר הצליחו שניהם והצילו נפשות רבות.

הדפוס הכללי של סיפור דוד ונבל מטרים, כמובן בהחלשה, את סיפור חטאו הגדול של דוד שמתרחש בימי מלכותו, קרי חטאו בבת שבע ואוריה.[7] כשם שדוד כמעט הורג את נבל ואנשי ביתו ונושא לבסוף את אביגיל אשת נבל, כך דוד הורג בפועל את אוריה ולוקח את אשתו בת שבע. הכתוב קושר בין שני הסיפורים באופן מאלף: בשניהם השלום מתהפכת לחרב.

השלום המשולש שבו דוד פותח מול נבל, "וַאֲמַרְתֶּם כֹּה לֶחָי וְאַתָּה **שָׁלוֹם** וּבֵיתְךָ **שָׁלוֹם** וְכֹל אֲשֶׁר לְךָ **שָׁלוֹם**" (שם ו), מתהפך כשנבל מסרב לשלם לדוד ונעשה לחרב הנזכרת בכתוב שלוש פעמים: "וַיֹּאמֶר דָּוִד לַאֲנָשָׁיו חִגְרוּ אִישׁ אֶת **חַרְבּוֹ** וַיַּחְגְּרוּ אִישׁ אֶת **חַרְבּוֹ** וַיַּחְגֹּר גַּם דָּוִד אֶת **חַרְבּוֹ** וַיַּעֲלוּ אַחֲרֵי דָוִד כְּאַרְבַּע מֵאוֹת אִישׁ וּמָאתַיִם יָשְׁבוּ עַל הַכֵּלִים" (שם יג).

כך קורה גם לשלום המשולש שבו דוד פותח כשהוא פוגש את אוריה, "וַיָּבֹא אוּרִיָּה אֵלָיו וַיִּשְׁאַל דָּוִד **לִשְׁלוֹם** יוֹאָב **וְלִשְׁלוֹם** הָעָם **וְלִשְׁלוֹם** הַמִּלְחָמָה" (שמ"ב יא ז), המתהפך לחרב בהריגת אוריה שנתן הנביא מזכיר בתוכחתו שלוש פעמים: "מַדּוּעַ בָּזִיתָ אֶת דְּבַר ה' לַעֲשׂוֹת הָרַע בעינו בְּעֵינַי אֵת אוּרִיָּה הַחִתִּי הִכִּיתָ **בַחֶרֶב** וְאֶת אִשְׁתּוֹ לָקַחְתָּ לְּךָ לְאִשָּׁה וְאֹתוֹ הָרַגְתָּ **בְּחֶרֶב** בְּנֵי עַמּוֹן: וְעַתָּה לֹא תָסוּר **חֶרֶב** מִבֵּיתְךָ עַד עוֹלָם עֵקֶב כִּי בְזִתָנִי וַתִּקַּח אֶת אֵשֶׁת אוּרִיָּה הַחִתִּי לִהְיוֹת לְךָ לְאִשָּׁה" (שם יב ט–י).

כמובן, נבל היה נבל, ואילו אוריה חף מפשע, ובנקודה זו אין להשוות בין הסיפורים. עם זה ניכרים בסיפור נבל ניצני כוחניות של דוד, ניצנים שהגיעו לשיאם בחטא בת שבע ואוריה.

תגובתו החריפה והלא מידתית של דוד אמורה להפנות אותנו להעריך מחדש את בקשתו המקורית מנבל. ראשית מתגלה למפרע

7 על הקשר בין סיפור נבות לסיפור בת שבע ראו בפרק ט בספר זה.

שעל אף ההצגה הרכה והמנומסת אין זו בקשה אלא **דרישה**, וסירוב לה גורר לא פחות מעונש מוות קיבוצי. שנית, נשים לב שדוד שולח אל נבל עשרה מנעריו. זהו נתון משונה; מדוע אינו מסתפק במספר מצומצם יותר של אנשים? התשובה נראית פשוטה: אף שדוד אומר לנבל 'תנה נא את אשר תמצא ידך', הוא רומז לו באמצעות מספר האנשים הגבוה כי הוא מצפה לשכר רב שתישא המשלחת.

יתרה מזו – וכאן אנו נוגעים במישור תשתיתי יותר של הסיפור – עצם דרישת השכר של דוד מנבל צריכה עיון. כפי שציינתי לעיל, קריאה ראשונית של דרישת דוד מעוררת את הרושם שאין מוצדקת ממנה. דוד טוען: "אַךְ לַשֶּׁקֶר שָׁמַרְתִּי אֶת כָּל אֲשֶׁר לָזֶה בַּמִּדְבָּר וְלֹא נִפְקַד מִכׇּל אֲשֶׁר לוֹ מְאוּמָה וַיָּשֶׁב לִי רָעָה תַּחַת טוֹבָה" (שמ"א כה כא), אולם גם אם דוד ואנשיו שמרו במסירות על צאנו של נבל (אין סיבה לפקפק בכך, וכך מעידים גם נערי נבל), דוד יכול אולי לבקש מנבל תשלום על השמירה, אולם לא מוצדק **לדרוש** על כך שכר. למעשה, דוד מאלץ את נבל לקבל ממנו את טובת השמירה ולשלם עליה. מדוע דוד נוהג כך? הסיבה, כך נראה, היא שדוד תופס מעצמו מלך שתפקידו להגן על נתיניו, והמיסים מגיעים לו בצדק ובדין.

רמז התומך במחשבה שלפיה דוד נוהג כאן כמלך אפשר למצוא בתחילת הסיפור. יש מן הפרשנים ששאלו מה ראה הכתוב לציין דווקא בתחילת סיפורנו כי שמואל מת:[8] "וַיָּמׇת שְׁמוּאֵל וַיִּקָּבְצוּ כׇל יִשְׂרָאֵל וַיִּסְפְּדוּ לוֹ וַיִּקְבְּרֻהוּ בְּבֵיתוֹ בָּרָמָה וַיָּקׇם דָּוִד וַיֵּרֶד אֶל מִדְבַּר פָּארָן" (שם א).

כפי שהצענו בפרק ב לעיל, מיתת שמואל שותפו של שאול היא גם מיתת הנהגתם המשותפת. אפשר אפוא שדוד סבר שמיתת שמואל חתמה את פרק מלכותו של שאול, ועתה הגיעה שעתו לשבת על כס המלוכה.

אני מציע כי שאלת מעמדו של דוד קשורה קשר מעניין גם לסיפור הגעת דוד אל נוב עיר הכוהנים. בין סיפור נבל ודוד לסיפור

8 ראו למשל בפירוש רד"ק ואלשיך.

נוב מתגלה קשר מעניין ומפתיע. נבל מכנה את דוד 'עבד מתפרץ', עבד היוצא מתחת יד אדונו, מורד בו.[9] כינוי זה מחזיר אותנו לסיפור נוב, שבו אחימלך, שהגיש סיוע ל'עבד המתפרץ' דוד, הומת כבוגד, ועימו כל יתר כוהני נוב (למעט אביתר)! לא מן הנמנע אפוא שסירובו של נבל לתת לדוד מנכסיו אינו רק תוצאה של קמצנותו אלא גם של פחד מפני נקמתו האיומה של שאול אם יחשוד בו שסייע לאויבו דוד. הקשר לנוב מעלה בחריפות את שאלת מעמדו של דוד; האם דוד הוא 'עבד', כדברי נבל, משרת המורד באדונו, ומכאן שאין כל בסיס לתביעת השכר שלו (וכל שכן לתגובתו הקיצונית משלא נענה), שכן לא מתפקידו להגן על העם, או שמא הוא מלך הדורש בצדק מס מנתיניו?

## סיכום

מאז משח אותו שמואל למלך דוד אינו יושב בחיבוק ידיים אלא מפלס את דרכו אל כס המלוכה. תחילה הוא מבסס את קשריו עם משפחת שאול כשהוא נעשה לחתן המלך, ולאחר מכן עם מוסד הכהונה עם הגעתו לנוב. אבל כפי שראינו, צעדים ומהלכים אלו אינם נטולי מחיר. מי שמשלם אותו הם האנשים הפשוטים, כדוגמת בנותיו של שאול ושמונים וחמישה כוהני נוב.

דוד נמשח אומנם למלך, אולם הוא עדיין איננו מלך בפועל ואינו אמור לתפקד כך בינתיים. בסיפורים שמתוארים בהם נדודיו ומנוסתו מפני שאול באה לידי ביטוי התמודדותו של דוד עם הקונפליקט הזה, קונפליקט שאני מציע לראות בו מעין ניסיון ובחינה לתפיסתו העצמית. דוד, לטענתי, לא תמיד עמד יפה בניסיון זה; הוא תפס מעצמו מלך ופעל כמלך אף שהיה עליו להמתין באיפוק לבוא שעתו.

9 הכינוי 'עבד מתפרץ' רומז למוצאו של דוד מבית פרץ בן יהודה, אם כי הספר אינו מייחס את דוד מפורשות לפרץ אלא רק מגילת רות. את התיאור 'כלבי' שניתן לנבל יש שפירשו כצאצא לכלב בן יפונה, ואפשר שיש כאן רמז למתח פנימי בתוך תוכי שבט יהודה, בין פרץ לבין כלב.

שאלות בדבר ניקיונו המוסרי של דוד ימשיכו ללוות אותנו אף לפרקים הבאים, שבהם יעסוק עיוננו בדוד **המלך** – דוד היושב בפועל על כיסא המלוכה.

חלק שלישי

# דוד על כיסא המלוכה

# פתיחה

פרק ח בספר שמואל ב, המתאר את ניצחונותיו של דוד על אויביו, נחתם בפסקה הזאת:

> וַיִּמְלֹךְ דָּוִד עַל כָּל יִשְׂרָאֵל וַיְהִי דָוִד עֹשֶׂה מִשְׁפָּט וּצְדָקָה לְכָל עַמּוֹ: וְיוֹאָב בֶּן צְרוּיָה עַל הַצָּבָא וִיהוֹשָׁפָט בֶּן אֲחִילוּד מַזְכִּיר: וְצָדוֹק בֶּן אֲחִיטוּב וַאֲחִימֶלֶךְ בֶּן אֶבְיָתָר כֹּהֲנִים וּשְׂרָיָה סוֹפֵר: וּבְנָיָהוּ בֶּן יְהוֹיָדָע וְהַכְּרֵתִי וְהַפְּלֵתִי וּבְנֵי דָוִד כֹּהֲנִים הָיוּ (שמ״ב ח טו-יח).

החתימה בנויה משני חלקים. בחלקה הראשון מוצג אפיון חיובי מאוד של דוד כמלך, 'ויהי דוד עושה משפט וצדקה לכל עמו',[1] ובחלקה השני רשימת בעלי התפקידים הבכירים בממלכה.

חתימה דומה בצורתה מופיעה באשר לשאול המלך:

> וְשָׁאוּל לָכַד הַמְּלוּכָה עַל יִשְׂרָאֵל וַיִּלָּחֶם סָבִיב בְּכָל אֹיְבָיו בְּמוֹאָב וּבִבְנֵי עַמּוֹן וּבֶאֱדוֹם וּבְמַלְכֵי צוֹבָה וּבַפְּלִשְׁתִּים, וּבְכֹל אֲשֶׁר יִפְנֶה יַרְשִׁיעַ: וַיַּעַשׂ חַיִל וַיַּךְ אֶת עֲמָלֵק וַיַּצֵּל אֶת יִשְׂרָאֵל מִיַּד שֹׁסֵהוּ: וַיִּהְיוּ

1 הביטוי 'משפט וצדקה' מופיע בספר בראשית כתיאור פועלו של אברהם, העושה "צְדָקָה וּמִשְׁפָּט" (בראשית יח יט). על הקשרים הספרותיים ההדוקים שבין דמותו של דוד לדמותו של אברהם ראו בחלק הרביעי בספר זה.

> בְּנֵי שָׁאוּל יוֹנָתָן וְיִשְׁוִי וּמַלְכִּישׁוּעַ וְשֵׁם שְׁתֵּי בְנֹתָיו שֵׁם הַבְּכִירָה מֵרַב וְשֵׁם הַקְּטַנָּה מִיכַל: וְשֵׁם אֵשֶׁת שָׁאוּל אֲחִינֹעַם בַּת אֲחִימָעַץ וְשֵׁם שַׂר צְבָאוֹ אֲבִינֵר בֶּן נֵר דּוֹד שָׁאוּל: וְקִישׁ אֲבִי שָׁאוּל וְנֵר אֲבִי אַבְנֵר בֶּן אֲבִיאֵל (שמ"א יד מז-נא).

גם פסקה זו בנויה משני חלקים. בחלקה הראשון מופיע תיאור חיובי מאוד של מלכות שאול, העושה חיל ומושיע את עמו. חלקה השני הוא רשימת שמות הכוללת בעיקר את בני משפחתו הקרובה של שאול וכן בעל תפקיד חשוב בממלכה – שר הצבא אבנר בן נר.

עד כה טוב ויפה, אולם מקומן של שתי החתימות מעורר שאלה: לכאורה מדובר במעין סיכום, אולם טרם הסתיימה תקופת המלכות הן של שאול הן של דוד!

התשובה שאני מציע על שאלה זו דומה גם היא בשני המקרים: שתי החתימות המציגות את שני המלכים באור חיובי ומוצלח מוצבות כמעין סיום לתקופה, ולאחריה חלה הידרדרות של ממש בתפקודם, כזו העומדת במתח ואפילו בסתירה לאהדה שבה הוצגו בחתימות האלה. באשר לשאול, הכתוב כולל בתיאור האוהד את הצלחתו בהכאת עמלק, ולא זו בלבד, הוא אף רומז באמצעות חזרה על המילה 'סביב' כי שאול קיים את מצוות התורה למחות את עמלק.

בספר דברים נוסח הציווי כך: "וְהָיָה בְּהָנִיחַ ה' אֱלֹהֶיךָ לְךָ מִכָּל אֹיְבֶיךָ **מִסָּבִיב** בָּאָרֶץ אֲשֶׁר ה' אֱלֹהֶיךָ נֹתֵן לְךָ נַחֲלָה לְרִשְׁתָּהּ תִּמְחֶה אֶת זֵכֶר עֲמָלֵק מִתַּחַת הַשָּׁמָיִם לֹא תִּשְׁכָּח" (דברים כה יט), וכך מילא שאול את הציווי על פי ספר שמואל: "וְשָׁאוּל לָכַד הַמְּלוּכָה עַל יִשְׂרָאֵל וַיִּלָּחֶם **סָבִיב** בְּכָל אֹיְבָיו בְּמוֹאָב וּבִבְנֵי עַמּוֹן וּבֶאֱדוֹם וּבְמַלְכֵי צוֹבָה וּבַפְּלִשְׁתִּים וּבְכֹל אֲשֶׁר יִפְנֶה יַרְשִׁיעַ" (שמ"א יד מז). ואולם מפליא שמייד לאחר החתימה, בפרק טו, מתואר חטאו של שאול **בעמלק** על תוצאותיו הטרגיות.

גם בחתימה הנוגעת לדוד המבנה דומה. הפסוקים מציגים אותו כמי שעושה צדקה ומשפט, אולם רצף הסיפורים הבאים מייד לאחר מכן – הטיפול במפיבושת (שמ"ב ט), משלחת הניחומים לחנון בן

נחש העמוני (שם יא), בת שבע ואוריה (שם יב), אמנון ותמר (שם יג) – מפנים בדרך כזו או אחרת אצבע מאשימה כלפי דוד ומערערים על הקביעה שדוד עושה צדקה ומשפט.

לפני הקוראים מוצגות אפוא שתי נקודות מבט על שאול ועל דוד העומדות במתח זו מול זו. הראשונה היא אמירה כללית המציגה את פועלם באור אוהד וחיובי, והשנייה, העולה מן הסיפורים – ביקורתית. עם זאת דומני שמבין השתיים נכון להעניק משקל מיוחד דווקא לסיפורים המתארים פיסות ממשיות מהחיים, ובכך נתמקד להלן.

פרק ח

# "עוֹד בֵּן לִיהוֹנָתָן נְכֵה רַגְלָיִם": על חסדו של דוד למפיבושת

דוד קורא אליו את ציבא, מעבדי שאול, ושואל אותו אם נותר מישהו מבית שאול לעשות עימו חסד "בַּעֲבוּר יְהוֹנָתָן" (שמ"ב ט א). ציבא מזכיר באוזני דוד את דבר קיומו של בן נכה רגליים הנמצא במקום הנקרא לוֹ דְבָר.[1] דוד מזמֵן את מפיבושת ונותן לו את כל שדה אביו.

1 מפיבושת נזכר בפעם הראשונה בפרק ד: "וְלִיהוֹנָתָן בֶּן שָׁאוּל בֵּן נְכֵה רַגְלָיִם בֶּן חָמֵשׁ שָׁנִים הָיָה בְּבֹא שְׁמֻעַת שָׁאוּל וִיהוֹנָתָן מִיִּזְרְעֶאל וַתִּשָּׂאֵהוּ אֹמַנְתּוֹ וַתָּנֹס וַיְהִי בְּחָפְזָהּ לָנוּס וַיִּפֹּל וַיִּפָּסֵחַ וּשְׁמוֹ מְפִיבֹשֶׁת" (שמ"ב ד ד). הקשרו של פסוק זה בפרק המתאר את מותו של איש בושת שגרמו רכב ובענה נראה תלוש במבט ראשון. ואולם היא הנותנת; המספר רומז כי לשאול אין צאצא שימשיך את מלכותו. בנו האחד, איש בושת, נרצח, ונכדו מפיבושת, בנו של יונתן, הוא אדם נכה רגליים שאינו ראוי למלוכה. מפיבושת, ששמו כולל את המילה בושת, בושה, שנעשה נכה בבוא השמועה על מות שאול ויונתן בקרב עם פלשתים, הוא מקבילו המקראי של איכבוד, בנו של פינחס בן עלי. שם זה נתנה לו אימו כששמעה על שביית ארון האלוהים בידי פלשתים ועל מות חמיה ואישה, ובעת מותה קראה לבנה הנולד איכבוד כי "גָּלָה כָבוֹד מִיִּשְׂרָאֵל" (שמ"א ד כב). ההקבלה בין איכבוד לבין מפיבושת עמוקה אף יותר וקשורה לזיקה כללית, שלא נרחיב עליה כאן, של בית עלי לבית שאול. איכבוד מגלם בחייו את נפילת בית עלי, וכך גם

הוא אף מצווה על ציבא לעבוד את אדמתו של מפיבושת ולספק לו לחם באופן סדיר.

לכאורה דוד עושה מעשה אצילי של חסד: הוא מבטא נאמנות לברית שכרת עם יונתן בגומלו חסד עם בנו, ונראה כי הוא מממש הלכה למעשה את דברי השבח שהורעפו עליו בחתימת הפרק הקודם: "וַיְהִי דָוִד עֹשֶׂה מִשְׁפָּט וּצְדָקָה לְכָל עַמּוֹ" (שם ח טו). יתרה מזו, לעומת הזלזול שציבא מפגין כלפי מפיבושת נכה הרגליים, זלזול שאולי נועד לרמוז לדוד שאין כל עניין להתאמץ בעבור הבן הזה, דוד אינו מוותר על כוונתו לעשות עימו חסד, חוקר ודורש ולוקח את מפיבושת אליו.

אלא שקריאה נוספת חושפת תמונה אחרת, ביקורתית.

ראשית, מדוע דוד נזכר לעשות זאת עכשיו, לאחר שנים רבות כל כך? הרי יונתן השביע אותו שלא יכרית את חסדו מעם ביתו (שמ"א כ טו). האם זהו הביטוי לדאגה ולאכפתיות המיוחלות?!

שנית, דוד רוצה לעשות חסד עם יונתן ועם בית שאול על סמך שבועתו להם (ראו שמ"א כד), אך לא מצאנו שעשה חסד עם איש מצאצאיהם למעט מפיבושת. כלומר, כשדוד מחליט לעשות חסד הוא מוצא לפניו אדם אחד ויחיד. כמה חסד כבר אפשר לעשות עם אדם אחד? האם כך תתממש שבועתו הגדולה לשאול וליונתן? נראה שדוד החמיץ את ההזדמנות, שכן כמעט שלא נותר איש מבית שאול לעשות איתו חסד.[2]

מפיבושת. מפיבושת מגלם בעצם חייו את נפילת בית שאול. דוד אינו הורג את מפיבושת כי הוא נשבע ליונתן, אבל יש לו גם רווח פוליטי שקשה שלא לחשוב עליו: השארת מפיבושת בחיים משרתת גם את דוד; היא מנכיחה את כישלונה של מלכות בית שאול, שדוד שאף להתנתק ממנה. בפרק שלאחר מכן מופיע עניין דומה: החסד שדוד עושה עם חנון בן נחש העמוני, שביקש לעקור את מלכות שאול, הוא המלך שניצח שאול ניצחון מוחץ.

2 נשים לב לפסוקים שבהם מתואר ציוויו של דוד לציבא: "וְעָבַדְתָּ לּוֹ אֶת הָאֲדָמָה אַתָּה וּבָנֶיךָ וַעֲבָדֶיךָ וְהֵבֵאתָ וְהָיָה לְבֶן אֲדֹנֶיךָ לֶּחֶם וַאֲכָלוֹ וּמְפִיבֹשֶׁת בֶּן אֲדֹנֶיךָ יֹאכַל תָּמִיד לֶחֶם עַל שֻׁלְחָנִי וּלְצִיבָא חֲמִשָּׁה עָשָׂר בָּנִים וְעֶשְׂרִים עֲבָדִים" (שמ"ב ט י). לכאורה ציבא מעבד את האדמה בעבור מפיבושת, בעל השדה האוכל על

שלישית – ועיקר – ייתכן שמפיבושת היה זקוק לחסד וייתכן שלא (לא נאמר בכתוב שמפיבושת נזקק לחסד או שביקש חסד), אולם ברור לכול שהאופן שבו דוד עושה עימו חסד רק מזיק למפיבושת ברבות הימים. דוד מצווה על ציבא עבדו לעבוד את אדמת מפיבושת ולהאכילו כאחד מבני המלך, כלומר מצווה על ציבא להיות עבדו של מפיבושת ולמלא את כל צרכיו. ואולם ציבא עצמו איננו עבד ממש. אנו מגלים מייד שלעבד הזה עצמו יש עשרים עבדים, ובכלל, מן הפסוקים מצטיירת דמות של אדם כוחני ושתלטן. האדון הזה נצטווה אפוא לשמש עבד לאדם נכה רגליים, וזה כמובן מתכון לצרות; אין לתמוה על שלאחר זמן התנכל למפיבושת ונעשה יריב מושבע שלו.

הטיפול של דוד בסכסוך שנתגלע לאחר זמן בין מפיבושת לציבא מעיב שבעתיים על תמונת החסד הזאת. דוד בורח מירושלים אל המדבר מפני בנו אבשלום, וציבא בא לקראתו עמוס כל טוב: "וְדָוִד עָבַר מְעַט מֵהָרֹאשׁ וְהִנֵּה צִיבָא נַעַר מְפִיבֹשֶׁת לִקְרָאתוֹ וְצֶמֶד חֲמֹרִים חֲבֻשִׁים וַעֲלֵיהֶם מָאתַיִם לֶחֶם וּמֵאָה צִמּוּקִים וּמֵאָה קַיִץ וְנֵבֶל יָיִן: וַיֹּאמֶר הַמֶּלֶךְ אֶל צִיבָא מָה אֵלֶּה לָּךְ וַיֹּאמֶר צִיבָא הַחֲמוֹרִים לְבֵית הַמֶּלֶךְ לִרְכֹּב ולהלחם וְהַלֶּחֶם וְהַקַּיִץ לֶאֱכוֹל הַנְּעָרִים וְהַיַּיִן לִשְׁתּוֹת הַיָּעֵף בַּמִּדְבָּר" (שמ"ב טז א–ב).

בראותו את ציבא דוד דורש לדעת "וְאַיֵּה בֶּן אֲדֹנֶיךָ" (שם ג), היכן מפיבושת. נשמע כי דוד מתלונן שמפיבושת לא ירד אליו למדבר עם ציבא, אולם תלונה זו איננה במקומה. ראשית, הרי מפיבושת נכה רגליים וההליכה קשה לו, ושנית – לאיזה צורך יחבור אליו? כיצד

שולחנו של דוד. ואולם במפתיע המספר מוסיף כמה מילים היוצרות מעין סתירה בפסוק. מצד אחד 'והבאת והיה **לבן אדוניך לחם ואכלו**', ומצד שני 'ומפיבושת בן אדוניך **יאכל** תמיד **לחם על שולחני**'. אם כן, מהיכן מפיבושת אוכל? האם הוא אוכל מידי ציבא, המפיק לחם מן השדה שהוא עובד בעבור מפיבושת, או על שולחנו של המלך? מי נותן לו את הלחם? אני מציע כי הסרבול בתיאור אכילת הלחם, קרי בתיאור החסד שדוד מבקש לעשות עם מפיבושת, מבטא בדיוק את הבעייתיות של אותו חסד. זה חסד מסורבל ומבולבל. גם אם דוד רוצה לעשות חסד עם מפיבושת, הוא כבר אינו יכול, הוא איחר את הרכבת.

יוכל אדם נכה רגליים לסייע לו בשעה זו? הצרימה המוסרית הנלווית לנימת התלונה של דוד כלפי מפיבושת תגבר אם נעמיד מולה את דבריו לאיתי הגִתי בפרק הקודם, לאחר שאיתי מבקש ממנו להצטרף אליו במנוסתו אחרי פרוץ המרד: "וַיֹּאמֶר הַמֶּלֶךְ אֶל אִתַּי הַגִּתִּי לָמָּה תֵלֵךְ גַּם אַתָּה אִתָּנוּ שׁוּב וְשֵׁב עִם הַמֶּלֶךְ כִּי נָכְרִי אַתָּה וְגַם גֹּלֶה אַתָּה לִמְקוֹמֶךָ: תְּמוֹל בּוֹאֶךָ וְהַיּוֹם אֲנִיעֲךָ עִמָּנוּ לָלֶכֶת וַאֲנִי הוֹלֵךְ עַל אֲשֶׁר אֲנִי הוֹלֵךְ שׁוּב וְהָשֵׁב אֶת אַחֶיךָ עִמָּךְ חֶסֶד וֶאֱמֶת" (שם טו יט-כ).

דוד מצפה ממפיבושת נכה הרגלים לרדת אל המדבר, ואילו באיתי הגִתי הוא מפציר להישאר במקומו. מכל מקום, ציבא משיב על שאלת דוד כך: "הִנֵּה יוֹשֵׁב בִּירוּשָׁלַם כִּי אָמַר הַיּוֹם יָשִׁיבוּ לִי בֵּית יִשְׂרָאֵל אֵת מַמְלְכוּת אָבִי" (שם טז ג). דוד בשומעו זאת פוסק בו במקום: "הִנֵּה לְךָ כֹּל אֲשֶׁר לִמְפִיבֹשֶׁת" (שם ד). אך מניין לו לדוד שציבא אינו משקר? מדוע לא חקר ובירר את הסיפור לפני שפסק את דינו? דוד פועל שלא כשורה כאשר הוא פוסק דין במעמד צד אחד בלבד.[3]

יתרה מזו, טענתו של ציבא נראית משוללת היגיון מעיקרה. מלכתחילה לא ברור מדוע האמין דוד לסיפור שסיפר לו ציבא בגנות מפיבושת. הרי ההיתכנות של מצב עניינים שבו ישיבו לו את המלוכה אפסית, ואף אם מפיבושת חשב על כך אין אלו אלא דמיונות בעלמא; ראוי יותר לרחם עליו כעל אדם שיצא מדעתו מלכעוס עליו. דוד לא חקר ולא דרש ולא שאל את עצמו את השאלות האלה. נראה כי העדיף ללכת עם בעל הכוח – ציבא – על אף דבריו המופרכים, במקום ללכת עם מפיבושת הישר אך חלש ומוגבל.

כאשר דוד חוזר לירושלים מפיבושת נמנה עם מקבלי פניו: "וּמְפִבֹשֶׁת בֶּן שָׁאוּל יָרַד לִקְרַאת הַמֶּלֶךְ וְלֹא עָשָׂה רַגְלָיו וְלֹא עָשָׂה שְׂפָמוֹ וְאֶת בְּגָדָיו לֹא כִבֵּס לְמִן הַיּוֹם לֶכֶת הַמֶּלֶךְ עַד הַיּוֹם אֲשֶׁר בָּא בְשָׁלוֹם" (שם יט כה). מתברר אפוא כי מפיבושת נהג בעצמו אבלות מיום לכתו

3 ראו בתלמוד: "שמע בין אחיכם ושפטתם – אמר רבי חנינא: אזהרה לבית דין שלא ישמע דברי בעל דין קודם שיבא בעל דין חבירו, ואזהרה לבעל דין שלא יטעים דבריו לדיין קודם שיבא בעל דין חבירו" (בבלי, סנהדרין ז ע"ב).

של המלך מירושלים. מובן שעובדה זו סותרת בעליל את דברי ציבא; לא רק שמפיבושת אינו ממתין למפלת המלך ולמלכות אביו שתשוב אליו, כפי שטען ציבא, אלא נהפוך הוא: הוא ממתין לדוד בציפייה ובתקווה כי ישוב לביתו בשלום.

דוד רואה את סממני האבלות ואמור להסיק מהם את המסקנה המתבקשת, ובכל זאת שואל את מפיבושת מדוע לא הלך עימו: "וַיְהִי כִּי בָא יְרוּשָׁלַם לִקְרַאת הַמֶּלֶךְ וַיֹּאמֶר לוֹ הַמֶּלֶךְ לָמָּה לֹא הָלַכְתָּ עִמִּי מְפִיבֹשֶׁת" (שם כו). ומפיבושת משיב:

> וַיֹּאמַר אֲדֹנִי הַמֶּלֶךְ עַבְדִּי רִמָּנִי כִּי אָמַר עַבְדְּךָ אֶחְבְּשָׁה לִּי הַחֲמוֹר וְאֶרְכַּב עָלֶיהָ וְאֵלֵךְ אֶת הַמֶּלֶךְ כִּי פִסֵּחַ עַבְדֶּךָ: וַיְרַגֵּל בְּעַבְדְּךָ אֶל אֲדֹנִי הַמֶּלֶךְ וַאדֹנִי הַמֶּלֶךְ כְּמַלְאַךְ הָאֱלֹהִים וַעֲשֵׂה הַטּוֹב בְּעֵינֶיךָ: כִּי לֹא הָיָה כָּל בֵּית אָבִי כִּי אִם אַנְשֵׁי מָוֶת לַאדֹנִי הַמֶּלֶךְ וַתָּשֶׁת אֶת עַבְדְּךָ בְּאֹכְלֵי שֻׁלְחָנֶךָ וּמַה יֶּשׁ לִי עוֹד צְדָקָה וְלִזְעֹק עוֹד אֶל הַמֶּלֶךְ (שם כז-כט).

מפיבושת טוען לפני דוד שציבא רימה אותו והלך בלעדיו אל דוד, ולא זו בלבד, הוא אף הילך עליו רכיל, ריגל בו, מסר לדוד דברי שקר על אודותיו.[4] כך או כך, מפיבושת אומר למלך לעשות הטוב בעיניו ומביע את תודתו העמוקה למלך על שלא המית אותו הגם שהוא בן למשפחת שאול ואפילו לקח אותו אליו להיות מאוכלי שולחנו. ואולם אף שניכרים דברי אמת, המלך נסוג נסיגה חלקית בלבד מהחלטתו הקודמת ואינו פוקד להשיב למפיבושת את כל נכסיו הגזולים. בחוסר

4 מפיבושת נכה הרגליים טוען כי עבדו ריגל בו. מעניין לראות שהליכה ברגליים נזכרת כמה פעמים בתיאור בריחת דוד מירושלים אל המדבר בתחילת המרד (שמ"ב טו טז-יח). ייתכן שהכתוב מטרים כאן רמז להמשך הסיפור שאף הוא נושא השתמעות ביקורתית כלפי דוד: כל מי שיכול לצאת ברגליו יצא, אולם למפיבושת אין יכולת לצאת ברגליו!

סבלנות מופגן הוא משיב למפיבושת: "וַיֹּאמֶר לוֹ הַמֶּלֶךְ לָמָּה תְּדַבֵּר עוֹד דְּבָרֶיךָ אָמַרְתִּי אַתָּה וְצִיבָא תַּחְלְקוּ אֶת הַשָּׂדֶה" (שם ל).

מעשיו של דוד מעוררים תהייה רבה: מה עניינה של פשרה זו לכאן? חלוקת השדה נראית מעשה חסר היגיון משפטי, שהרי ציבא ומפיבושת אינם בבחינת שניים האוחזים בטלית וכל אחד אומר "כולה שלי".[5] במקרה שלפנינו היה ראוי לברר תחילה את העובדות.

לאחר שמפיבושת שומע את פסק הדין המעודכן הוא אומר לדוד: "וַיֹּאמֶר מְפִיבֹשֶׁת אֶל הַמֶּלֶךְ גַּם אֶת הַכֹּל יִקָּח אַחֲרֵי אֲשֶׁר בָּא אֲדֹנִי הַמֶּלֶךְ בְּשָׁלוֹם אֶל בֵּיתוֹ" (שם לא). מפיבושת מדגיש לדוד כי מבחינתו ציבא יכול לקחת את הכול – 'גם את הכול ייקח' – וכי הדבר החשוב היחיד הוא שהמלך בא בשלום אל ביתו. הדו־שיח בין מפיבושת לדוד מציף מייד ביקורת נוספת כלפי דוד, נוקבת מכל קודמותיה.

מתברר אפוא כי דוד היה סבור שמפיבושת התגונן בפניו על דברי ציבא הכוזבים כדי לשכנעו לחזור בו מפסק דינו ולקבל את נכסיו בחזרה, ואילו למפיבושת לא היה כל אינטרס כזה. הוא אסיר תודה לדוד על כל אשר גמלו, ומתברר כי כל רצונו היה לראותו שב אל ביתו בשלום. במילים אחרות, דוד מניח כמובן מאליו שמפיבושת יצא לברכו רק בשל מניע אישי צר – שאיפתו לקבל לידיו את השדה. הוא אינו מעלה על דעתו כי מפיבושת שמח בו ואוהב אותו ללא תנאי. ייחוס האינטרס למפיבושת מסגיר מיניה וביה, בבחינת 'כל הפוסל במומו פוסל', את האופן שבו פעל דוד עצמו לאורך הסיפור כששם נר לרגליו את התועלת שיכול להפיק מהמצב.[6]

5 חז"ל השמיעו ביקורת חריפה על חלוקת השדה: "אמר רב יהודה אמר רב: בשעה שאמר דוד למפיבשת אתה וציבא תחלקו את השדה יצתה בת קול ואמרה לו: רחבעם וירבעם יחלקו את המלוכה. אמר רב יהודה אמר רב: אילמלי לא קיבל דוד לשון הרע לא נחלקה מלכות בית דוד, ולא עבדו ישראל עבודה זרה, ולא גלינו מארצנו" (בבלי, שבת נו ע"ב).

6 פוקלמן, I, עמ' 38–40, 304.

## מפיבושת בן יונתן ופרשת ירי החיצים

מפיבושת דומה לאביו יונתן באצילות נפשו וביכולתו לאהוב אדם אחר אהבה שאינה תלויה בדבר, וכדי לראות זאת נחזור לפרשת ירי החיצים בפרק כ בשמואל א. יונתן סיכם עם דוד המסתתר בשדה שירמוז לו באמצעות ירי חיצים וקריאה אל הנער את אשר עליו לעשות:

> וַאֲנִי שְׁלֹשֶׁת הַחִצִּים צִדָּה אוֹרֶה לְשַׁלַּח לִי לְמַטָּרָה: וְהִנֵּה אֶשְׁלַח אֶת הַנַּעַר לֵךְ מְצָא אֶת הַחִצִּים אִם אָמֹר אֹמַר לַנַּעַר הִנֵּה הַחִצִּים מִמְּךָ וָהֵנָּה קָחֶנּוּ וָבֹאָה כִּי שָׁלוֹם לְךָ וְאֵין דָּבָר חַי ה׳: וְאִם כֹּה אֹמַר לָעֶלֶם הִנֵּה הַחִצִּים מִמְּךָ וָהָלְאָה לֵךְ כִּי שִׁלַּחֲךָ ה׳ (שמ״א כ כ-כב).

לנוכח זעמו המתפרץ של שאול יונתן מבין ״כִּי כָלָה הִיא מֵעִם אָבִיו לְהָמִית אֶת דָּוִד״ (שם לג). הכרתו בחומרת המצב גורמת לו להוסיף על מה שסיכם עם דוד מלכתחילה; לקריאה ׳הלוא החצי ממך והלאה׳ שסוכמה מראש הוא מוסיף שלוש מילות זירוז שאמורות לרמוז לדוד על הדחיפות שבדבר: ״וַיָּבֹא הַנַּעַר עַד מְקוֹם הַחֵצִי אֲשֶׁר יָרָה יְהוֹנָתָן וַיִּקְרָא יְהוֹנָתָן אַחֲרֵי הַנַּעַר וַיֹּאמֶר הֲלוֹא הַחֵצִי מִמְּךָ וָהָלְאָה: וַיִּקְרָא יְהוֹנָתָן אַחֲרֵי הַנַּעַר מְהֵרָה חוּשָׁה אַל תַּעֲמֹד וַיְלַקֵּט נַעַר יְהוֹנָתָן אֶת הַחִצִּים וַיָּבֹא אֶל אֲדֹנָיו״ (שם לז-לח).

ואולם למרבה הפליאה, במקום שינוס על נפשו דוד מגיח ממחבואו וניגש אל יונתן: ״הַנַּעַר בָּא וְדָוִד קָם מֵאֵצֶל הַנֶּגֶב וַיִּפֹּל לְאַפָּיו אַרְצָה וַיִּשְׁתַּחוּ שָׁלֹשׁ פְּעָמִים וַיִּשְּׁקוּ אִישׁ אֶת רֵעֵהוּ וַיִּבְכּוּ אִישׁ אֶת רֵעֵהוּ עַד דָּוִד הִגְדִּיל״ (שם מא).

לשם מה אפוא נועדו כל הרמיזות האלה אם בסופו של דבר דוד פוגש את יונתן פנים אל פנים?[7] אני מציע כי דוד באמת חרג מן התכנון

7 רד״ק ופרשנים אחרים הוטרדו משאלה זו וטענו כי הסימנים האלה ניתנו מלכתחילה מתוך מחשבה שבשדה יימצאו אנשים נוספים, אולם כאשר התברר לדוד ויונתן כי אין איש בשדה (יונתן שלח את נערו אל העיר) והם לבדם, קם

המקורי. כאשר דוד שומע את קריאתו של רעו יונתן המזרזת אותו לקום ולברוח הוא מבין שמישהו כאן דואג באמת ובתמים להצלתו, וזאת גם במחיר ויתור על כס המלוכה ומאבק קשה ומסוכן נגד אביו. דוד מכיר אל נכון בעובדה שניצב לפניו איש מעלה נדיר, אציל נפש. ממחזה מפעים שכזה דוד אינו מסוגל להתנתק ולברוח; חרף הסיכון שבדבר הוא מגיח ממחבואו וניגש אל יונתן, משתחווה לפניו ומנשק אותו, ושניהם בוכים 'עד דוד הגדיל'.

כשדוד חלש ופגיע הוא מצליח להבחין בגדולת נפשו של יונתן. תגובתו הספונטנית, שיש בה גם סיכון עצמי, היא עדות מובהקת לרגישותו המוסרית הגבוהה, המתבלטת בהקשרים נוספים לאורך ספר שמואל. אבל זה לא כל הסיפור, ולא רק אנו הקוראים כבר יודעים זאת, אלא גם יונתן. גם באותו רגע מרטיט של קרבה וגילוי לב יונתן יודע כי רגישותו המוסרית של דוד עלולה להתקהות לאחר שיצבור כוח. הוא מחבק ומנשק אותו, אולם כאשר הוא משלחו הוא מזכיר לו את השבועה שנשבע לו בעבר שלא יכרית את חסדו מעם ביתו (ראו בפסוק טו): "וַיֹּאמֶר יְהוֹנָתָן לְדָוִד לֵךְ לְשָׁלוֹם אֲשֶׁר נִשְׁבַּעְנוּ שְׁנֵינוּ אֲנַחְנוּ בְּשֵׁם ה' לֵאמֹר ה' יִהְיֶה בֵּינִי וּבֵינֶךָ וּבֵין זַרְעִי וּבֵין זַרְעֲךָ עַד עוֹלָם" (שם מב).

בין יונתן לדוד יש סוד – רק הם יודעים אותו – 'ה' **ביני ובינך**'.[8] אבל היבט של אותה קרבה אינטימית הוא היכרות מעמיקה ולא נאיבית של יונתן עם נפש רעו. הוא חוזר ומזכיר לדוד שנשבע להגן על המשפחה שלו. לך לשלום, הוא אומר לדוד, אבל אל תשכח, אל תהרוג את הילדים שלי!

דוד ונפגש פנים אל פנים עם יונתן. אבל פירוש זה קשה, שהרי אם לא היה איש בשדה, יונתן היה צריך לשים לב לכך מלכתחילה. אם כן, מדוע ירה את החיצים בפועל ואף הוסיף שלל מילות זירוז לדוד?

8 מעניין לראות שהנער, אותה 'צלע שלישית' המסתובבת בשטח, מכונה בפסוק הקודם (ובפעם היחידה במהלך הסיפור) 'עלם'. ייתכן כי השימוש במילה זאת כאן – שימוש נדיר במקרא לציון נער – אינו מקרי: דוד ויונתן יודעים, שותפי סוד, אולם מן העלם העניין **נעלם**.

יונתן צדק. דוד אומנם לא הרג את בניו כשנעשה למלך, אבל גם קשה לומר שקיים את השבועה שנשבע לו. לבנו הנותר מפיבושת, שכמו אביו, אהבתו ונאמנותו לדוד לא היו תלויות בדבר, הוא לא עשה משפט וצדקה.

## פרק ט

# ״וַיְהִי לְעֵת הָעֶרֶב״: דוד ובת שבע

### דוד ומלחמת עמון

פרשת חטא דוד בבת שבע היא אחת הפרשות הקשות והחמורות ביותר במקרא: דוד המלך שוכב עם אשת איש ושולח את בעלה אל מותו. לפי הקריאה שנפתח בפרק זה, חטאו של דוד אינו מתמצה בעצם עבירתו על ניאוף ורצח, שהם כמובן מן העבירות החמורות בתורה. כישלונו של דוד נעוץ במישור הציבורי והמוסרי: כמלך חטא בניצול לרעה של מעמדו וסמכותו ובשכחה עמוקה של תפקידו.

כך נפתח הסיפור: ״וַיְהִי לִתְשׁוּבַת הַשָּׁנָה לְעֵת צֵאת הַמְּלָאכִים וַיִּשְׁלַח דָּוִד אֶת יוֹאָב וְאֶת עֲבָדָיו עִמּוֹ וְאֶת כָּל יִשְׂרָאֵל וַיַּשְׁחִתוּ אֶת בְּנֵי עַמּוֹן וַיָּצֻרוּ עַל רַבָּה וְדָוִד יוֹשֵׁב בִּירוּשָׁלָםִ״ (שמ״ב יא א).

דוד שולח את אנשיו – יואב ועבדיו – להילחם בבני עמון, אך הוא עצמו נשאר לשבת בירושלים. הכתוב אינו מסביר מדוע לא יצא דוד למלחמה בראש אנשיו כדרכו של מלך. ייתכן שהסיבה היא שהזקין, אבל גם אם זו אכן הסיבה, הכתוב מבקר בכמה דרכים את הישארותו מאחור. דוד, כך נאמר בפסוק המצוטט, שולח את יואב להילחם בבני עמון ׳לעת צאת המלכים׳, ואף שהביטוי סתום למדי,

מרבית הפרשנים פירשו שיציאת המלכים היא יציאה למלחמה.[1] הכתוב מבקר אפוא את דוד בתחכום רב: המלכים יוצאים למלחמה, אולם דוד המלך אינו נוהג כדרכם של מלכים אלא שולח למלחמה את עבדו יואב!

הביקורת על האי־יציאה למלחמה מועצמת לנוכח סיפור המסגרת של סיפורנו – המלחמה בעמון. נחזור לפרק י: "וַיְהִי אַחֲרֵי כֵן וַיָּמָת מֶלֶךְ בְּנֵי עַמּוֹן וַיִּמְלֹךְ חָנוּן בְּנוֹ תַּחְתָּיו: וַיֹּאמֶר דָּוִד אֶעֱשֶׂה חֶסֶד עִם חָנוּן בֶּן נָחָשׁ כַּאֲשֶׁר עָשָׂה אָבִיו עִמָּדִי חֶסֶד וַיִּשְׁלַח דָּוִד לְנַחֲמוֹ בְּיַד עֲבָדָיו אֶל אָבִיו וַיָּבֹאוּ עַבְדֵי דָוִד אֶרֶץ בְּנֵי עַמּוֹן" (שם י א–ב). איננו יודעים איזה חסד עשה אביו של חנון עם דוד, אבל דוד שולח לחנון מנחמים לאחר מות אביו. שריו של חנון חושדים בשליחי דוד כי באו לרגל את העיר, וחנון מבזה אותם באמצעות גילוח חצי זקנם:

> וַיֹּאמְרוּ שָׂרֵי בְנֵי עַמּוֹן אֶל חָנוּן אֲדֹנֵיהֶם הַמְכַבֵּד דָּוִד אֶת אָבִיךָ בְּעֵינֶיךָ כִּי שָׁלַח לְךָ מְנַחֲמִים הֲלוֹא בַּעֲבוּר חֲקוֹר אֶת הָעִיר וּלְרַגְּלָהּ וּלְהָפְכָהּ שָׁלַח דָּוִד אֶת עֲבָדָיו אֵלֶיךָ: וַיִּקַּח חָנוּן אֶת עַבְדֵי דָוִד וַיְגַלַּח אֶת חֲצִי זְקָנָם וַיִּכְרֹת אֶת מַדְוֵיהֶם בַּחֵצִי עַד שְׁתוֹתֵיהֶם וַיְשַׁלְּחֵם: וַיַּגִּדוּ לְדָוִד וַיִּשְׁלַח לִקְרָאתָם כִּי הָיוּ הָאֲנָשִׁים נִכְלָמִים מְאֹד וַיֹּאמֶר הַמֶּלֶךְ שְׁבוּ בִירֵחוֹ עַד יְצַמַּח זְקַנְכֶם וְשַׁבְתֶּם (שם ג–ה).

ברור כי דוד פועל כאן שלא כשורה. התורה בספר דברים אוסרת להביא עמוני ומואבי בקהל ה' וכן לדרוש את שלומם וטובתם ומציגה שני נימוקים לאיסור זה: "עַל דְּבַר אֲשֶׁר לֹא קִדְּמוּ אֶתְכֶם בַּלֶּחֶם וּבַמַּיִם בַּדֶּרֶךְ בְּצֵאתְכֶם מִמִּצְרָיִם וַאֲשֶׁר שָׂכַר עָלֶיךָ אֶת בִּלְעָם בֶּן בְּעוֹר מִפְּתוֹר אֲרַם נַהֲרַיִם לְקַלְלֶךָּ" (דברים כג ה).

הנימוק השני המופיע בפסוק, 'ואשר שכר עליך את בלעם בן

1 ראו למשל ברש"י ורד"ק על אתר. חיזוק לפרשנות זו אפשר להביא מציון הזמן שבפסוק – 'ויהי לתשובת השנה' – הנזכר גם במלכים א (כ כב, כו) בהקשר של מלחמה.

**בעור מפתור ארם נהרים** לקללך', מעניין במיוחד. לאחר שהבינו העמונים שדוד לא יעבור בשתיקה על ביזוי שליחיו הם שכרו את ארם על מנת שיילחמו בישראל לצידם: "וַיִּרְאוּ בְּנֵי עַמּוֹן כִּי נִבְאֲשׁוּ בְּדָוִד וַיִּשְׁלְחוּ בְנֵי עַמּוֹן וַיִּשְׂכְּרוּ אֶת אֲרַם בֵּית רְחוֹב וְאֶת אֲרַם צוֹבָא עֶשְׂרִים אֶלֶף רַגְלִי וְאֶת מֶלֶךְ מַעֲכָה אֶלֶף אִישׁ וְאִישׁ טוֹב שְׁנֵים עָשָׂר אֶלֶף אִישׁ" (שמ"ב י ו).

קשר זה מבליט את טעותו־חטאו של דוד בחסד שעשה עם חנון בן נחש העמוני: התורה אוסרת לדרוש את שלומם וטובתם של עמון ומואב משום ששכרו את בלעם מארם להילחם בישראל, ובאמת, לאחר שדוד דורש בטובת חנון העמוני, זה שוכר עליו את ארם להילחם בו![2]

חשוב לראות שגם כאן, כמו בסיפור על מפיבושת, הכתוב מבקר את דוד על שחסדו מזיק יותר משהוא מועיל: הוא מנסה לעשות חסד עם חנון בן נחש אולם נתקל בתגובה משפילה. חנון בן נחש הוא מקבילו של המלך נחש העמוני, שביקש לשעבד את אנשי יבש גלעד, ושאול ניצחו. ההקבלה בין הדמויות מאלפת: כשם שאיים נחש העמוני לנקור את עין ימין של אנשי יבש גלעד – לנקר עין אחת מהשתיים – כך חנון בן נחש העמוני מגלח חצי מזקנם של עבדי דוד. מכאן שחנון אינו רק בנו של נחש אלא הוא־הוא נחש בפני עצמו. באיחור מה התברר לדוד כי עם טיפוסים מסוגו של נחש אסור לנהוג בחן וחסד!

חסדו של דוד מבליט עוד היבט ביקורתי על ישיבתו בירושלים בשעה שאנשיו לוחמים בחזית. הרי שליחת המנחמים אל חנון איננה גורם תמים שבעטיו התגלגלה המלחמה, אלא מדובר במעשה בעייתי מלכתחילה. דווקא בשל הטעות שעשה היה מתבקש שיצא למלחמה זו בראש אנשיו ולא יישאר מאחור. כפי שנראה בהרחבה להלן, חטאו המרכזי של דוד הוא שכשל כמלך; אנשיו לוחמים ומתים בחזית, אבל הוא נמצא בסיפור לגמרי אחר.

2 חז"ל ביקרו את דוד על כך, ראו במדבר רבה, פרשה כא, ה.

## מאוהב לאויב

הישארותו של דוד בירושלים מתגלגלת מדחי אל דחי. הנה הפסוק העוקב: "וַיְהִי לְעֵת הָעֶרֶב וַיָּקָם דָּוִד מֵעַל מִשְׁכָּבוֹ וַיִּתְהַלֵּךְ עַל גַּג בֵּית הַמֶּלֶךְ וַיַּרְא אִשָּׁה רֹחֶצֶת מֵעַל הַגָּג וְהָאִשָּׁה טוֹבַת מַרְאֶה מְאֹד" (שמ"ב יא ב).

דוד קם מעל משכבו לעת ערב – לא זו בלבד שאינו נלחם בראש אנשיו אלא הוא מנצל את הזמן למנוחה בעיצומו של יום. בטלה וחוסר מעש הם פתח להתרחשותם של דברים לא טובים, ואלו אכן אינם מבוששים לבוא; דוד רואה אישה טובת מראה מאוד רוחצת מעל הגג ושולח להביאה אליו:

> וַיִּשְׁלַח דָּוִד וַיִּדְרֹשׁ לָאִשָּׁה וַיֹּאמֶר הֲלוֹא זֹאת בַּת שֶׁבַע בַּת אֱלִיעָם אֵשֶׁת אוּרִיָּה הַחִתִּי: וַיִּשְׁלַח דָּוִד מַלְאָכִים וַיִּקָּחֶהָ וַתָּבוֹא אֵלָיו וַיִּשְׁכַּב עִמָּהּ וְהִיא מִתְקַדֶּשֶׁת מִטֻּמְאָתָהּ וַתָּשָׁב אֶל בֵּיתָהּ: וַתַּהַר הָאִשָּׁה וַתִּשְׁלַח וַתַּגֵּד לְדָוִד וַתֹּאמֶר הָרָה אָנֹכִי (שם ג-ה).

כאשר בת שבע מספרת לדוד על דבר הריונה דוד מוצא את עצמו בצרה כפולה. הראשונה היא עצם מעשה הניאוף, מן העבירות החמורות בתורה. השנייה מצויה במישור הפוליטי וקשורה להמשכיות הממלכה, לזהותו של היורש העתידי. בשלב זה הרי עדיין לא ידוע מי יחליף את דוד על כס המלכות. בן זה העתיד להיוולד מיוחס אליו, ולכן עשוי להיות המלך הבא. אבל לאימו של הבן הזה יש איש אחר, כלומר לבן זה תהיה זיקה לשושלת אחרת, שאינה שושלת המלוכה.

כדי להיפטר משתי הצרות כאחת דוד קורא אליו את אוריה החִתי מחזית המלחמה ומנסה לתזמן מצב עניינים שבו אוריה ירד אל ביתו וישכב עם בת שבע אשתו כדי שהבן העתיד להיוולד יתייחס לאוריה:

> וַיִּשְׁלַח דָּוִד אֶל יוֹאָב שְׁלַח אֵלַי אֶת אוּרִיָּה הַחִתִּי וַיִּשְׁלַח יוֹאָב אֶת אוּרִיָּה אֶל דָּוִד: וַיָּבֹא אוּרִיָּה אֵלָיו וַיִּשְׁאַל דָּוִד לִשְׁלוֹם יוֹאָב וְלִשְׁלוֹם

> הָעָם וְלִשְׁלוֹם הַמִּלְחָמָה: וַיֹּאמֶר דָּוִד לְאוּרִיָּה רֵד לְבֵיתְךָ וּרְחַץ רַגְלֶיךָ וַיֵּצֵא אוּרִיָּה מִבֵּית הַמֶּלֶךְ וַתֵּצֵא אַחֲרָיו מַשְׂאַת הַמֶּלֶךְ (שם ו-ח).

אוריה מתייצב אצל דוד, ודוד שואל אותו 'לשלום יואב ולשלום העם ולשלום המלחמה'. היינו מצפים לשמוע מה אמר אוריה בתגובה על השאלה שנשאל, אולם הכתוב מדלג על תשובתו. זהו דילוג צורם, ואף הוא מחזק את הרושם שמה שמעניין את דוד איננו המלחמה וקורותיה אלא כיצד לצאת מן הסבך שנקלע אליו. גם תיאור ייחוסה של בת שבע בפסוק המספר על לקיחתה מדגיש זאת: "וַיִּשְׁלַח דָּוִד וַיִּדְרֹשׁ לָאִשָּׁה וַיֹּאמֶר הֲלוֹא זֹאת בַּת שֶׁבַע בַּת אֱלִיעָם אֵשֶׁת אוּרִיָּה הַחִתִּי" (שם ג). בת שבע היא אשת אוריה ובתו של אליעם, שניהם מגיבורי דוד (ראו שמ"ב כג לה, לט). דוד נדרש אפוא לאישה שגם האיש שלה וגם אביה לוחמים זה עתה בחזית (ראו שם י ז)!

בתחילה דוד פוקד על אוריה לרדת אל ביתו, ואוריה מסרב. לאחר מכן המלך שואל אותו מדוע לא ירד אל ביתו, ואוריה נשבע בפניו שלא ירד: "וַיֹּאמֶר אוּרִיָּה אֶל דָּוִד הָאָרוֹן וְיִשְׂרָאֵל וִיהוּדָה יֹשְׁבִים בַּסֻּכּוֹת וַאדֹנִי יוֹאָב וְעַבְדֵי אֲדֹנִי עַל פְּנֵי הַשָּׂדֶה חֹנִים וַאֲנִי אָבוֹא אֶל בֵּיתִי לֶאֱכֹל וְלִשְׁתּוֹת וְלִשְׁכַּב עִם אִשְׁתִּי? חַיֶּךָ וְחֵי נַפְשֶׁךָ אִם אֶעֱשֶׂה אֶת הַדָּבָר הַזֶּה" (שם יא יא). בדבריו אלו של אוריה, המשקפים רגישות נפשית ומוסרית הראויה להערכה ולהתפעלות, הוא מציב מראה מול המלך, ומראה זו מבליטה את עמדתו הלא מוסרית של המלך עצמו. בשלב הבא דוד גורם לאוריה להשתכר, אבל גם כשהוא שיכור אוריה נשאר עם עבדי אדוניו, "וְאֶל בֵּיתוֹ לֹא יָרָד" (שם יג).

התוכנית המקורית לסלק את הבעיה בדרך 'אלגנטית' עולה אפוא בתוהו, ובלית ברירה דוד נוקט תוכנית חלופית: "וַיְהִי בַבֹּקֶר וַיִּכְתֹּב דָּוִד סֵפֶר אֶל יוֹאָב וַיִּשְׁלַח בְּיַד אוּרִיָּה: וַיִּכְתֹּב בַּסֵּפֶר לֵאמֹר הָבוּ אֶת אוּרִיָּה אֶל מוּל פְּנֵי הַמִּלְחָמָה הַחֲזָקָה וְשַׁבְתֶּם מֵאַחֲרָיו וְנִכָּה וָמֵת" (שם יד-טו). דוד מצווה על יואב לשלוח את אוריה 'אל מול פני המלחמה החזקה' ואז לסגת ולהשאירו שם לבד כדי שייהרג אוריה בלבד. האם כך נהג יואב בפועל? הנה הפסוקים:

> וַיְהִי בִּשְׁמוֹר יוֹאָב אֶל הָעִיר וַיִּתֵּן אֶת אוּרִיָּה אֶל הַמָּקוֹם אֲשֶׁר יָדַע כִּי אַנְשֵׁי חַיִל שָׁם: וַיֵּצְאוּ אַנְשֵׁי הָעִיר וַיִּלָּחֲמוּ אֶת יוֹאָב וַיִּפֹּל מִן הָעָם מֵעַבְדֵי דָוִד וַיָּמָת גַּם אוּרִיָּה הַחִתִּי: וַיִּשְׁלַח יוֹאָב וַיַּגֵּד לְדָוִד אֶת כָּל דִּבְרֵי הַמִּלְחָמָה (שם טז-יח).

לפי תיאור זה קיים יואב רק את חלקה הראשון של הפקודה – הוא שלח את אוריה 'אל המקום אשר ידע כי אנשי חיל שם' – אבל לא קיים את חלקה השני, לסגת ולהפקירו. בתיאור זה אין כל אזכור של נסיגת חיילים והפקרה של אוריה. אוריה הוא עושה דברו של המלך, אבל גם לו יש גבולות, והוא אינו מוכן להפקיר חייל מחייליו.[3] יתרה מזו, לא נראה מן הכתוב שיואב סיכן את אוריה סיכון לא מידתי או מיותר כדי לגרום למותו. אומנם הצבתו במקום שאנשי חיל שם מסכנת אותו, אולם בהחלט אפשר עדיין לומר כי מטרתו הבלעדית של יואב הייתה להסתייע באוריה בחזית המלחמה. סיוע נוסף לטענה שיואב לא ביצע כאן פעולה חריגה ולא תקנית על מנת לסכן את אוריה, וודאי שלא הפקיר אותו בשטח, היא שבשלושה מקומות בספר שמואל אנו רואים שיואב מוודא שלא יישפכו דמים חינם וקוטע את המשך הלחימה באמצעות תקיעה בשופר מייד לאחר שהושגה מטרתה.[4]

בדברים ששם יואב בפי השליח שנשלח אל דוד יש לכאורה סתירה לטענתי זו:

> וַיִּשְׁלַח יוֹאָב וַיַּגֵּד לְדָוִד אֶת כָּל דִּבְרֵי הַמִּלְחָמָה: וַיְצַו אֶת הַמַּלְאָךְ לֵאמֹר כְּכַלּוֹתְךָ אֵת כָּל דִּבְרֵי הַמִּלְחָמָה לְדַבֵּר אֶל הַמֶּלֶךְ: וְהָיָה אִם תַּעֲלֶה חֲמַת הַמֶּלֶךְ וְאָמַר לְךָ מַדּוּעַ נִגַּשְׁתֶּם אֶל הָעִיר לְהִלָּחֵם הֲלוֹא יְדַעְתֶּם אֵת אֲשֶׁר יֹרוּ מֵעַל הַחוֹמָה: מִי הִכָּה אֶת אֲבִימֶלֶךְ בֶּן יְרֻבֶּשֶׁת

3 לא ברור מיהם אנשי החיל, כלומר אם מדובר בחיילי האויב או בגיבורי דוד. האפשרות שהחיילים נסוגו בפקודת יואב והשאירו את אוריה מאחור ובכל זאת הרגו אותם העמונים אומנם אפשרית תאורטית, אולם אין לה סמך בכתוב.

4 ראו שמ"ב ב כח; שם יח טז; שם כ כב.

הֲלוֹא אִשָּׁה הִשְׁלִיכָה עָלָיו פֶּלַח רֶכֶב מֵעַל הַחוֹמָה וַיָּמָת בְּתֵבֵץ לָמָּה נִגַּשְׁתֶּם אֶל הַחוֹמָה וְאָמַרְתָּ גַּם עַבְדְּךָ אוּרִיָּה הַחִתִּי מֵת (שם יח-כא).

על פי הסיפור ששם יואב בפי השליח, הלוחמים נורו למוות בחיצי האויב מאחר שקרבו אל החומה. אולם, כאמור, בסיפור המקורי אין אזכור של מהלך רשלני שכזה, מה גם שמדובר בטעות אסטרטגית בסיסית כל כך (המפורסמת עוד מימי אבימלך בן גדעון!),[5] שקשה להאמין שיואב שגה בה. אם כך, מדוע יואב טופֵל על עצמו אשמת שווא?

ברור שיואב רוצה לומר לדוד שעשה את אשר ציווה. מסיפורו הבדוי של יואב עולה כי אוריה לא מת אלא הומת – הוא נשלח בכוונת מכוון אל החומה, 'אל פני המלחמה', מקומם של אנשי החיל – כדי שהמלך יבין מייד שמה שנשמע לאוזן שאינה בסוד העניינים כטעות רשלנית ומצערת היה למעשה מהלך שבוצע במכוון על מנת להביא את אוריה אל מותו. לאמיתו של דבר השאלה החשובה איננה מה עשה יואב ומה לא עשה. העוקץ טמון בכך שיואב אינו חושש לספר למלך על טעות **שלא עשה** מאחר שהוא יודע היטב שבעיני המלך מותו של אוריה מכפר על כל פשע. יואב יודע היטב שגם אם תחילה תבער חמת המלך בעקבות השמועה על מותם המיותר של הלוחמים, המלך יירגע מייד כשישמע 'גם עבדך אוריה החִתי מת'.

5 הכתוב מזכיר את אבימלך בן גדעון, והקוראים נזכרים כאן באבימלך נוסף, הלוא הוא המלך הפלשתי מספר בראשית. קווי הדמיון בין סיפורנו לבין סיפור אבימלך ואברהם ושרה חזקים במיוחד: אבימלך לקח את שרה מידי אברהם, ואברהם ידע שהוא מסתכן במותו אם ידע המלך שהוא האיש שלה (ולכן ביקש משרה לומר שהיא אחותו). ואולם אבימלך לא המית את אברהם והשיב אליו את שרה בלי לנגוע בה, ואילו דוד שכב עם בת שבע וגרם למותו של אוריה אישה. על הקבלות נוספות בין אבימלך לדוד ראו בפרק יג בספר זה. אזכור האישה שהשליכה את פלח הרכב על אבימלך והמיתה אותו מציף מייד את זכר האישה המעורבת בסיפור שלנו, הלוא היא בת שבע. האם ניחש יואב שאם דוד מבקש להרוג את אוריה הגיבור ללא שום סיבה נראית לעין, יש אישה מאחורי הסיפור?

## יואב צדק:

וַיֵּלֶךְ הַמַּלְאָךְ וַיָּבֹא וַיַּגֵּד לְדָוִד אֵת כָּל אֲשֶׁר שְׁלָחוֹ יוֹאָב: וַיֹּאמֶר הַמַּלְאָךְ אֶל דָּוִד כִּי גָבְרוּ עָלֵינוּ הָאֲנָשִׁים וַיֵּצְאוּ אֵלֵינוּ הַשָּׂדֶה וַנִּהְיֶה עֲלֵיהֶם עַד פֶּתַח הַשָּׁעַר: וַיֹּרוּ הַמּוֹרִים אֶל עֲבָדֶךָ מֵעַל הַחוֹמָה וַיָּמוּתוּ מֵעַבְדֵי הַמֶּלֶךְ וְגַם עַבְדְּךָ אוּרִיָּה הַחִתִּי מֵת: וַיֹּאמֶר דָּוִד אֶל הַמַּלְאָךְ כֹּה תֹאמַר אֶל יוֹאָב אַל יֵרַע בְּעֵינֶיךָ אֶת הַדָּבָר הַזֶּה כִּי כָזֹה וְכָזֶה תֹּאכַל הֶחָרֶב הַחֲזֵק מִלְחַמְתְּךָ אֶל הָעִיר וְהָרְסָהּ וְחַזְּקֵהוּ (שם כב-כה).

׳כזה וכזה תאכל החרב׳, אומר דוד לשליח, ככה זה במלחמה.

המרחק בין המלך היושב בארמונו לבין הלוחמים בחזית נרמז בדרך נוספת. דוד אומר לשליח: ״הַחֲזֵק מִלְחַמְתְּךָ אֶל הָעִיר וְהָרְסָהּ וְחַזְּקֵהוּ״ (שם כה). חיזוקיו של המלך ללוחמים מהדהדים את דברי החיזוק של יואב לאבישי אחיו בפתח המלחמה בעמון, כשהתפצלו השניים לשני כוחות: ״וַיֹּאמֶר אִם תֶּחֱזַק אֲרָם מִמֶּנִּי וְהָיְתָה לִּי לִישׁוּעָה וְאִם בְּנֵי עַמּוֹן יֶחֶזְקוּ מִמְּךָ וְהָלַכְתִּי לְהוֹשִׁיעַ לָךְ: חֲזַק וְנִתְחַזַּק בְּעַד עַמֵּנוּ וּבְעַד עָרֵי אֱלֹהֵינוּ וַה׳ יַעֲשֶׂה הַטּוֹב בְּעֵינָיו״ (שם י יא-יב).

ואולם מה רב ההבדל בין יואב המחזק לבין המלך המחזק. יואב הוא שר הצבא המחרף את נפשו שכם אל שכם עם יתר הגיבורים, ואין טבעי משישמיע דברי חיזוק ועידוד. דוד, לעומתו, לא רק שאיננו נמצא בחזית, אלא מצווה על המתתו של אחד מגיבורי החיל ובכך פוגע בהצלחת הלחימה, וכל זאת מטעמים אישיים ופסולים! על רקע דברי החיזוק של יואב דבריו של המלך נשמעים מקוממים במיוחד. למעשה, באמצעות הזיקה הלשונית הכתוב מבקש להדגיש באוזני הקוראים את גודל האבסורד: למלך לא אכפת כלל ממה שקורה, אבל הוא אינו נמנע מלהשמיע דברי חיזוק.

בתיאור הכתוב את לקיחת בת שבע לביתו של דוד בסוף הסיפור נרמזת אותה מגמה: ״וַתִּשְׁמַע אֵשֶׁת אוּרִיָּה כִּי מֵת אוּרִיָּה אִישָׁהּ וַתִּסְפֹּד

עַל בַּעְלָהּ: וַיַּעֲבֹר הָאֵבֶל וַיִּשְׁלַח דָּוִד וַיַּאַסְפָהּ אֶל בֵּיתוֹ וַתְּהִי לוֹ לְאִשָּׁה וַתֵּלֶד לוֹ בֵּן וַיֵּרַע הַדָּבָר אֲשֶׁר עָשָׂה דָוִד בְּעֵינֵי ה'" (שם כו-כז).

בת שבע סופדת לבעלה ומתאבלת עליו, ולאחר מכן דוד אוסף אותה אל ביתו. לקיחת בת שבע לאישה מזכירה את ההליך הנוגע לאשת יפת תואר, לאותה שבוית מלחמה שאף היא נלקחת לאישה לאחר שנהגה אבלות ובכתה את אביה ואימה:

> כִּי תֵצֵא לַמִּלְחָמָה עַל אֹיְבֶיךָ וּנְתָנוֹ ה' אֱלֹהֶיךָ בְּיָדֶךָ וְשָׁבִיתָ שִׁבְיוֹ: וְרָאִיתָ בַּשִּׁבְיָה אֵשֶׁת יְפַת תֹּאַר וְחָשַׁקְתָּ בָהּ וְלָקַחְתָּ לְךָ לְאִשָּׁה: וַהֲבֵאתָהּ אֶל תּוֹךְ בֵּיתֶךָ וְגִלְּחָה אֶת רֹאשָׁהּ וְעָשְׂתָה אֶת צִפָּרְנֶיהָ: וְהֵסִירָה אֶת שִׂמְלַת שִׁבְיָהּ מֵעָלֶיהָ וְיָשְׁבָה בְּבֵיתֶךָ וּבָכְתָה אֶת אָבִיהָ וְאֶת אִמָּהּ יֶרַח יָמִים וְאַחַר כֵּן תָּבוֹא אֵלֶיהָ וּבְעַלְתָּהּ וְהָיְתָה לְךָ לְאִשָּׁה (דברים כא י-יג).

מה משמעות הזיקה הנרמזת כאן בין לקיחת בת שבע לבין לקיחת אשת יפת תואר? המלחמה שבה האישה יפת התואר נשבית היא מלחמה באויב, והרי דוד לא לקח את אשת אויבו, להפך, הוא לקח את אשת גיבורו. התשובה, כך אנו מציעים, מונחת בגוף השאלה: דוד הפך את אוריה גיבורו **לאויבו**, ולכן בת שבע אשת אוריה לובשת את דמותה של אשת יפת תואר הנשבית במלחמה. במקביל למלחמה בעמון הוא מנהל מלחמה משלו, ובמלחמה זו אוריה איננו הגיבור אלא דווקא האויב!

## "וַיְהִי לְעֵת הָעֶרֶב"

בפסוק ב שצוטט לעיל מופיע צירוף המילים 'לעת הערב', והוא עשוי לשמש מפתח חשוב לרעיון חשוב נוסף בהבנת הפרק. המשמעות הפשוטה של ביטוי זה היא סוף היום, לקראת בוא הלילה. ציון הזמן קשור בפשטות להתקדשותה של בת שבע באותו זמן מטומאת נידתה: "וַיִּשְׁלַח דָּוִד וַיִּדְרֹשׁ לָאִשָּׁה וַיֹּאמֶר הֲלוֹא זֹאת בַּת שֶׁבַע בַּת אֱלִיעָם אֵשֶׁת

אוּרִיָּה הַחִתִּי: וַיִּשְׁלַח דָּוִד מַלְאָכִים וַיִּקָּחֶהָ וַתָּבוֹא אֵלָיו וַיִּשְׁכַּב עִמָּהּ וְהִיא מִתְקַדֶּשֶׁת מִטֻּמְאָתָהּ וַתָּשָׁב אֶל בֵּיתָהּ" (שם יא ג–ד).

אבל משמעות העניין עמוקה יותר. דוד לא רק לוקח אשת איש ושוכב עימה, הוא עושה זאת 'לעת הערב', בזמן שהראייה מטושטשת, בסתר. ולא זו בלבד, אלא שכשם שדוד שולח את שליחיו לקחת את בת שבע ושוכב איתה בסתר, כך הוא גם הורג את אוריה בסתר, באמצעות ספרים חתומים שהוא שולח בידו.

להיבט הנסתר של העבירה יש ביטוי מפורש בדברי נתן הנביא אל דוד לאחר החטא: "כֹּה אָמַר ה' הִנְנִי מֵקִים עָלֶיךָ רָעָה מִבֵּיתֶךָ וְלָקַחְתִּי אֶת נָשֶׁיךָ לְעֵינֶיךָ וְנָתַתִּי לְרֵעֶיךָ וְשָׁכַב עִם נָשֶׁיךָ לְעֵינֵי הַשֶּׁמֶשׁ הַזֹּאת: כִּי אַתָּה עָשִׂיתָ בַסָּתֶר, וַאֲנִי אֶעֱשֶׂה אֶת הַדָּבָר הַזֶּה נֶגֶד כָּל יִשְׂרָאֵל וְנֶגֶד הַשָּׁמֶשׁ" (שם יב יא–יב).

עונשו של דוד שעשה בסתר, כך מנבא לו הנביא, יבוא בגלוי, נגד השמש. היבט הסתר בא לידי ביטוי גם בדברי תוכחתו של נתן הנביא: "מַדּוּעַ בָּזִיתָ אֶת דְּבַר ה' לַעֲשׂוֹת הָרַע בְּעֵינַי אֵת אוּרִיָּה הַחִתִּי הִכִּיתָ בַחֶרֶב וְאֶת אִשְׁתּוֹ לָקַחְתָּ לְּךָ לְאִשָּׁה וְאֹתוֹ הָרַגְתָּ בְּחֶרֶב בְּנֵי עַמּוֹן" (שם ט).

מדוע הנביא מוסיף את המילים 'ואותו הרגת בחרב בני עמון', הרי כבר הזכיר בתחילת דבריו את הרג אוריה החִתי, 'את אוריה החִתי הכית בחרב'? יתרה מזו, לכאורה האשמת דוד בהכאת אוריה בחרב נשמעת חמורה יותר מכך שהרג אותו **ביד בני עמון**, בעקיפין, על ידי שליח. היינו מצפים אפוא שהיא שתוזכר בסוף המשפט, ולא הריגתו העקיפה.

התשובה פשוטה ומאלפת: בעיני הכתוב האסטרטגיה העקיפה שנקט דוד להרג אוריה היא מעשה חמור יותר מהרג ישיר. שליחת אנשים אחרים שימיתו את אוריה בדרך עקיפה ופסיבית, על ידי בני עמון, נראית אולי חמורה פחות, אולם אין זה כך: זו דרך להסוות את הפשע הנורא ולהתנער מאחריות.

הניגוד שבין סתר לגילוי בא לידי ביטוי בהנגדת דמותו של אוריה לדמותו של דוד. אוריה הוא מעין כפיל מהופך, תמונת מראה של דוד. בדמותו מונחת המילה 'אור'. שלא כדוד, שישן בצהריים ופועל לעת

ערב,[6] אוריה הוא אור־יה, הוא ישר וגלוי, אין בו עקמומיות וצללים. ניגוד זה בין השניים בא לידי ביטוי מובהק בפסוקים המתארים את האינטראקציה ביניהם:

וַיִּשְׁלַח דָּוִד אֶל יוֹאָב שְׁלַח אֵלַי אֶת אוּרִיָּה הַחִתִּי וַיִּשְׁלַח יוֹאָב אֶת אוּרִיָּה אֶל דָּוִד: וַיָּבֹא אוּרִיָּה אֵלָיו וַיִּשְׁאַל דָּוִד לִשְׁלוֹם יוֹאָב וְלִשְׁלוֹם הָעָם וְלִשְׁלוֹם הַמִּלְחָמָה: וַיֹּאמֶר דָּוִד לְאוּרִיָּה רֵד לְבֵיתְךָ וּרְחַץ רַגְלֶיךָ וַיֵּצֵא אוּרִיָּה מִבֵּית הַמֶּלֶךְ וַתֵּצֵא אַחֲרָיו מַשְׂאַת הַמֶּלֶךְ: וַיִּשְׁכַּב אוּרִיָּה פֶּתַח בֵּית הַמֶּלֶךְ אֵת כָּל עַבְדֵי אֲדֹנָיו וְלֹא יָרַד אֶל בֵּיתוֹ: וַיַּגִּדוּ לְדָוִד לֵאמֹר לֹא יָרַד אוּרִיָּה אֶל בֵּיתוֹ וַיֹּאמֶר דָּוִד אֶל אוּרִיָּה הֲלוֹא מִדֶּרֶךְ אַתָּה בָא מַדּוּעַ לֹא יָרַדְתָּ אֶל בֵּיתֶךָ: וַיֹּאמֶר אוּרִיָּה אֶל דָּוִד הָאָרוֹן וְיִשְׂרָאֵל וִיהוּדָה יֹשְׁבִים בַּסֻּכּוֹת וַאדֹנִי יוֹאָב וְעַבְדֵי אֲדֹנִי עַל פְּנֵי הַשָּׂדֶה חֹנִים וַאֲנִי אָבוֹא אֶל בֵּיתִי לֶאֱכֹל וְלִשְׁתּוֹת וְלִשְׁכַּב עִם אִשְׁתִּי חַיֶּךָ וְחֵי נַפְשֶׁךָ אִם אֶעֱשֶׂה אֶת הַדָּבָר הַזֶּה: וַיֹּאמֶר דָּוִד אֶל אוּרִיָּה שֵׁב בָּזֶה גַּם הַיּוֹם וּמָחָר אֲשַׁלְּחֶךָּ וַיֵּשֶׁב אוּרִיָּה בִירוּשָׁלַםִ בַּיּוֹם הַהוּא וּמִמָּחֳרָת: וַיִּקְרָא לוֹ דָוִד וַיֹּאכַל לְפָנָיו וַיֵּשְׁתְּ וַיְשַׁכְּרֵהוּ וַיֵּצֵא בָעֶרֶב לִשְׁכַּב בְּמִשְׁכָּבוֹ עִם עַבְדֵי אֲדֹנָיו וְאֶל בֵּיתוֹ לֹא יָרָד (שם יא ו–יג).

6 המילים 'לעת הערב' רומזות לכיוון מעניין נוסף המדגיש אף הוא את הבעייתיות בסיפור דוד. למעט בפרק ח בספר בראשית, בפרשת נח, ביטוי זה מופיע בבראשית כד, בסיפור העבד המחפש בציווי אברהם אישה ליצחק: "וַיַּבְרֵךְ הַגְּמַלִּים מִחוּץ לָעִיר אֶל בְּאֵר הַמָּיִם **לְעֵת עֶרֶב** לְעֵת צֵאת הַשֹּׁאֲבֹת" (בראשית כד יא). ביטוי דומה מופיע בסוף אותו הסיפור: "וַיֵּצֵא יִצְחָק לָשׂוּחַ בַּשָּׂדֶה **לִפְנוֹת עָרֶב** וַיִּשָּׂא עֵינָיו וַיַּרְא וְהִנֵּה גְמַלִּים בָּאִים" (שם סג). העבד פוגש את רבקה 'לעת ערב', ויצחק פוגש את רבקה אשתו בפעם הראשונה 'לפנות ערב'. לשימוש הבולט בביטוי 'ערב' בסיפור חיפוש האישה ליצחק באחרית ימי אברהם יש משמעות מטפורית: ערבו של אברהם הגיע, שמשו עומדת לשקוע. חיפוש האישה לבן הוא בעצם חיפוש ההמשכיות, ביסוס חייו של הבן העתיד לרשת אותו ולהמשיך את דרכו. כאשר רבקה מגיעה אל יצחק וממלאת את מקום שרה האם, יצחק ממלא את מקום אברהם. לא כך אצל דוד. כשדוד מזקין העניינים מסתבכים ואינם מסתיימים בהרמוניה. לא ברור מיהו ממשיך דוד, ותככים ומריבות מתגלעים סביב סוגיית הירושה. על כך נרחיב עוד להלן בפרק י.

המלך פותח בשלום מנומס ומכובד, וכשאוריה יוצא מלפניו הוא מוליך אחריו משאת,[7] כיבוד משובח, אבל כל זה אינו מפתה ומבלבל את אוריה, והוא דבק בעקרונותיו ומסרב בתוקף לעשות כרצון המלך בעוד חבריו לוחמים בחזית. לא במקרה יושרו והגינותו של אוריה, שאינם פוחתים כהוא זה גם כאשר הוא שיכור, **הם** אשר מסכלים בסופו של דבר את תכסיס הטיוח.[8]

יושרו של אוריה משתלב יפה עם סגנונו הישיר. המלך מפציר בו לרדת אל ביתו ו'לרחוץ רגליו', ביטוי הרומז לדעת רבים מן המפרשים ליחסי אישות,[9] ואילו אוריה בתשובתו על שאלת המלך מדוע לא עשה כן משיב 'הארון וישראל ויהודה יושבים בסוכות ואדוני יואב ועבדי אדוני על פני השדה חונים ואני אבוא אל ביתי **לאכול ולשתות ולשכב עם אשתי**'.[10] אוריה אינו משתמש ברמזים מעודנים ומעורפלים,

7 הבאת המשאת ("וַתֵּצֵא אַחֲרָיו **מַשְׂאַת** הַמֶּלֶךְ" [שמ"א יא ח]) ולאחר מכן שכרותו של אוריה ("וַיִּקְרָא לוֹ דָוִד וַיֹּאכַל לְפָנָיו **וַיֵּשְׁתְּ וַיְשַׁכְּרֵהוּ**" [שם יג]) מזכירות את התנהגות יוסף כלפי אחיו במצרים: "**וַיִּשָּׂא מַשְׂאֹת** מֵאֵת פָּנָיו אֲלֵהֶם וַתֵּרֶב מַשְׂאַת בִּנְיָמִן מִמַּשְׂאֹת כֻּלָּם חָמֵשׁ יָדוֹת **וַיִּשְׁתּוּ וַיִּשְׁכְּרוּ** עִמּוֹ" (בראשית מג לד). יוסף מעניק משאות לאחיו ומשכר אותם, אולם הוא אינו פועל – במקרה זה ובכל מהלך הסיפור – באופן גלוי ושקוף. הוא משחק באחיו ומפעיל שלל מניפולציות כדי לקדם את מטרותיו הנסתרות.

8 ראו: אוריאל סימון, **קריאה ספרותית במקרא: סיפורי נביאים**, ירושלים תשנ"ז, עמ' 122.

9 ראו למשל בפירוש מצודת דוד.

10 תשובתו של אוריה לדוד, "הָאָרוֹן וְיִשְׂרָאֵל וִיהוּדָה **יֹשְׁבִים** בַּסֻּכּוֹת וַאדֹנִי יוֹאָב וְעַבְדֵי אֲדֹנִי עַל פְּנֵי הַשָּׂדֶה חֹנִים וַאֲנִי אָבוֹא אֶל **בֵּיתִי**" (שמ"א יא יא), היא שחזור של דברי דוד עצמו משעה טובה יותר שבה תהה באוזני נתן הנביא: "רְאֵה נָא אָנֹכִי יוֹשֵׁב **בְּבֵית** אֲרָזִים וַאֲרוֹן הָאֱלֹהִים **יֹשֵׁב** בְּתוֹךְ הַיְרִיעָה" (שם ז ב). מעניין לראות שכאשר משורר תהלים משחזר את בקשתו של דוד לבנות בית לה' הוא חוזר לניסוחיו של אוריה דווקא: "שִׁיר הַמַּעֲלוֹת זְכוֹר ה' לְדָוִד אֵת כָּל עֻנּוֹתוֹ [...] **אִם אָבֹא בְּאֹהֶל בֵּיתִי** אִם אֶעֱלֶה עַל עֶרֶשׂ יְצוּעָי: אִם אֶתֵּן שְׁנָת לְעֵינָי לְעַפְעַפַּי תְּנוּמָה: עַד אֶמְצָא מָקוֹם לַה' מִשְׁכָּנוֹת לַאֲבִיר יַעֲקֹב" (תהלים קלב א-ה). בספר שמואל דוד משווה בין ישיבתו בביתו לבין הימצאות הארון בתוך היריעה, אולם

נימוסים ומליצות, הוא מבטא את הדברים ביטוי ישיר ושקוף ואף בוטה.[11]

יושרו של אוריה בא לידי ביטוי בפרט מטלטל נוסף: דוד שולח ביד אוריה עצמו, בתוך ספר חתום, את הפקודה שעתידה להביא עליו את מותו. האם לא חשש דוד שאוריה יפתח את הספר ויקרא את תוכנו? התשובה היא שדוד יודע היטב כי דבר זה אינו עתיד לקרות, הרי אוריה הוא איש ישר והגון!

היבט ההסתרה המאפיין את חטאו של דוד כרוך בעניין נוסף. דוד, כמלכים אחרים, חוטא בחטא של ראייה ולקיחה; הוא רואה משהו טוב ולוקח אותו לעצמו באלימות ובכוח:[12]

> וַיְהִי לְעֵת הָעֶרֶב וַיָּקָם דָּוִד מֵעַל מִשְׁכָּבוֹ וַיִּתְהַלֵּךְ עַל גַּג בֵּית הַמֶּלֶךְ **וַיַּרְא** אִשָּׁה רֹחֶצֶת מֵעַל הַגָּג וְהָאִשָּׁה **טוֹבַת מַרְאֶה** מְאֹד: וַיִּשְׁלַח דָּוִד וַיִּדְרֹשׁ לָאִשָּׁה וַיֹּאמֶר הֲלוֹא זֹאת בַּת שֶׁבַע בַּת אֱלִיעָם אֵשֶׁת אוּרִיָּה הַחִתִּי: וַיִּשְׁלַח דָּוִד מַלְאָכִים **וַיִּקָּחֶהָ** וַתָּבוֹא אֵלָיו וַיִּשְׁכַּב עִמָּהּ וְהִיא מִתְקַדֶּשֶׁת מִטֻּמְאָתָהּ וַתָּשָׁב אֶל בֵּיתָהּ (שם ב–ד).

בתהלים הוא מגדיל לעשות, הולך בעקבות אוריה ונשבע כי לא יבוא אל ביתו כלל עד אשר יימצא מקום לה'.

11 נקודה זו רלוונטית לשאלה שהתחבטו בה פרשני מקרא מודרניים. האם סירובו של אוריה תמים, או שמא התנגדותו העיקשת לפקודת המלך רומזת כי ידע על המעשה או לפחות חשד במשהו? ראו: מנחם פרי ומאיר שטרנברג, "המלך במבט אירוני: על תחבולותיו של המספר בסיפור דוד ובת שבע ושתי הפלגות לתיאוריה של הפרוזה", **הספרות** א (תשכ"ח), עמ' 271-276. פרי ושטרנברג טוענים כי אפשר לקרוא את הסיפור בשני האופנים האלה, וכי פער זה באשר לידיעתו או אי־ידיעתו של אוריה נותר במכוון בלתי ניתן למילוי סופי. זו קריאה אפשרית, אולם לדעתי על רקע תמונת אופיו הישר והישיר של אוריה המצטיירת מן הכתוב, היותו 'אור' ולא סתר ואפלה, הקריאה הטובה יותר היא זו המייחסת לאוריה תמימות ולא חשדנות. גם סימון, קריאה ספרותית במקרא, חולק על פרי ושטרנברג.

12 על דפוס החטא של ראייה, טוב ולקיחה ראו בהרחבה סילבר, אם לעת כזאת, עמ' 32-36.

אבל דוד, שוב כמנהגם של מלכים, אינו פועל בעצמו אלא שולח אנשים אחרים לפעול למענו. השורש של״ח חוזר בפעלים רבים בחלקו הראשון של פרק יא, ולמעט פעם אחת שבה הפועל נוגע ליואב ופעם נוספת לבת שבע, בכל הפעמים האחרות והרבות הוא נוגע לדוד. במקום שיצא בראשם דוד שולח את אנשיו להילחם בבני עמון (״וַיְהִי לִתְשׁוּבַת הַשָּׁנָה לְעֵת צֵאת הַמְּלָאכִים **וַיִּשְׁלַח** דָּוִד אֶת יוֹאָב וְאֶת עֲבָדָיו עִמּוֹ וְאֶת כָּל יִשְׂרָאֵל״ [שם א]); הוא מברר על אודות בת שבע באמצעות שליחים (״**וַיִּשְׁלַח** דָּוִד וַיִּדְרֹשׁ לָאִשָּׁה״ [שם ג]) ולאחר מכן, אף שדווח כי מדובר באשת אוריה, הוא קורא אותה אליו באמצעות שליחים ושוכב עימה (״**וַיִּשְׁלַח** דָּוִד מַלְאָכִים וַיִּקָּחֶהָ״ [שם ד]). הוא פוקד על יואב באמצעות שליחים לשלוח אליו את אוריה (״**וַיִּשְׁלַח** דָּוִד אֶל יוֹאָב שְׁלַח אֵלַי אֶת אוּרִיָּה הַחִתִּי״ [שם ו]), ולבסוף שולח ביד אוריה את הספר אל יואב (״וַיְהִי בַבֹּקֶר וַיִּכְתֹּב דָּוִד סֵפֶר אֶל יוֹאָב **וַיִּשְׁלַח** בְּיַד אוּרִיָּה״ [שם יד]). דוד פועל מאחורי הקלעים, יושב בארמונו ושולח שליחים לעשות למענו מעשים איומים. אוריה הוא ההפך הגמור, כל ישותו אומרת התייצבות ונשיאה בעול התפקיד. דוד מסתתר בעורף, אוריה ניצב בחזית.

עוד ביטוי לאי־קבלת אחריות מופיע בדברי דוד אל השליח שסיפר לו על קורות המלחמה: ״וַיֹּאמֶר דָּוִד אֶל הַמַּלְאָךְ כֹּה תֹאמַר אֶל יוֹאָב אַל יֵרַע בְּעֵינֶיךָ אֶת הַדָּבָר הַזֶּה כִּי כָזֹה וְכָזֶה תֹּאכַל הֶחָרֶב״ (שם כה). משה הלברטל וסטפן הולמס מציעים כי בשימוש ברעיון החרב הממיתה, ׳כזה וכזה תאכל החרב׳, דוד מרחיק את עצמו מהמתת אוריה: החרב היא שאוכלת, לא בני האדם.[13] רעיון זה קשור ישירות לתכונה המגונה של מלכים להסרת אחריות: אין אדם מסוים שאחראי לטעויות ולפשעים, אין מישהו שעושה אותם, הם כביכול נעשים מעצמם.

ייתכן שיש כאן אף יותר מזה. מילת ההצבעה ׳זה׳ משמשת לפעמים תחליף לשם פרטי, ולעיתים השימוש בה משקף מוטיבציה

13 Moshe Halbertal and Stephen Holmes, *The Beginning of Politics – Power in the Biblical Book of Samuel*, New Jersey 2017, pp. 94–95.

לנתק מגע ולהפנות עורף, להתנכר. לדוגמה, אמנון, לאחר שאנס את תמר אחותו, פקד על נערו "שִׁלְחוּ נָא **אֶת זֹאת** מֵעָלַי הַחוּצָה וּנְעֹל הַדֶּלֶת אַחֲרֶיהָ" (שם יג יז). לאחר מעשה האונס אמנון איננו מסוגל לקרוא לתמר בשמה. הוא אינו רואה בה אדם אלא חפץ, 'זאת'. כשדוד אומר 'כזה וכזה תאכל החרב' הוא אינו קורא לאוריה בשמו; מבחינתו אוריה הגיבור, לאחר ששלח אותו אל מותו, הפך ל'זה', למישהו שאין לו שם.

לחטאו של דוד יש קשר חשוב לסיפור חטא של מלך מרכזי אחר בישראל: חטאו של המלך אחאב בכרם נבות בפרק כא בספר מלכים א. למעשה, שני הסיפורים בנויים בדפוס דומה: מלך בישראל חומד דבר מה יחיד קרוב ואהוב של אחד מנתיניו ולוקח אותו ממנו באמצעות תחבולה מכוונת. דוד חושק בבת שבע אשת אוריה, שולח את אישהּ אוריה החִתי אל מותו ולוקח לעצמו את בת שבע. אחאב חומד את כרמו של נבות, אשתו איזבל רואה זאת וגורמת להמתת נבות, ובכך מאפשרת לאחאב לקחת לעצמו את הכרם. האופן שבו מסולקים מהשטח אוריה ונבות דומה אף הוא. בשני המקרים המלכים אינם שולחים את ידם בעצמם באדם שעומד להם למכשול בפני השגת מטרתם (במקרה של אחאב הוא כלל אינו פועל בנידון כי אם איזבל אשתו) אלא פוקדים על אחרים לבצע זאת באמצעות ספרים הנשלחים אליהם מטעם המלך.

עוד קשר מעניין בין שני הסיפורים הוא שבשניהם נעשה שימוש לרעה בשני תפקידי המלך המקוריים, הלוא הם שפיטת העם ולחימה במלחמותיו (ראו שמ"א ח כ). שני המלכים מבצעים פשעים במסווה של חוק ומשפט: דוד פוקד על יואב להציב את אוריה בחזית המלחמה לא משום שמהלך זה באמת נחוץ להצלחת המלחמה אלא משום שמותו של אוריה נחוץ למלך לקידום עניין אישי ופסול, ואיזבל אשת אחאב מפעילה בשלט רחוק הליך משפטי שבו מוצא להורג אדם חף מפשע, וכל זה לשם סיפוק גחמה חמדנית של בעלה המלך אחאב. החוק, היוצא מאת המלך ופועל בשירותו ולמענו, מתרוקן כליל מתוכן מוסרי ונעשה אמצעי של אלימות כלפי מי שהחוק אמור היה להגן עליו.

## משל כבשת הרש

אין זו הפעם הראשונה בספר שמואל שבה מסופר על נביא או איש אלוהים המוכיח מנהיג ומושל. בתחילת הספר איש האלוהים מוכיח את עלי הכוהן על שלא כיהה בבניו חפני ופינחס ומבשר לו על סופה של כהונת ביתו. בהמשך הסיפור שמואל מוסר דברי תוכחה לעלי רבו ולאחר מכן מוכיח שוב ושוב את המלך המכהן שאול. אבל לתוכחת הנביא נתן היבט מיוחד שאינו נמצא בסיפורים האחרים, שכן היא נמסרת באמצעות משל.

מדוע משל? בספרות הפרשנית אפשר למצוא לכך שתי סיבות. סיבה אחת היא שנתן נותן לדוד לגזור את הדין על עצמו. כאשר דוד פוסק שהעשיר שגזל את כבשת הרש בן מוות הוא, הוא גוזר על עצמו גזר דין מוות. ההפללה העצמית היא מידה כנגד מידה ומקבילה למעשיו של דוד; ההפללה העצמית היא מידה כנגד מידה ומקבילה למעשיו של דוד. כשם שדוד שלח ביד אוריה, בלא ידיעתו, את פקודת מותו, כך גם הוא  גוזר על עצמו דין מוות בלי דעת.[14]

סיבה אחרת לשימוש במשל חשובה במיוחד. כך מגיב דוד לשמע המשל: "וַיִּחַר אַף דָּוִד בָּאִישׁ מְאֹד וַיֹּאמֶר אֶל נָתָן חַי ה' כִּי בֶן מָוֶת הָאִישׁ הָעֹשֶׂה זֹאת: וְאֶת הַכִּבְשָׂה יְשַׁלֵּם אַרְבַּעְתָּיִם עֵקֶב אֲשֶׁר עָשָׂה אֶת הַדָּבָר הַזֶּה וְעַל אֲשֶׁר לֹא חָמָל" (שמ"ב יב ה-ו).

תגובתו של דוד, תגובה 'מהבטן', מגלה כי דוד ניחן בחוש צדק מפותח ביותר. דוד אינו אומר רק שהעשיר אשם אלא 'חורה אפו', הוא יוצא מכליו מרוב זעם לשמע מעשיו של העשיר החמסן. כפי שציין יאן

14 ראו למשל: Shimon Bar Efrat, *Narrative Art in the Bible*, London 2008, p. 127. מעניין שאף על פי שידוע כי תפקידו של המלך הוא לשפוט את העם, בשלושה מארבעה מופעים של משפט מלך מובהק המלך שופט בבלי דעת את עצמו, כלומר הוא גם הדן וגם הנידון (למעט סיפור משפט שלמה ואולי גם משפט נוב עיר הכוהנים ששפט שאול). דוד דן למעשה את עצמו בשני סיפורים – בסיפור האישה התקועית ובסיפור בת שבע. הסיפור השלישי הוא על אחאב ובן הנביאים המוכיח אותו (מל"א כ).

פוקלמן,[15] העוולה איננה מתמצית בכך שהעשיר רב הנכסים לוקח את המעט שיש לרש אלא בלקיחת דבר מה שלרש יש אליו זיקה וקרבה מיוחדת: "לְעָשִׁיר הָיָה צֹאן וּבָקָר הַרְבֵּה מְאֹד: וְלָרָשׁ אֵין כֹּל כִּי אִם כִּבְשָׂה אַחַת קְטַנָּה אֲשֶׁר קָנָה וַיְחַיֶּהָ וַתִּגְדַּל עִמּוֹ וְעִם בָּנָיו יַחְדָּו מִפִּתּוֹ תֹאכַל וּמִכֹּסוֹ תִשְׁתֶּה וּבְחֵיקוֹ תִשְׁכָּב וַתְּהִי לוֹ כְּבַת" (שם ב–ג).

מבחינת העשיר מדובר ב'עוד כבשה', בפריט נוסף לאוסף הצאן והבקר שלו. אבל לרש זו כבשתו האחת היחידה שהיא לו 'כבת'. אפו של דוד חורה אפוא לא רק בשל מעשה הגזלה האכזרי אלא משום שהעשיר חיבל בקשר המיוחד שבין הרש לכבשתו. וכך גם במישור הנמשל: הפגיעה בבת שבע היא פגיעה בקשר האינטימי שבין אוריה לבת שבע. אנו נרמזים על כך בפסוק המתאר את לקיחתה אל דוד: "וַיִּשְׁלַח דָּוִד מַלְאָכִים וַיִּקָּחֶהָ וַתָּבוֹא אֵלָיו וַיִּשְׁכַּב עִמָּהּ וְהִיא מִתְקַדֶּשֶׁת מִטֻּמְאָתָהּ וַתָּשָׁב אֶל בֵּיתָהּ" (שם יא ד). הכתוב מספר לנו כי בת שבע התקדשה מטומאתה לא רק כדי להסביר לנו מדוע הרתה בת שבע מדוד אלא כדי להדגיש את חילול קשר הקדושה האינטימי שבין בת שבע לאוריה.

אם כן, איך אפשר להסביר כיצד חטא דוד, בעל החוש המוסרי המפותח, בחטא נורא כל כך? כאן מונחת הסיבה השנייה לצורך במשל: דוד מצליח לראות ולחוש את העוול רק כאשר הוא מסופר לו באובייקטיביות, בלי שייגע לו אישית. למתבונן מבחוץ יש פרספקטיבה שמאפשרת לו לראות עוול, פרספקטיבה שאינה קיימת כשמדובר בו עצמו.[16]

## הנמשל: מי הוא האורח?

במבט ראשון תפקידו של המשל בדברי נתן הוא להדגיש את היבט הלקיחה האכזרית, נעדרת החמלה. ואולם בסעיפים הקודמים הדגשנו כי

15 פוקלמן, I, עמ' 76–82.

16 ראו באריכות בפרק א בספר זה בנוגע לחנה.

לדעתנו החטא אינו נעוץ בעצם הלקיחה אלא בערבוב מזיק בין העניין האישי לענייני הממלכה. האם גם היבט זה נמצא במשל?

נתבונן במשל ונזהה את הדמויות המופיעות בו בזיקה לנמשל:

> וַיִּשְׁלַח ה׳ אֶת נָתָן אֶל דָּוִד וַיָּבֹא אֵלָיו וַיֹּאמֶר לוֹ שְׁנֵי אֲנָשִׁים הָיוּ בְּעִיר אֶחָת אֶחָד עָשִׁיר וְאֶחָד רָאשׁ: לְעָשִׁיר הָיָה צֹאן וּבָקָר הַרְבֵּה מְאֹד: וְלָרָשׁ אֵין כֹּל כִּי אִם כִּבְשָׂה אַחַת קְטַנָּה אֲשֶׁר קָנָה וַיְחַיֶּהָ וַתִּגְדַּל עִמּוֹ וְעִם בָּנָיו יַחְדָּו מִפִּתּוֹ תֹאכַל וּמִכֹּסוֹ תִשְׁתֶּה וּבְחֵיקוֹ תִשְׁכָּב וַתְּהִי לוֹ כְּבַת: וַיָּבֹא הֵלֶךְ לְאִישׁ הֶעָשִׁיר וַיַּחְמֹל לָקַחַת מִצֹּאנוֹ וּמִבְּקָרוֹ לַעֲשׂוֹת לָאֹרֵחַ הַבָּא לוֹ וַיִּקַּח אֶת כִּבְשַׂת הָאִישׁ הָרָאשׁ וַיַּעֲשֶׂהָ לָאִישׁ הַבָּא אֵלָיו (שמ״ב יב א-ד).

שלוש מהדמויות המופיעות במשל מזוהות בקלות: הכבשה היא בת שבע, הרש הוא אוריה,[17] העשיר הוא דוד. אבל לדמות הרביעית – האורח שבא אל העשיר – אין לכאורה מקבילה בנמשל. פירוש מצודת דוד נדרש בכלל לזיקה שבין המשל לנמשל: "ואף כי הרבה בדברים שאין ענין להם עם דבר דוד, אולם כוונתו היתה להעלים ביותר לבל ירגיש דוד וישמור פיו מלפסוק הדין". לדבריו, המשל כולל במתכוון רכיבים שאין להם מקבילה בנמשל כדי למנוע זיקה הדוקה שתסגיר את האמת: דוד היה עלול להבין מייד שמדובר בו ולהימנע מלפסוק דין.

ואולם אפשר לומר אחרת. כדברי פוקלמן,[18] האורח שבא אל העשיר מייצג את יצרו של דוד. דוד מבקש להשביע את יצרו, את אותו אורח פנימי שבא לבקרו, באמצעות כבשת הרש. השבעת היצר היא בדיוק ניצול הסמכות והכוח לעניין אישי. הערבוב המסוכן שבין התפקיד לבין האינטרס האישי מאפיין אפוא את החטא גם במשל.

17 מעניין שהמילה רש כתובה בתוספת אל״ף – ׳ראש׳. שמא יש כאן רמז כי אותו רש, שבנמשל הרי הוא אוריה, הוא למעשה הראש, הגיבור הטוב?

18 פוקלמן, I, עמ׳ 80.

## פרק י

# סיפור אמנון ותמר

"וַיְהִי אַחֲרֵי כֵן וּלְאַבְשָׁלוֹם **בֶּן דָּוִד** אָחוֹת יָפָה וּשְׁמָהּ תָּמָר וַיֶּאֱהָבֶהָ אַמְנוֹן **בֶּן דָּוִד**" (שמ"ב יג א). מדוע הדגיש הכתוב כי אבשלום ואמנון הם בני דוד? הדגשה זו מחזירה אותנו כמה פרקים לאחור, לפירוט שמותיהם של בני דוד: "וַיִּוָּלְדוּ לְדָוִד בָּנִים בְּחֶבְרוֹן וַיְהִי בְכוֹרוֹ אַמְנוֹן לַאֲחִינֹעַם הַיִּזְרְעֵאלִת: וּמִשְׁנֵהוּ כִלְאָב לַאֲבִיגַיִל אֵשֶׁת נָבָל הַכַּרְמְלִי וְהַשְּׁלִשִׁי אַבְשָׁלוֹם בֶּן מַעֲכָה בַּת תַּלְמַי מֶלֶךְ גְּשׁוּר" (שם ג ב–ג).

אמנון הוא אפוא הבכור ואבשלום הוא השלישי, ומכאן ששני הבנים הם מועמדים מרכזיים לרשת את אביהם דוד (אומנם הבן השני, הקודם לאבשלום, הוא כלאב, בנה של אביגיל, אך בן זה לא נזכר כמעט בסיפורי דוד). מכיוון שסיפורנו נפתח בהדגשת העובדה שהשניים הם בני דוד, סביר להציע כי הסיפור אמור בין השאר להצביע על זהותו של יורש המלכות העתידי.[1]

1 גם במשל האישה התקועית לא מדובר רק בסכסוך משפחתי; החשש הוא מפני אובדן היורש: "וְהִנֵּה קָמָה כָל הַמִּשְׁפָּחָה עַל שִׁפְחָתֶךָ וַיֹּאמְרוּ תְּנִי אֶת מַכֵּה אָחִיו וּנְמִתֵהוּ בְּנֶפֶשׁ אָחִיו אֲשֶׁר הָרָג וְנַשְׁמִידָה גַּם אֶת הַיּוֹרֵשׁ וְכִבּוּ אֶת גַּחַלְתִּי" (שמ"ב יד ז).

## בין סיפור תמר לסיפור דינה

רבים כבר עמדו על הרמזים הרבים הטמונים בסיפור אונס תמר ומרמזים לסיפור דינה בספר בראשית. בסיפור דינה יש ארבע דמויות מרכזיות: דינה, שכם, חמור, יעקב ובניו ובייחוד הבנים שמעון ולוי. תמר הנאנסת היא מקבילתה של דינה, אמנון האנס הוא מקבילו של שכם, אבשלום, הנוקם את נקמת תמר, הוא המקבילה של בני יעקב ובייחוד של שמעון ולוי, ואילו דוד, אביהם של אבשלום ואמנון, הוא מקבילו של יעקב.[2]

נעמוד ביתר פירוט על ההקבלות האלה, ונפתח בדינה ובתמר. על אף הדמיון הברור בין שתי הנשים הנאנסות, ההבדל ביניהן גם הוא ניכר לעין: דינה היא דמות סבילה כמעט לחלוטין. למעשה, אף שהיא נצרכת לעלילת הסיפור, היא איננה דמות של ממש. פעולתה האקטיבית היחידה מופיעה בפתיחת הסיפור: "וַתֵּצֵא דִינָה בַּת לֵאָה אֲשֶׁר יָלְדָה לְיַעֲקֹב לִרְאוֹת בִּבְנוֹת הָאָרֶץ" (בראשית לד א). לא ברור אם הכתוב בא בביקורת כלפי דינה על שיצאה לראות בבנות הארץ[3] או רק מספק את הרקע למעשה, אבל קשה להכחיש שיציאה זו אפשרה את האונס שבא לאחר מכן. מכל מקום, לכל אורך מעשה האונס, השהייה בבית שכם והשבתה הביתה על ידי אחיה היא מופיעה כנפעלת בלבד.

תמר, מהיבט זה, היא היפוכה המוחלט של דינה. שלא כדינה תמר אינה יוצאת מביתה ואינה הולכת מיוזמתה אל אמנון. אמנון נזקק לאמתלה כדי להביאה אל ביתו, ודוד הוא ששולח אותה אליו בסופו של דבר. אבל לאחר שאמנון תקף אותה, היא, בניגוד לדינה, מפגינה התנגדות נחרצת. היא מנסה לשכנע אותו מילולית שלא יפגע בה ואף נאבקת בו פיזית ("וְלֹא אָבָה לִשְׁמֹעַ בְּקוֹלָהּ **וַיֶּחֱזַק מִמֶּנָּה** וַיְעַנֶּהָ וַיִּשְׁכַּב

2 בין הסיפורים ניכרות גם הקבלות לשוניות, למשל המילים 'חרפה' ו'נבלה' מופיעות בשניהם.

3 עיינו למשל בפרשנותו של רש"י על אתר.

אֹתָהּ" [שמ"ב יג יד]). אם כן, תמר היא דמות של ממש בסיפור, דמות המעוררת סימפתיה והזדהות עמוקות, ולאורה מתבלטת לשלילה כפל כפליים דמותו של אמנון.

נשווה עתה את שכם ואמנון. אף שהשניים עשו מעשה שלא ייעשה, יש בהתנהגותו של שכם לאחר מעשה האונס גוון חיובי בולט שנעדר לחלוטין מהתנהגותו הרעה מראש ועד סוף של אמנון.[4] הלך נפשו של שכם לאחר האונס הוא הלך נפש של אהבה ושל קרבה: "**וַתִּדְבַּק נַפְשׁוֹ** בְּדִינָה בַּת יַעֲקֹב **וַיֶּאֱהַב** אֶת הַנַּעֲרָ **וַיְדַבֵּר עַל לֵב הַנַּעֲרָ**" (בראשית לד ג). אמנון לעומתו מגלה כלפי תמר לאחר האונס שנאה עזה: "**וַיִּשְׂנָאֶהָ** אַמְנוֹן **שִׂנְאָה גְּדוֹלָה מְאֹד** כִּי **גְדוֹלָה הַשִּׂנְאָה** אֲשֶׁר **שְׂנֵאָהּ** מֵאַהֲבָה אֲשֶׁר אֲהֵבָהּ" (שמ"ב יג טו).

ההבדל אינו רק במישור היחס הנפשי אלא גם – ואולי חשוב יותר – במישור ההתנהגותי. לעומת שכם, שמעוניין בדינה ורוצה לקחתה לאישה – "וַיֹּאמֶר שְׁכֶם אֶל חֲמוֹר אָבִיו לֵאמֹר קַח לִי אֶת הַיַּלְדָּה הַזֹּאת לְאִשָּׁה" (בראשית לד ד) – אמנון מסלק את תמר מביתו באגרסיביות ובאכזריות:

> וַיִּשְׂנָאֶהָ אַמְנוֹן שִׂנְאָה גְּדוֹלָה מְאֹד כִּי גְדוֹלָה הַשִּׂנְאָה אֲשֶׁר שְׂנֵאָהּ מֵאַהֲבָה אֲשֶׁר אֲהֵבָהּ וַיֹּאמֶר לָהּ אַמְנוֹן קוּמִי לֵכִי: וַתֹּאמֶר לוֹ אַל אוֹדֹת הָרָעָה הַגְּדוֹלָה הַזֹּאת מֵאַחֶרֶת אֲשֶׁר עָשִׂיתָ עִמִּי לְשַׁלְּחֵנִי וְלֹא אָבָה לִשְׁמֹעַ לָהּ: וַיִּקְרָא אֶת נַעֲרוֹ מְשָׁרְתוֹ וַיֹּאמֶר שִׁלְחוּ נָא אֶת זֹאת מֵעָלַי הַחוּצָה וּנְעֹל הַדֶּלֶת אַחֲרֶיהָ (שמ"ב יג טו–יז).[5]

4 ראו דברים דומים אצל אמנון בזק, **שמואל ב – מלכות דוד**, ירושלים 2013, עמ' 179–181.

5 הקשר לסיפור יהודה ותמר בולט בהקשר זה. כשם שאמנון הוציא את תמר מביתו, כך יהודה אינו מאפשר לתמר כלתו להינשא לשלה בנו ולמעשה משלחה מביתו. ואולם בסופו של דבר יהודה מבין שחטא. הוא מחזיר את תמר אל ביתו ומקבל עליו אחריות למעשיו: "צָדְקָה מִמֶּנִּי" (בראשית לח כו).

ההבדל המובהק בהתנהגותם של שכם ואמנון מודגש על רקע דין האונס המופיע בספר דברים: "כִּי יִמְצָא אִישׁ נַעֲרָ בְתוּלָה אֲשֶׁר לֹא אֹרָשָׂה וּתְפָשָׂהּ וְשָׁכַב עִמָּהּ וְנִמְצָאוּ: וְנָתַן הָאִישׁ הַשֹּׁכֵב עִמָּהּ לַאֲבִי הַנַּעֲרָ חֲמִשִּׁים כָּסֶף וְלוֹ תִהְיֶה לְאִשָּׁה תַּחַת אֲשֶׁר עִנָּהּ לֹא יוּכַל שַׁלְּחָהּ כָּל יָמָיו" (דברים כב כח-כט).

התורה מצווה על האונס לקבל עליו אחריות למעשיו ולדאוג לנאנסת שפגע בה ובשמה הטוב של משפחתה: לפצות בחמישים כסף את המשפחה, לקחתה לאישה ולא לשלחה כל ימיו. שלא כהתנהגותו המגונה של אמנון, העומדת בסתירה מוחלטת לדין התורה, התנהגותו של שכם הולמת את דין התורה ואף מוסיפה עליו לפנים משורת הדין, שהרי שכם לא רק רצה לשאת את דינה לאישה, הוא אף הצהיר על נכונותו לתת למשפחתה כל סכום שישיתו עליו: "הַרְבּוּ עָלַי מְאֹד מֹהַר וּמַתָּן וְאֶתְּנָה כַּאֲשֶׁר תֹּאמְרוּ אֵלָי" (בראשית לד יב).

סיפור אחר המדגיש את התנהגותו הנלוזה של אמנון הוא הסיפור על יוסף בספר בראשית. בין שני הסיפורים האלה אפשר לאתר שלל קשרי לשון, והנה כמה מהמובהקים שבהם:

| סיפורי יוסף | אמנון ותמר |
|---|---|
| וְלֹא יָכֹל יוֹסֵף לְהִתְאַפֵּק לְכֹל הַנִּצָּבִים עָלָיו וַיִּקְרָא **הוֹצִיאוּ כָל אִישׁ מֵעָלָי** | וַיֹּאמֶר אַמְנוֹן הוֹצִיאוּ כָל אִישׁ מֵעָלַי **וַיֵּצְאוּ כָל אִישׁ מֵעָלָיו** |
| וַיְמַהֵר יוֹסֵף כִּי נִכְמְרוּ רַחֲמָיו אֶל **אָחִיו** וַיְבַקֵּשׁ לִבְכּוֹת **וַיָּבֹא הַחַדְרָה** וַיֵּבְךְּ שָׁמָּה | **וַתָּבֹא** לְאַמְנוֹן אָחִיהָ **הֶחָדְרָה** |
| וְלֹא יָדַע אִתּוֹ מְאוּמָה **כִּי אִם הַלֶּחֶם אֲשֶׁר הוּא אוֹכֵל** וַיְהִי יוֹסֵף יְפֵה תֹאַר וִיפֵה מַרְאֶה | תָּבֹא נָא תָמָר אֲחוֹתִי **וְתַבְרֵנִי לֶחֶם** וְעָשְׂתָה לְעֵינַי [...] **וְאָכַלְתִּי** מִיָּדָהּ |
| וַיְהִי אַחַר הַדְּבָרִים הָאֵלֶּה וַתִּשָּׂא אֵשֶׁת אֲדֹנָיו אֶת עֵינֶיהָ אֶל יוֹסֵף וַתֹּאמֶר שִׁכְבָה עִמִּי. **וַיְמָאֵן** [...] | וַתִּקַּח אֶת הַמַּשְׂרֵת וַתִּצֹק לְפָנָיו **וַיְמָאֵן** לֶאֱכוֹל |

ההקבלות האלה מחדדות את ההיפוך שבין יוסף לאמנון. יוסף, בראותו את אחיו, נכנס אל חדרו ובוכה. הוא פוקד להוציא כל איש מעליו כחלק מהתעוררותו של רגש אחווה הפועם בו כלפי אותם אחים שהרעו לו כל כך בעבר. אמנון לעומת זאת מביא את תמר אליו החדרה ופוקד להוציא כל איש מעליו כחלק מגילוי אכזריות והיעדר אחווה; הוא מנצל את יציאתם של האנשים מן החדר לפגוע באחותו תמר, אותה אחות שבאה להברותו לחם!

דמותם של בני יעקב מקבילה לדמותו של אבשלום בן דוד: בני יעקב ואבשלום נוקמים את נקמת אחותם האנוסה. אבל גם כאן יש הבדל ניכר בין הדמויות: בני יעקב הרגו כל זכר בשכם ואף בזזו את העיר. לעומת זאת נקמתו של אבשלום נקודתית – באמנון בלבד. הכתוב מדגיש את נקודתיות ההרג בדרך מיוחדת ומספר כי לאחר שהרג אבשלום את אמנון הסתובבה שמועה כוזבת שלפיה אמנון הרג את כל בני המלך, אולם יונדב בן שמעה, אותו "אִישׁ חָכָם מְאֹד" (שמ"ב יג ג) שיעץ לאמנון להתחלות ולבקש מתמר לבוא אליו להברותו לחם,[6]

6 דמותו של יונדב, האיש היחיד שאין לו מקבילה בסיפור דינה, ראויה לעיון מיוחד. העובדה שדווקא יונדב, האיש שיעץ לאמנון להתחזות לחולה כדי שתמר תבוא אליו הביתה, מרגיע את דוד ואנשיו שרק אמנון לבדו מת "כִּי עַל פִּי אַבְשָׁלוֹם הָיְתָה שׂוּמָה מִיּוֹם עַנֹּתוֹ אֵת תָּמָר אֲחֹתוֹ" (שמ"ב יג לב), נשמעת כמו בדיחה גרועה. נראה שהכתוב מעמיד לפנינו דיוקן של 'איש מקצוע': חוכמתו של יונדב מתאפיינת בריחוק, באובייקטיביות מקצועית. יונדב משיא לאמנון עצה שאמורה לשרת אותו באופן היעיל ביותר, אך מבחינת יונדב העצה שנתן לאמנון אינה קושרת אותו מוסרית להשלכותיה של העצה ואין בה כדי להעיד על קרבה לאמנון. כשהוא מספר שרק אמנון נהרג הוא מתפקד על תקן מודיע ותו לא, הוא מספר את העובדות כצופה מרוחק העומד מן הצד, ללא כל מעורבות אישית ורגשית. עוד יועץ חשוב מספר שמואל מתנהג באופן דומה, וזהו אחיתופל. כך מציג אותו הכתוב לאחר שהוא יועץ לאבשלום לבוא על פילגשי אביו: "וַעֲצַת אֲחִיתֹפֶל אֲשֶׁר יָעַץ בַּיָּמִים הָהֵם כַּאֲשֶׁר יִשְׁאַל אִישׁ בִּדְבַר הָאֱלֹהִים כֵּן כָּל עֲצַת אֲחִיתֹפֶל גַּם לְדָוִד גַּם לְאַבְשָׁלֹם" (שם טז כג). אזכורו של דוד בפסוק נראה מוזר, הרי הפסוק מופיע כאמור מייד לאחר שאחיתופל נותן לאבשלום עצה שכל תכליתה היא המרד והמלחמה בדוד כדי שישראל ישמעו

מפריך את השמועה: "וַיַּעַן יוֹנָדָב בֶּן שִׁמְעָה אֲחִי דָוִד וַיֹּאמֶר אַל יֹאמַר אֲדֹנִי אֵת כָּל הַנְּעָרִים בְּנֵי הַמֶּלֶךְ הֵמִיתוּ כִּי אַמְנוֹן לְבַדּוֹ מֵת כִּי עַל פִּי אַבְשָׁלוֹם הָיְתָה שׂוּמָה מִיּוֹם עַנֹּתוֹ אֵת תָּמָר אֲחֹתוֹ" (שם לב).

אם כן, מודגש שאבשלום הרג רק את אמנון ועל רקע סיבה מסוימת: עינוי אחותו. עוד נקודה לזכותו של אבשלום קשורה בעיתוי ההרג: אבשלום המית את אמנון רק בחלוף שנתיים מהאונס.[7] יש מקום לסברה כי אבשלום המתין שדוד יעניש את אמנון, שיעשה צדקה ומשפט, ומשלא עשה זאת החליט לקום ולעשות מעשה. ואכן, על המעשה של שמעון ולוי השמיע יעקב ביקורת חריפה ביותר, ואילו על מעשיו של אבשלום הכתוב אינו משמיע כל ביקורת.

## אבשלום עושה צדקה ומשפט

הטענה המרכזית שניסיתי לבסס במהלך הפרקים האחרונים היא שדוד משתקף בסיפורים אלו כמי **שאינו** עושה צדקה ומשפט, וזאת בסתירה לתיאורו בפרק ח כמלך העושה צדקה ומשפט. הימנעות דוד מלעשות את משפטה של בתו תמר מבליטה ביתר שאת את שבחו של אבשלום, ולשם כך נחזור שוב אל ההקבלה לסיפור דינה.

דמותו של דוד, אביה של תמר, היא המקבילה לדמותו של יעקב, אביה של דינה. ראשית מעניין לראות, שלא כמצופה, שהן יעקב הן דוד אינם עושים דבר בתגובה על האונס: הם אינם מענישים את עושי הרשעה ואינם פועלים למען בתם האנוסה. בני יעקב הם שמשיבים את דינה מבית שכם, ואבשלום, בנו של דוד, הוא שמושיב את תמר בביתו לאחר האונס (שמ"ב יג כ).

שנבאש את אביו. גם כאן אחיתופל מצטייר כאיש מקצוע מרוחק ואובייקטיבי. גאוותו היא רק על יעילותה של עצתו ביחס למטרה שלשמה ניתנה, לא אכפת לו כלל מהיבטיה ומתוצאותיה המוסריים, ואין לו סנטימנטים מיוחדים לא לדוד ולא לאבשלום.

7 בדומה לכך שבהמשך הסיפור חיכה בסבלנות שנתיים בטרם שרף את חלקת השדה של יואב (ראו שמ"ב יד כח).

ובכל זאת יש הבדל ניכר בין יעקב לדוד, והוא מאיר את אי־תגובתם באור שונה. יעקב לא שימש גורם סיבתי באונס דינה; היא יצאה מיוזמתה לראות בבנות הארץ. לעומת זאת דוד שימש גורם סיבתי באונס תמר, הרי הוא ששלח את תמר אל אמנון המִתחלה כדי שתעשה לו הבריה. אומנם נאמר כי חרה אפו של דוד לשמע דבר האונס (במקרה של יעקב נאמר כי חרה אפם של הבנים, לא של יעקב, ראו בראשית לד ז), אך במקרה של דוד יש לצפות ביתר שאת שהאב יקבל עליו אחריות למה שקרה, כלומר יעניש את אמנון וידאג באופן פעיל לבתו תמר. למעשה, הגיוני לחשוב שהימנעותו של דוד מלהעניש את אמנון כראוי לו נעוצה בכך שהוא עצמו חטא בחטא דומה במקרה של בת שבע. וכי לאחר שלקח אשת איש וקרב אליה יש לו פתחון פה נגד בנו?

על רקע אי־תפקודו של דוד מתבלטת לחיוב דאגתו הפעילה של אבשלום, שאוסף את אחותו אליו הביתה, עושה מעשה ומעניש את אמנון,[8] ולימים אף קורא לאחת מבנותיו תמר. האחריות המגולגלת לפתחו של דוד בסיפור אונס תמר באה לידי ביטוי בחריפות רבה אף יותר. הכתוב מספר כי אבשלום הזמין את דוד ואת כל בני המלך לחג הגז: ״וַיְהִי לִשְׁנָתַיִם יָמִים וַיִּהְיוּ גֹזְזִים לְאַבְשָׁלוֹם בְּבַעַל חָצוֹר אֲשֶׁר עִם אֶפְרָיִם וַיִּקְרָא אַבְשָׁלוֹם לְכָל בְּנֵי הַמֶּלֶךְ: וַיָּבֹא אַבְשָׁלוֹם אֶל הַמֶּלֶךְ

8 עוד קשר למעשיו של דוד המדגיש את שבחו של אבשלום מחזיר אותנו לסיפור נבל הכרמלי. אבשלום הורג את אמנון כטוב לב ביין: ״וַיְצַו אַבְשָׁלוֹם אֶת נְעָרָיו לֵאמֹר רְאוּ נָא **כְּטוֹב לֵב אַמְנוֹן בַּיַּיִן** וְאָמַרְתִּי אֲלֵיכֶם הַכּוּ אֶת אַמְנוֹן וַהֲמִתֶּם אֹתוֹ אַל תִּירָאוּ הֲלוֹא כִּי אָנֹכִי צִוִּיתִי אֶתְכֶם חִזְקוּ וִהְיוּ לִבְנֵי חָיִל״ (שמ״ב יג כח). כך גם אביגיל מספרת לנבל על מה שתכנן דוד כאשר היה נבל שיכור מן היין, והוא מת עקב הידיעה: ״וַתָּבֹא אֲבִיגַיִל אֶל נָבָל וְהִנֵּה לוֹ מִשְׁתֶּה בְּבֵיתוֹ כְּמִשְׁתֵּה הַמֶּלֶךְ **וְלֵב נָבָל טוֹב עָלָיו וְהוּא שִׁכֹּר** עַד מְאֹד וְלֹא הִגִּידָה לּוֹ דָּבָר קָטֹן וְגָדוֹל עַד אוֹר הַבֹּקֶר״ (שמ״א כה לו). שני הסיפורים מזכירים זה את זה. דוד שולח שליחים לנבל והוא מבזה אותם, וגם אמנון פוגע במי שנשלחה אליו – תמר. אבל התגובה של דוד על הביזוי לעומת התגובה של אבשלום על הפגיעה שונות בתכלית. דוד בתגובה על הפגיעה מתכוון להרוג את כל בית נבל, כלומר גם אנשים חפים מפשע, ואילו אבשלום הורג רק את אמנון.

וַיֹּאמֶר הִנֵּה נָא גֹזְזִים לְעַבְדֶּךָ יֵלֶךְ נָא הַמֶּלֶךְ וַעֲבָדָיו עִם עַבְדֶּךָ" (שמ"ב יג כג-כד).

המלך מסרב ללכת, ואבשלום משכנע את דוד שישלח את אמנון:

> וַיֹּאמֶר הַמֶּלֶךְ אֶל אַבְשָׁלוֹם אַל בְּנִי אַל נָא נֵלֵךְ כֻּלָּנוּ וְלֹא נִכְבַּד עָלֶיךָ וַיִּפְרָץ בּוֹ וְלֹא אָבָה לָלֶכֶת וַיְבָרְכֵהוּ: וַיֹּאמֶר אַבְשָׁלוֹם וָלֹא יֵלֶךְ נָא אִתָּנוּ אַמְנוֹן אָחִי וַיֹּאמֶר לוֹ הַמֶּלֶךְ לָמָּה יֵלֵךְ עִמָּךְ: וַיִּפְרָץ בּוֹ אַבְשָׁלוֹם וַיִּשְׁלַח אִתּוֹ אֶת אַמְנוֹן וְאֵת כָּל בְּנֵי הַמֶּלֶךְ (שם כה-כז).

מדוע חשוב למספר להודיע לנו שאבשלום הפציר[9] בדוד לבוא ושבסופו של דבר הוא 'התפשר' על השתתפותו של אמנון? אפשר שכל זה אינו אלא עילה: אבשלום שטח בפני המלך בקשה 'גדולה', היינו שהמלך ועבדיו ילכו איתו, כדי שיתקשה לסרב לאחר מכן לבקשה ה'קטנה', לשלוח את אמנון לבדו.

גם אם זה נכון, וזו בהחלט קריאה אפשרית, לדעתי טמונה משמעות נוספת במבנה המקביל של הבקשות. כאשר קוראים את שתי בקשותיו של אבשלום בזו אחר זו מתעוררת בטבעיות השאלה מה היה קורה אילו היה דוד הולך במקום אמנון, כפי שהוצע לו מלכתחילה. מובן שאין אפשרות לדעת מה היה קורה במצב הזה, אולם נוצרת התחושה שאמנון בא **במקום** דוד, ושאילו היה דוד הולך לחג הגז, אולי סופו היה כשל אמנון. הקבלה זו שבין שתי הדמויות משתלבת היטב עם העובדה שדוד אינו עושה בסיפור צדק ממשי, אינו דואג לתמר ואינו מעניש את אמנון. עוינותו של אבשלום כלפי דוד כמובן אינה דמיון פורח, זו התפתחה ברבות הימים למרד שפתח נגדו ובו התכוון להרוג אותו ואת כל נאמניו הלכה למעשה.

הזיקה שבין דוד לאמנון מקבלת חיזוק גם באמצעות ההשוואה לסיפור דינה. קודם לכן ציינתי שדמותו של דוד היא המקבילה לדמותו

9 אפשר שהשימוש של המחבר בשורש פר"ץ במקום פצ"ר בא לרמוז על בית פרץ, מוצאו המשפחתי של דוד.

של יעקב, אבל דוד הוא גם אביו של אמנון ולא רק של תמר. כלומר, הוא גם אביו של האנס ולא רק של הנאנסת. אביו של האנס בסיפור דינה הוא חמור, אבי שכם, ואם כך, מבחינה אנלוגית דוד מקביל לא רק ליעקב אלא גם לחמור אבי שכם. הקבלת דוד אבי אמנון לחמור אבי שכם חשובה לענייננו משום שהיא מדגישה את הזיקה העמוקה שבין דוד לאמנון.

עיון בסיפור דינה מראה כי שכם וחמור פועלים כגוף אחד. שכם פונה אל חמור אביו כדי שייקח לו את דינה לאישה, וחמור מדבר אל בני יעקב בשם בנו. לאחר מכן שכם וחמור כאחד פונים אל אנשי עירם ומשכנעים אותם למול את עצמם, ולבסוף הם גם נהרגים כאחד בידי שמעון ולוי, "וְאֶת חֲמוֹר וְאֶת שְׁכֶם בְּנוֹ הָרְגוּ לְפִי חָרֶב" (בראשית לד כו). זיקה זו, אם מעתיקים אותה לסיפור אמנון ותמר, מקרבת את דמותו של אמנון לזו של דוד (גם אם, כמובן, אינה מזהה ביניהם): שלא כיעקב דוד מעורב בסיפור האונס – בסופו של דבר הוא ששולח את תמר אל אמנון ולאחר מכן אינו עושה דבר כדי להעניש את בנו.

## אבשלום כמחליפו של דוד

הסיפור מעמיד אפוא תשובה ברורה על השאלה שרמז עליה בפתיחתו: מיהו הבן המתאים לרשת את כיסאו של דוד. הוא רומז לנו כי משני הבנים המתמודדים על ירושת הכתר, אמנון ואבשלום, הבן הראוי להיות מלך הוא אבשלום, הבן שתבע את עלבונה של אחותו תמר מיד אחיו אמנון – המועמד השני לכס המלכות – ועשה את משפטה. אבשלום עשה את הדבר הנכון, והוא הראוי למלוכה.[10]

עשיית משפטם של ישראל היא מוטיב בולט בתיאור ניצני המרד של אבשלום:

10 אומנם בהמשך אבשלום חושף כמה תכונות שליליות, אבל הקלקול חל אחר כך ואינו סותר את הפוטנציאל שלו להיות מלך ראוי. אדרבה, מלכים מעצם היותם אנשים חזקים שנמשכים אל הכוח מועדים לכישלון בענייני כוח ויוהרה.

> וַיְהִי מֵאַחֲרֵי כֵן וַיַּעַשׂ לוֹ אַבְשָׁלוֹם מֶרְכָּבָה וְסֻסִים וַחֲמִשִּׁים אִישׁ רָצִים לְפָנָיו: וְהִשְׁכִּים אַבְשָׁלוֹם וְעָמַד עַל יַד דֶּרֶךְ הַשָּׁעַר וַיְהִי כָּל הָאִישׁ אֲשֶׁר יִהְיֶה לּוֹ רִיב לָבוֹא אֶל הַמֶּלֶךְ לַמִּשְׁפָּט וַיִּקְרָא אַבְשָׁלוֹם אֵלָיו וַיֹּאמֶר אֵי מִזֶּה עִיר אַתָּה וַיֹּאמֶר מֵאַחַד שִׁבְטֵי יִשְׂרָאֵל עַבְדֶּךָ: וַיֹּאמֶר אֵלָיו אַבְשָׁלוֹם רְאֵה דְבָרֶךָ טוֹבִים וּנְכֹחִים וְשֹׁמֵעַ אֵין לְךָ מֵאֵת הַמֶּלֶךְ: וַיֹּאמֶר אַבְשָׁלוֹם מִי יְשִׂמֵנִי שֹׁפֵט בָּאָרֶץ וְעָלַי יָבוֹא כָּל אִישׁ אֲשֶׁר יִהְיֶה לּוֹ רִיב **וּמִשְׁפָּט וְהִצְדַּקְתִּיו**: וְהָיָה בִּקְרָב אִישׁ לְהִשְׁתַּחֲוֺת לוֹ וְשָׁלַח אֶת יָדוֹ וְהֶחֱזִיק לוֹ וְנָשַׁק לוֹ: וַיַּעַשׂ אַבְשָׁלוֹם כַּדָּבָר הַזֶּה לְכָל יִשְׂרָאֵל אֲשֶׁר יָבֹאוּ לַמִּשְׁפָּט אֶל הַמֶּלֶךְ וַיְגַנֵּב אַבְשָׁלוֹם אֶת לֵב אַנְשֵׁי יִשְׂרָאֵל (שמ"ב טו א-ו).

על אף גינוני הכבוד החיצוניים שאבשלום נוהג בהם ועל אף הביקורת שהכתוב מותח עליו על כי גנב את ליבם של ישראל, אבשלום שואף לעשות את משפט העם, לעשות צדק: "וַיֹּאמֶר אַבְשָׁלוֹם מִי יְשִׂמֵנִי שֹׁפֵט בָּאָרֶץ וְעָלַי יָבוֹא כָּל אִישׁ אֲשֶׁר יִהְיֶה לּוֹ רִיב **וּמִשְׁפָּט וְהִצְדַּקְתִּיו**" (שם ד). אכן, עשיית משפטם של ישראל היא כלי מניפולטיבי בידי אבשלום להיאבק בדוד, אולם מה שמעורר את כעסו של אבשלום, המבסס סביבו מחנה תומכים, הוא שאביו אינו עושה צדקה ומשפט.

תובנה זו מזמינה מבט רחב יותר על פועלו ודמותו של אבשלום בהמשך הסיפור. אין ספק שלאבשלום יש צד אפל ביותר. בפרקים טו-יח מתואר בהרחבה המרד הנורא שאבשלום פותח נגד אביו ובו הוא מתכוון להרוג את אביו ואת נאמניו. את המרידה הוא מבטא תחילה בפעולה בוטה במיוחד שיעץ לו אחיתופל: שוכב על הגג[11] לעיני העם עם עשר פילגשים שהשאיר אביו לשמור על הבית (שמ"ב טז כב).

לאמיתו של דבר סומן אבשלום כמועמד לבנות בית מלוכה **חדש**, **להחליף** את אביו ולא **להמשיך** אותו, והמרידה הבוטה היא סימן מובהק לכך. תובנה זו מחדדת יפה את משמעות הדיאלוג שבין חושי

11 אין ספק כי יש כאן רמיזה של מידה כנגד מידה לחטאו של דוד בבת שבע, שראה דוד רוחצת על הגג.

הארכי, רע דוד, לבין אבשלום, לאחר ששלח דוד את חושי לירושלים כדי להפר את עצת אחיתופל:

> וַיְהִי כַּאֲשֶׁר בָּא חוּשַׁי הָאַרְכִּי רֵעֶה דָוִד אֶל אַבְשָׁלוֹם וַיֹּאמֶר חוּשַׁי אֶל אַבְשָׁלֹם יְחִי הַמֶּלֶךְ יְחִי הַמֶּלֶךְ: וַיֹּאמֶר אַבְשָׁלוֹם אֶל חוּשַׁי זֶה חַסְדְּךָ אֶת רֵעֶךָ לָמָּה לֹא הָלַכְתָּ אֶת רֵעֶךָ: וַיֹּאמֶר חוּשַׁי אֶל אַבְשָׁלֹם לֹא כִּי אֲשֶׁר בָּחַר ה׳ וְהָעָם הַזֶּה וְכָל אִישׁ יִשְׂרָאֵל לוֹ אֶהְיֶה וְאִתּוֹ אֵשֵׁב: וְהַשֵּׁנִית לְמִי אֲנִי אֶעֱבֹד הֲלוֹא לִפְנֵי בְנוֹ כַּאֲשֶׁר עָבַדְתִּי לִפְנֵי אָבִיךָ כֵּן אֶהְיֶה לְפָנֶיךָ (שם טז-יט).

אבשלום תוהה לפני חושי מדוע לא הלך עם רעו הקרוב דוד, ונראה שהוא חושד כי מניעיו של חושי אינם טהורים. חושי מספק לאבשלום שני הסברים שאמורים לבטל את החשד ולהקנות לו נאמנות. הנימוק הראשון מציג את אבשלום באור מחמיא במיוחד – כמי שבחר בו העם. הנימוק השני, ׳כאשר עבדתי לפני אביך כן אהיה לפניך׳, מעניין במיוחד בהקשר שלנו, שכן חושי מציג בו את אבשלום כהמשך טבעי של אביו. חושי בפיקחותו הרבה מטשטש את הדיכוטומיה שבין דוד לאבשלום, כביכול מדובר בשני צדדים מנוגדים שיש לבחור רק באחד מהם. הוא, מבחינתו, ממשיך לעבוד באותה משפחה. דבריו של חושי הועילו לריכוך חשדו של אבשלום, אבל הם מנוגדים כמובן לאמת, ואותה יודעים היטב גם אבשלום וגם חושי: אבשלום אינו ממשיך את אביו אלא מורד בו, מבקש להתחיל דבר חדש.

עוד היבט הקשור בדמותו של אבשלום מדגיש את אותה נקודה. בשערותיו הארוכות אבשלום דומה לנזיר, ואולי, כפי שטענו חז״ל, היה נזיר ממש.[12] לנזירותו של אבשלום יש משמעות רבה. דמותו ותפקידו של המלך שונים בתכלית מאלה של הנזיר; המלך הוא דמות

12 ראו את שיטת רבי המובאת בתוספתא (סוטה ג, טז), ולפיה היה אבשלום נזיר עולם שגילח את שערו אחת לשנים עשר חודש. במישור המקראי יש הקבלה מעניינת בין אבשלום לבין שמשון, שהיה נזיר מוצהר מבטן: שניהם בעלי שיער

מוסדית־נורמטיבית הנטועה בהגדרתה בהיסטוריה שושלתית (כפי שנאמר על המלך בפרשת המלך בספר דברים: "לְמַעַן יַאֲרִיךְ יָמִים עַל מַמְלַכְתּוֹ **הוּא וּבָנָיו בְּקֶרֶב יִשְׂרָאֵל**" [דברים יז כ]). הנזיר, בשערו הארוך, בפרישותו מן היין ובהישמרותו מהיטמאות למתים, מוגדר על סמך שונותו והתרחקותו מן החברה; הוא איננו חלק ואינו יכול להיות חלק משושלת נזירים או ממוסד כלשהו.[13] אבשלום הנזיר נועד להיות מלך **המתחיל דבר מה חדש** שאינו המשך ישיר של שושלת אביו.

אבשלום הוא דמות שסומנה אפוא כחלופה לדוד, המועמד המתאים היחיד. מנקודת מבט זו מותו של אבשלום טרגי, אובדן שאין לו תחליף. יסוד זה נרמז דרך ההקבלה שיש בתיאור מותו של אבשלום לסיפור עקדת יצחק. שערו הארוך של אבשלום הנאחז בשובך האלה מזכיר את האיל הנאחז בסבך בקרניו בעת עקדת יצחק, האיל העולה לעולה תחת יצחק ומשמש למעשה פדיונו.[14] הנה הפסוקים בהקבלה זה לזה:

| בראשית כב | שמואל ב יח |
|---|---|
| וַיִּשָּׂא אַבְרָהָם אֶת עֵינָיו וַיַּרְא וְהִנֵּה **אַיִל** אַחַר נֶאֱחַז **בַּסְּבַךְ** בְּקַרְנָיו וַיֵּלֶךְ אַבְרָהָם וַיִּקַּח אֶת **הָאַיִל וַיַּעֲלֵהוּ** לְעֹלָה **תַּחַת** בְּנוֹ | וַיִּקָּרֵא אַבְשָׁלוֹם לִפְנֵי עַבְדֵי דָוִד וְאַבְשָׁלוֹם רֹכֵב עַל הַפֶּרֶד וַיָּבֹא הַפֶּרֶד **תַּחַת שׂוֹבֶךְ הָאֵלָה** הַגְּדוֹלָה וַיֶּחֱזַק רֹאשׁוֹ בָאֵלָה וַיֻּתַּן בֵּין הַשָּׁמַיִם וּבֵין הָאָרֶץ וְהַפֶּרֶד אֲשֶׁר **תַּחְתָּיו** עָבָר |

ארוך ושניהם שרפו שדה של אחרים (שמשון את שדות פלשתים ואבשלום את חלקת השדה של יואב).

13 חנה אינה מייעדת לבנה את המלכות. נהפוך הוא, היא מקדישה את בנה לנזיר: "וּמוֹרָה לֹא יַעֲלֶה עַל רֹאשׁוֹ" (שמ"א א יא), וברור כי הנזיר הפרוש, המנותק מן העבר ומן החברה, הוא היפוכו של המלך, המייצג את העם וממשיך את שושלת אבותיו. לא זו בלבד, הבן שמואל התגלה כמתנגד גדול של המלכות.

14 ראו: יאיר זקוביץ, **מרועה למשיח**, ירושלים תשנ"ו, עמ' 91, בזק, שמואל ב', עמ' 239–242.

הדמיון המילולי בולט: האיל והאלה, הסבך והשובך וכן המילה 'תחת' ('תחת בנו' בסיפור העקדה; 'תחת שובך האלה', 'אשר תחתיו עבר' בסיפור המרד).[15]

הקשר בין הסיפורים נעוץ בנושא ההמשכיות. העקדה היא סיפור העונה לשאלה מיהו הבן הראוי להמשיך את אברהם. האיל מוקרב לעולה תחת יצחק, ובכך נפדה יצחק ממוות וממשיך את אביו בחייו. אבשלום בסיפורנו איננו רק המקבילה של יצחק שנועד למלוך תחת אביו, הוא גם האיל, שכן שערו נאחז בשובך האלה כאיל שנאחז בסבך בקרניו. משמעות הדבר היא שלאבשלום אין פדיון, אין תמורה. אין לו תחליף סמלי שיבוא במקומו ויאפשר לו להיות הבן הממשיך. אבשלום 'נעקד' ומת!

ההיבט הטרגי הכרוך במות אבשלום בא לידי ביטוי גם בתגובתו של דוד לשמע הבשורה על מות בנו. דוד יודע היטב לשאת קינות; הוא נושא קינה בנויה לתלפיות על שאול ויונתן, על איש בושת ועל אבנר בן נר, אבל במקרה של בנו הוא ממעט בדיבורים ומליצות. במקום זה הוא הוגה מילים אחדות, שיקוף צלול לכאבו הנורא: "וַיִּרְגַּז הַמֶּלֶךְ וַיַּעַל עַל עֲלִיַּת הַשַּׁעַר וַיֵּבְךְּ וְכֹה אָמַר בְּלֶכְתּוֹ בְּנִי אַבְשָׁלוֹם בְּנִי בְנִי אַבְשָׁלוֹם מִי יִתֵּן מוּתִי אֲנִי תַחְתֶּיךָ אַבְשָׁלוֹם בְּנִי בְנִי" (שמ"ב יט א). כאבו של דוד גדול כל כך לא רק משום שאבשלום הוא בנו אלא משום שדוד יודע היטב שאבשלום היה המועמד הראוי ביותר לרשת את כיסאו.

לבסוף יש מקום לחשוב שדוד לא חש רק צער אלא גם אשמה עמוקה. אבשלום נטל את מושכות הצדקה והמשפט משום שאביו לא עשה צדקה ומשפט. אולי דוד יודע שאילו היה נוהג כראוי, לא היו הדברים מתגלגלים כפי שהתגלגלו.

15 המילה 'תחת' מופיעה גם בקינת דוד על מות בנו: "וַיִּרְגַּז הַמֶּלֶךְ וַיַּעַל עַל עֲלִיַּת הַשַּׁעַר וַיֵּבְךְּ וְכֹה אָמַר בְּלֶכְתּוֹ בְּנִי אַבְשָׁלוֹם בְּנִי בְנִי אַבְשָׁלוֹם מִי יִתֵּן מוּתִי אֲנִי **תַחְתֶּיךָ** אַבְשָׁלוֹם בְּנִי בְנִי" (שמ"ב יט א).

## "וְהַמֶּלֶךְ דָּוִד זָקֵן בָּא בַּיָּמִים" – דוד בזקנותו

לדוד הובטחה מלוכת עולמים (ראו בחלק האחרון של ספר זה), אולם מלכותו של דוד חסרה. היורש הראוי היחיד שהיה לו – אבשלום – נהרג, ולא קם לו תחליף מלא. חסר זה מהדהד בתחילת ספר מלכים בסיפורים המתארים את ימי זקנותו של דוד ומינויו של שלמה – שקשה שלא להבחין בדמיון הלשוני שבין שמו לבין השם אבשלום – למלך על ישראל. בניסוח אחר, ה' הבטיח לדוד כי יהיה עימו ועם זרעו, שיהיה לו יורש, אולם זהותו של היורש אינה ידועה ואינה מובנת מאליה. המתח סביב מציאת היורש ומינויו הוא ביטוי לאי־שלמותה של מלכות דוד. טענתי היא, כאמור, שאי־שלמותה של מלכות דוד היא תוצאה ישירה של מחדליו בתחום עשיית הצדקה והמשפט.

לא נעמיק בניתוח הפרקים האלה, רק נצביע כאן על כמה כיוונים ראשוניים. ספר מלכים נפתח בפסוק הזה: "וְהַמֶּלֶךְ דָּוִד זָקֵן בָּא בַּיָּמִים וַיְכַסֻּהוּ בַּבְּגָדִים וְלֹא יִחַם לוֹ" (מל"א א א). המילים הפותחות פסוק זה חוזרות מילה במילה על מילות הפסוק הזה על אברהם: "וְאַבְרָהָם זָקֵן בָּא בַּיָּמִים וַה' בֵּרַךְ אֶת אַבְרָהָם בַּכֹּל" (בראשית כד א).[16] ההקבלה מובהקת, אולם היא מדגישה בעיקר את ההיפוך שבין שתי הדמויות.

הפסוק על אברהם מייצג תמונה של מלאות ושלמות, ברכה בכול; למעשה, רק דבר אחד נותר לעשותו – מציאת אישה ליצחק – ואברהם אכן פועל במרץ לבצעו. השבעת אברהם את העבד והצבת תנאיו לאישה המבוקשת מעידות על מעמדו האיתן בקרב ביתו ובקרב אנשים הסרים למשמעתו. אף שהוא שולח את עבדו למלא את המשימה, גלוי לעין שאין העבד אלא ידו הארוכה של אדונו. לראיה, העבד מכונה לכל אורך הסיפור 'עבד אברהם' או 'האיש', ואין לו שם פרטי, והוא גם מתפלל ל'אלוהי אדוני אברהם'. אין צורך לומר שאף שהוא מגלה

16 בין סיפורי דוד לסיפורי אברהם יש קשרים רבים, ונעסוק בהם בהרחבה בחלק האחרון של הספר.

במעשיו יצירתיות ויוזמה הוא אינו סוטה אף כמלוא נימה מפקודותיו של אברהם.

לעומת זאת מצבו של דוד שונה בתכלית. אומנם גם סיפורו נפתח באותן מילים ממש, אבל המשך הפסוק איננו 'וה' בירך את דוד בכול', אלא 'ויכסוהו בבגדים ולא יחם לו'. אומנם דוד הוא מלך ולכאורה יש לו 'הכול', אך אין הוא אדם מבורך, קר לו. מדוע קר לו? מה משמעותו של הקור הזה?

בימי הזקנה, כשתש כוחו של אדם, קרוביו אמורים לשמש לו מחסה מן הקור, קרי להפיג את בדידותו ולהעניק לו אהבה וחום. אולם דוד בימי זקנותו הוא אדם בודד המסובב במאבקי ירושה ומסוכסך בפלגנות משפחתית קשה, ואין מי שיעטפהו ויחממהו. היעדר החום קשור לא רק למישור האישי שבו יש נתק בינו לבין בניו אלא גם למישור הלאומי, להיותו מלך. בגדים הם סמל למלכות; בגדיו של דוד, שאינם מחממים אותו, מסמלים שהמלוכה כבר אינה הולמת אותו. יש לחפש לו מחליף שילבש את בגדיו.

בדידותו וחולשתו של דוד הולכות ונחשפות עוד ועוד בהמשך הסיפור. דוד הוא אומנם המלך מבחינה רשמית, אבל לא ברור כלל מה הוא רוצה, מה הוא יודע ומה לא, מה מעמדו ומה כוחו. מהלכים חתרניים כמו המלכת אדוניהו מתרחשים מתחת לאפו, ולא ברור עד כמה הוא שולט במתרחש ועד כמה הוא מנוהל ומתומרן. שאלת ידיעתו של המלך ושליטתו בעניינים באה לידי ביטוי מובהק סביב המלכת אדוניהו. נתן הנביא אומר לבת שבע כי דוד לא ידע דבר מהנעשה:
"וַיֹּאמֶר נָתָן אֶל בַּת שֶׁבַע אֵם שְׁלֹמֹה לֵאמֹר הֲלוֹא שָׁמַעַתְּ כִּי מָלַךְ אֲדֹנִיָּהוּ בֶן חַגִּית וַאדֹנֵינוּ דָוִד לֹא יָדָע" (מל"א א יא).

ואולם לאחר מכן, כשנתן מדבר עם דוד, הוא תוהה ושואל אותו ישירות על כך:

וַיֹּאמֶר נָתָן אֲדֹנִי הַמֶּלֶךְ אַתָּה אָמַרְתָּ אֲדֹנִיָּהוּ יִמְלֹךְ אַחֲרָי וְהוּא יֵשֵׁב עַל כִּסְאִי: כִּי יָרַד הַיּוֹם וַיִּזְבַּח שׁוֹר וּמְרִיא וְצֹאן לָרֹב וַיִּקְרָא לְכָל בְּנֵי הַמֶּלֶךְ וּלְשָׂרֵי הַצָּבָא וּלְאֶבְיָתָר הַכֹּהֵן וְהִנָּם אֹכְלִים וְשֹׁתִים לְפָנָיו

> וַיֹּאמְרוּ יְחִי הַמֶּלֶךְ אֲדֹנִיָּהוּ: וְלִי אֲנִי עַבְדֶּךָ וּלְצָדֹק הַכֹּהֵן וְלִבְנָיָהוּ בֶן יְהוֹיָדָע וְלִשְׁלֹמֹה עַבְדְּךָ לֹא קָרָא: אִם מֵאֵת אֲדֹנִי הַמֶּלֶךְ נִהְיָה הַדָּבָר הַזֶּה וְלֹא הוֹדַעְתָּ אֶת עַבְדְּךָ מִי יֵשֵׁב עַל כִּסֵּא אֲדֹנִי הַמֶּלֶךְ אַחֲרָיו (שם כד-כז).

נתן אינו אומר לדוד 'אני יודע שלא ידעת על מעשי אדוניהו', כפי שאמר לבת שבע, אלא שואל את המלך אם ידע. אם כן, הקוראים נשארים בחוסר ידיעה אם ידע המלך או לא ידע. האם אמר נתן לבת שבע את מה שהאמין בו, אולם באוזני המלך, אולי כדי ללחוץ עליו לפעול נגד המלכת אדוניהו, השמיע דברים אחרים? ואולי להפך, למלך אמר את מה שהאמין בו באמת, ואילו לבת שבע, אולי כדי להרגיע אותה, אמר שהמלך לא ידע? וכמובן, מעבר לשאלה במה נתן מאמין יש שאלה מהי האמת, מה המלך יודע באמת. גם זה כמובן לא מסופר לנו.

האי־ידיעה בכל המישורים מלמדת על חוסר הכנות העמוק ועל היעדרם של קשרים משפחתיים קרובים, וחֶסֶר זה עולה בבירור מהמהלכים הפוליטיים שנוקטים האנשים הסובבים את המלך. קשה להאמין לנאמר משום שהכול רווי באינטרסים, עד כדי כך שאפילו הנביא לא תמיד אומר את מה שהוא מאמין בו באמת. חוסר הבהירות וחוסר הכנות באים לידי ביטוי גם סביב עניין השבועה לבת שבע אם שלמה. בתגובה על המלכת אדוניהו בן חגית על ידי יואב בן צרויה ואביתר הכוהן, נתן הנביא מייעץ לבת שבע אם שלמה לגשת אל דוד ולהזכיר לו כי נשבע לה שבנה שלמה ימלוך אחריו. בת שבע עושה כדבריו, ונתן הנביא מחרה מחזיק אחריה. דוד שומע את דבריהם ומשיב:

> וַיִּשָּׁבַע הַמֶּלֶךְ וַיֹּאמַר חַי ה' אֲשֶׁר פָּדָה אֶת נַפְשִׁי מִכָּל צָרָה: כִּי כַּאֲשֶׁר נִשְׁבַּעְתִּי לָךְ בַּה' אֱלֹהֵי יִשְׂרָאֵל לֵאמֹר כִּי שְׁלֹמֹה בְנֵךְ יִמְלֹךְ אַחֲרַי וְהוּא יֵשֵׁב עַל כִּסְאִי תַּחְתָּי כִּי כֵּן אֶעֱשֶׂה הַיּוֹם הַזֶּה: וַתִּקֹּד בַּת שֶׁבַע אַפַּיִם אֶרֶץ וַתִּשְׁתַּחוּ לַמֶּלֶךְ וַתֹּאמֶר יְחִי אֲדֹנִי הַמֶּלֶךְ דָּוִד לְעֹלָם (שם כט-לא).

דוד מודה כאן לפני בת שבע כי נשבע לה שבנה ימלוך אחריו, אולם זו הפעם הראשונה שאנו שומעים על קיומה של שבועה זו מפי דוד. אזכור השבועה כאן מעורר אי־נוחות גדולה: מצד אחד, אם אכן נשבע דוד לבת שבע בעבר, מדוע לא קיים את שבועתו עד כה? מדוע לא הקדים להכריז ששלמה הוא יורש העצר, ואולי בכך היה מונע את המלכת אדוניהו? מצד אחר, אם דוד מעולם לא נשבע לה, ונתן הנביא שם בפי בת שבע את הטענה שאכן נשבע לה, מדוע דוד מודה לפניה כי נשבע לה?

האי־בהירות סביב השבועה לבת שבע אם שלמה קשורה קשר הדוק להיבט הפוליטי של המלוכה, ואותותיו ניכרים היטב בצוואת המלך דוד לבנו שלמה ובמילויה. אלו הן מילותיו האחרונות של דוד, הבאות בסיומה של צוואתו לבנו שלמה: "וְהִנֵּה עִמְּךָ שִׁמְעִי בֶן גֵּרָא בֶן הַיְמִינִי מִבַּחֻרִים וְהוּא קִלְלַנִי קְלָלָה נִמְרֶצֶת בְּיוֹם לֶכְתִּי מַחֲנָיִם וְהוּא יָרַד לִקְרָאתִי הַיַּרְדֵּן וָאֶשָּׁבַע לוֹ בַה' לֵאמֹר אִם אֲמִיתְךָ בֶּחָרֶב: וְעַתָּה אַל תְּנַקֵּהוּ כִּי אִישׁ חָכָם אָתָּה וְיָדַעְתָּ אֵת אֲשֶׁר תַּעֲשֶׂה לּוֹ וְהוֹרַדְתָּ אֶת שֵׂיבָתוֹ בְּדָם שְׁאוֹל" (שם ב ח–ט).

דוד מודה לפני בנו שלמה כי נשבע לשמעי בן גרא שלא ימיתהו (שמ"ב יט יז–כד), אולם מצווה אותו להוריד את שיבתו בדם שאול. הטעם הפוליטי המר מתעצם בפרק מימוש הצוואה. שלמה, עם המלכתו, הורג את אחיו אדוניהו, הורג את שמעי בן גרא ואת יואב בן צרויה ומגרש את אביתר הכוהן.[17]

התופעות המתוארות בתחילת ספר מלכים – סכסוכי ירושה, תככנות ושקרים – מקורן בחלל שהותיר אחריו היורש הראוי היחיד שהיה אי פעם לדוד – בנו אבשלום.

17 עוד על הפרת שבועה זו ראו בפרק יא בספר זה.

## פרק יא

# "תְּהִי נָא יָדְךָ בִּי": המפקד והתיקון

### המפקד – סיפור חותם

על פי החלוקה המסורתית של ספרי המקרא, ספר שמואל נחתם בסיפור המתאר את המפקד שערך דוד לעם, את העונש האלוהי שהוטל על העם עקב המפקד, את תשובתו של דוד, ולבסוף את קניית הגורן מיד ארוונה היבוסי והקמת המזבח בה. אומנם רבים מחוקרי המקרא סבורים כי ספר שמואל אמור למעשה להסתיים בפרק ב של ספר מלכים, לאחר פרק חיסול החשבונות של שלמה עם אויביו ואויבי אביו, פרק הנחתם בהכרזה החגיגית: "וְהַמַּמְלָכָה נָכוֹנָה בְּיַד שְׁלֹמֹה" (מל"א ב מו).[1]

עוד טענה רווחת הנשמעת מפי חוקרי מקרא רבים רואה בפרק כד, הפרק החותם את ספר שמואל, חלק מנספח עצמאי.[2] ואכן, פרקים כא-כד, החותמים את ספר שמואל, ערוכים עריכה כיאסטית המעידה על היותם יחידה ספרותית מובחנת:

(א) מעשה הגבעונים – החטא והעונש

1 למשל אלטר, סיפור דוד, עמ' 369.

2 שם, עמ' 329.

(ב) מעשי גבורה של דוד ואנשיו
(ג) שירת דוד
(ג1) דברי דוד האחרונים
(ב1) מעשי גבורה נוספים ורשימת הגיבורים אשר לדוד
(א1) מעשה המפקד – החטא, העונש והתיקון.[3]

המבנה הכיאסטי אכן בולט לעין, אולם שלא כאותם חוקרים לדעתי אין להסיק מכך כי מדובר ביחידה עצמאית הניתנת לניתוק תאורטי משאר פרקי הספר. נהפוך הוא, כפי שנראה להלן, ליחידת פרקים זו יש משמעות רבה **כחתימה** לספר כולו, ולא במקרה הוצבה במקום שהוצבה.

בחללו של ספר שמואל מרחפת שאלת כשרותה העקרונית של המלכות, אם מלכות אנושית טובה וראויה היא דבר אפשרי. מקובל לראות בספר שמואל ספר המבטא התנגדות למוסד המלוכה. בתחילת הספר שמואל מתאר לפני העם שביקשו ממנו להעמיד להם מלך את 'משפט המלך' – חוק של עושק ועוול – ומנסה להניאם מבקשתם (שמ"א ח). ואכן, קשה שלא לראות שרבים מן הסיפורים הכלולים בספר שמואל ומתארים את המלך ואורחות המלכות מצדיקים את ראייתו המוקדמת של שמואל. ובכל זאת, הטענה שארצה לפתח בפרק זה היא שפרק כד, החותם את הספר, מציב דווקא מענה חיובי ומפתיע לשאלת כשרותה העקרונית של המלכות. פרק זה מעמיד לפנינו תמונה של מלך ראוי, מלך שחטא לה' אך מוכן להודות בחטאו ולנהוג אחוות אחים עם בני עמו.[4]

## המפקד ורעיון המלוכה

הרקע לסיפור המִפקד של דוד, כפי שהוא מופיע בספר שמואל, מעורר

3 את הזיקה ההדוקה בין סיפור המפקד לסיפור הגבעונים אבאר בהמשך הפרק.
4 על יחסו של המקרא למלכות ראו במבוא לספר. לניתוח פרק כד מן הזווית של מכות מצרים ראו סילבר, צא ולמד, עמ' 77–82.

קושי רב: "וַיֹּסֶף אַף ה' לַחֲרוֹת בְּיִשְׂרָאֵל וַיָּסֶת אֶת דָּוִד בָּהֶם לֵאמֹר לֵךְ מְנֵה אֶת יִשְׂרָאֵל וְאֶת יְהוּדָה" (שמ"ב כד א).

מקור כעסו של ה' וההסתה שלו את דוד המתוארים בפסוק אינם מובנים לכאורה, ואכן, רש"י הפטיר בפשטות: "לא ידעתי על מה".[5] לשאלת מקור כעסו של ה' נשוב בהמשך; מכל מקום, דוד מורה ליואב בן צרויה שר הצבא שלו לפקוד את העם. יואב מנסה בתחילה להניא את דוד מפקודתו, אולם דוד מתעקש. לאחר שיואב מוציא לפועל את הפקודה ליבו של דוד מכה אותו על שעשה זאת, והוא פונה אל ה' בבקשת מחילה: "וַיֹּאמֶר דָּוִד אֶל ה' חָטָאתִי מְאֹד אֲשֶׁר עָשִׂיתִי וְעַתָּה ה' הַעֲבֶר נָא אֶת עֲוֹן עַבְדְּךָ כִּי נִסְכַּלְתִּי מְאֹד" (שם כד י).

להודאתו של דוד בחטאו נימה חריפה ונמרצת: 'חטאתי מאוד', 'נסכלתי מאוד', ובמפתיע הנימה קשה אף יותר מהודאתו בסיפור בת שבע, שהסתכמה במילים "חָטָאתִי לַה'" (שם יב יג). גם שלושת העונשים האפשריים שהוצבו לבחירת דוד מעידים על חומרתו הרבה של חטאו: רעב, חרב או דבר. ואולם מדוע נחשב חטאו של דוד לחטא כבד כל כך? כיצד ייתכן שהוא חמור אף יותר מחטא בת שבע?

אני מציע כי חומרתו המיוחדת של מעשה המפקד נובעת מהיותו ביטוי למאיסה במלכות ה'; דוד מונה את ישראל ויהודה משל היו אוצרו הפרטי, ובכך מבטא כלפי העם יחס של שררה הדוחקת מלכות שמיים. טיבו של החטא מתבלט על רקע הציווי המופיע בספר שמות לִמנות את העם. בספר שמות מנִיית העם היא חלק מהקמת המשכן, מעשה המבטא את הרעיון שרק השכינה השורה בקרב בני ישראל מאגֶדת אותם לעם, ואילו דוד פוקד את העם מרצונו האישי וללא הנחיה מאת ה'. אני מציע אפוא כי מעשה המפקד מעורר מחדש ובעוצמה את אותו כעס אלוהי שהתעורר בתחילת ספר שמואל לשמע בקשת העם למלך: "וַיֹּאמֶר ה' אֶל שְׁמוּאֵל שְׁמַע בְּקוֹל הָעָם לְכֹל אֲשֶׁר יֹאמְרוּ אֵלֶיךָ כִּי לֹא אֹתְךָ מָאָסוּ כִּי אֹתִי מָאֲסוּ מִמְּלֹךְ עֲלֵיהֶם: כְּכָל

5 ראו שמ"ב כד א ד"ה "ויוסף אף".

הַמַּעֲשִׂים אֲשֶׁר עָשׂוּ מִיּוֹם הַעֲלֹתִי אֹתָם מִמִּצְרַיִם וְעַד הַיּוֹם הַזֶּה וַיַּעַזְבֻנִי וַיַּעַבְדוּ אֱלֹהִים אֲחֵרִים כֵּן הֵמָּה עֹשִׂים גַּם לָךְ" (שמ"א ח ז-ח).

אם כן, פרק כד נקשר לתחילת ספר שמואל, המציף את שאלת המלוכה אם טובה היא אם רעה.

## חטא שאול בגבעונים

כדי לבסס את הרעיון שחטא המפקד נוגע בסוגיית המלכות נפנה לעיון קצר במקבילה של פרק זה, פרק כא[6] – שאף במרכזו עומד חטא של מלך ועונש אלוהי הבא בעקבותיו: "וַיְהִי רָעָב בִּימֵי דָוִד שָׁלֹשׁ שָׁנִים שָׁנָה אַחֲרֵי שָׁנָה וַיְבַקֵּשׁ דָּוִד אֶת פְּנֵי ה', וַיֹּאמֶר ה' אֶל שָׁאוּל וְאֶל בֵּית הַדָּמִים עַל אֲשֶׁר הֵמִית אֶת הַגִּבְעֹנִים: וַיִּקְרָא הַמֶּלֶךְ לַגִּבְעֹנִים וַיֹּאמֶר אֲלֵיהֶם וְהַגִּבְעֹנִים לֹא מִבְּנֵי יִשְׂרָאֵל הֵמָּה כִּי אִם מִיֶּתֶר הָאֱמֹרִי וּבְנֵי יִשְׂרָאֵל נִשְׁבְּעוּ לָהֶם וַיְבַקֵּשׁ שָׁאוּל לְהַכֹּתָם בְּקַנֹּאתוֹ לִבְנֵי יִשְׂרָאֵל וִיהוּדָה" (שמ"ב כא א-ב).

שאול המית את הגבעונים והפר את השבועה שנשבעו להם בני ישראל, והעונש על כך פקד רעב את הארץ בימי דוד שלוש שנים. לבקשת הגבעונים דוד לוקח שבעה מבני שאול ומוקיע אותם בהר לפני ה'. רצפה בת איה, אימם של שניים מהמוקעים, מגינה על גופותיהם מפני הגשם ומפני העופות וחיות השדה. מעשיה של רצפה בת איה מניעים את דוד להביא לקבורה את עצמות שאול ויונתן, ולאחר מכן נאמר כי ה' נעתר לארץ ופסק הרעב.

סיפור זה על הגבעונים ונקמתם בצאצאי שאול מעורר קושי מייד עם תחילתו. מדוע נענש דוד על חטאו של שאול? מדוע הרעב בא דווקא בימיו ולא בזמן מלכות שאול? ההסבר שאני מציע לכך הוא שהפרת השבועה של שאול מציפה חטא מרכזי של דוד: חטא הפרת השבועה. הפרת שבועה היא ביטוי לזלזול בה', שהרי האדם נשבע בשם

6 כפי שצוין בפתיחת הפרק, הפרקים האחרונים של ספר שמואל ערוכים במבנה כיאסטי. פרק כא מקביל במבנה זה לפרק כד.

ה׳. כאשר המלך, המצווה במיוחד להיות כפוף לה׳ ולשמוע בקולו, מפר שבועות, חטאו גדול פי כמה וכמה.

המקרה הבוטה ביותר שבו דוד מפר שבועה קשור בשמעי בן גרא. אלו הן מילותיו האחרונות של דוד הבאות בסיומה של צוואתו לבנו שלמה: ״וְהִנֵּה עִמְּךָ שִׁמְעִי בֶן גֵּרָא בֶן הַיְמִינִי מִבַּחֻרִים וְהוּא קִלְלַנִי קְלָלָה נִמְרֶצֶת בְּיוֹם לֶכְתִּי מַחֲנָיִם וְהוּא יָרַד לִקְרָאתִי הַיַּרְדֵּן וָאֶשָּׁבַע לוֹ בַה׳ לֵאמֹר אִם אֲמִיתְךָ בֶּחָרֶב: וְעַתָּה אַל תְּנַקֵּהוּ כִּי אִישׁ חָכָם אָתָּה וְיָדַעְתָּ אֵת אֲשֶׁר תַּעֲשֶׂה לּוֹ וְהוֹרַדְתָּ אֶת שֵׂיבָתוֹ בְּדָם שְׁאוֹל״ (מל״א ב ח-ט).

דוד אומר לבנו שלמה כי נשבע לשמעי בן גרא שלא ימיתהו (שמ״ב יט יז-כד), אולם מצווה אותו להוריד את שיבתו בדם שאול. לכאורה היה מקום לטעון כי אין בכך משום הפרת שבועה, שכן לא דוד הוא שהורג את שמעי אלא בנו, אולם זה פלפול משפטי המרוקן את השבועה מתוכנה. דוד המצווה את שלמה להרוג את שמעי מזכיר לנו את דוד המצווה את יואב להרוג את אוריה: בשני המקרים דוד הורג אדם שלא כדין על ידי אדם אחר ובדרך עקיפה ותחבולנית.

הפסוקים המתארים את חטאו של שאול בגבעונים רומזים לנו בעצמם לסיפור של שמעי. נשים לב לנוכחותן של המילים ׳שאול׳ ו׳דמים׳ בפסוקים אלו: ״וַיְהִי רָעָב בִּימֵי דָוִד שָׁלֹשׁ שָׁנִים שָׁנָה אַחֲרֵי שָׁנָה וַיְבַקֵּשׁ דָּוִד אֶת פְּנֵי ה׳ וַיֹּאמֶר ה׳ אֶל שָׁאוּל וְאֶל בֵּית הַדָּמִים עַל אֲשֶׁר הֵמִית אֶת הַגִּבְעֹנִים״ (שם כא א).

המתת הגבעונים על ידי שאול מכונה בפסוק ׳בית הדמים׳, היינו נראה כי מדובר בדמים ששאול אחראי להם בהמיתו את הגבעונים. ואולם לצירוף המילים ׳שאול׳ ו׳בית הדמים׳ יש היסטוריה ארוכה הנוגעת לדוד עצמו.

שמעי בן גרא, שקילל את דוד כשברח אל המדבר מפני בנו, מתאר אותו כאיש **דמים**, האחראי לדמי **בית שאול**: ״וְכֹה אָמַר שִׁמְעִי בְּקַלְלוֹ צֵא צֵא **אִישׁ הַדָּמִים** וְאִישׁ הַבְּלִיָּעַל: הֵשִׁיב עָלֶיךָ ה׳ כֹּל **דְּמֵי בֵית שָׁאוּל** אֲשֶׁר מָלַכְתָּ תַּחְתָּיו וַיִּתֵּן ה׳ אֶת הַמְּלוּכָה בְּיַד אַבְשָׁלוֹם בְּנֶךָ וְהִנְּךָ בְּרָעָתֶךָ כִּי **אִישׁ דָּמִים** אָתָּה״ (שם טז ז-ח).

בפסוקים שצוטטו לעיל דוד מצווה על בנו להוריד את שיבתו של שמעי ׳בדם שְׁאול׳. המילים ׳דם שְׁאול׳ מהדהדות את ׳דמי שָׁאול׳ מקללת שמעי, והשאלה היא מה ביקש מחבר הספר לומר לנו ברמיזה זו. אפשרות אחת היא שהחזרה המילולית ממחישה את סיבת הנקמה בשמעי: את שיבתו של שמעי יש להוריד בדם שְׁאול משום שהאשים את דוד באחריות לדמי בית שָׁאול. ואולם נראה שיש כאן יותר מזה. הכתוב רומז לנו ששמעי אמר דברי אמת; כאשר דוד מצווה להוריד את שיבתו של שמעי בדם שאול, שלא כמה שנשבע לו, הוא רק ממחיש את צדקת דבריו של שמעי: דוד, גם אם איננו אחראי לדמי בית שאול,[7] הוא אכן איש דמים שהורג אנשים חפים מפשע.[8]

עוד מקרה של הפרת שבועה הוא הפרת השבועה שבין דוד ליונתן. יונתן משביע את דוד כי לא יכרית את צאצאיו ויעשה איתם חסד:

> כֹּה יַעֲשֶׂה ה׳ לִיהוֹנָתָן וְכֹה יֹסִיף כִּי יֵיטִב אֶל אָבִי אֶת הָרָעָה עָלֶיךָ וְגָלִיתִי אֶת אָזְנֶךָ וְשִׁלַּחְתִּיךָ וְהָלַכְתָּ לְשָׁלוֹם וִיהִי ה׳ עִמָּךְ כַּאֲשֶׁר הָיָה עִם אָבִי: וְלֹא אִם עוֹדֶנִּי חָי וְלֹא תַעֲשֶׂה עִמָּדִי חֶסֶד ה׳ וְלֹא אָמוּת: וְלֹא תַכְרִית אֶת חַסְדְּךָ מֵעִם בֵּיתִי עַד עוֹלָם וְלֹא בְּהַכְרִת ה׳ אֶת אֹיְבֵי דָוִד אִישׁ מֵעַל פְּנֵי הָאֲדָמָה: וַיִּכְרֹת יְהוֹנָתָן עִם בֵּית דָּוִד וּבִקֵּשׁ

7 לא ברור כל כך אם דוד אחראי לדמי בית שאול כפי שטען שמעי, אך דוד ודאי אינו מסייע באופן ממשי לצאצאי שאול כפי שמתבקש משבועתו לשאול וליונתן.

8 מרד אבשלום, שבתחילתו יצא שמעי וקילל את דוד הבורח מירושלים, הוא מימוש העונש שהוטל על דוד לאחר חטאו בבת שבע. תוכחת נתן הנביא לאחר החטא מנבאת את מה שיעשה אבשלום: ״כֹּה אָמַר ה׳ הִנְנִי מֵקִים עָלֶיךָ רָעָה מִבֵּיתֶךָ וְלָקַחְתִּי אֶת נָשֶׁיךָ לְעֵינֶיךָ וְנָתַתִּי לְרֵעֶיךָ וְשָׁכַב עִם נָשֶׁיךָ לְעֵינֵי הַשֶּׁמֶשׁ הַזֹּאת״ (שמ״ב יב יא). עוד ראיה לכך שמרד אבשלום הוא עונש על חטא בת שבע היא שבמקביל למילה ׳חרב׳, המופיעה בתוכחת נתן הנביא שלוש פעמים (שמ״ב יב ח, ט, י), בקללת שמעי מופיעה המילה ׳דם׳ שלוש פעמים.

ה׳ מִיַּד אֹיְבֵי דָוִד: וַיּוֹסֶף יְהוֹנָתָן לְהַשְׁבִּיעַ אֶת דָּוִד בְּאַהֲבָתוֹ אֹתוֹ כִּי אַהֲבַת נַפְשׁוֹ אֲהֵבוֹ (שמ״א כ יג-יז).

אבל כפי שראינו, דוד אינו דואג באמת לבני משפחתו של שאול ואינו עושה איתם חסד של ממש.[9]

עוד דוגמה נוגעת לאבשלום. יואב שולח אל דוד אישה חכמה מתקוע ושם בפיה סיפור שתכליתו לשכנע את המלך להשיב אליו את בנו אבשלום. האישה מזדהה לפני המלך כאלמנה, אם לשני בנים שהאחד קם על חברו והרגו. עתה המשפחה מבקשת לגאול את דם הנרצח באמצעות המתת הבן הרוצח, והאישה מתחננת לפני דוד להתערב ולהגן על בנה מנקמת הגואלים, שכן הבן הנותר הוא היורש לאב המת: ״וְהִנֵּה קָמָה כָל הַמִּשְׁפָּחָה עַל שִׁפְחָתֶךָ וַיֹּאמְרוּ תְּנִי אֶת מַכֵּה אָחִיו וּנְמִתֵהוּ בְּנֶפֶשׁ אָחִיו אֲשֶׁר הָרָג וְנַשְׁמִידָה גַּם אֶת הַיּוֹרֵשׁ וְכִבּוּ אֶת גַּחַלְתִּי אֲשֶׁר נִשְׁאָרָה לְבִלְתִּי שׂוֹם שִׂים לְאִישִׁי שֵׁם וּשְׁאֵרִית עַל פְּנֵי הָאֲדָמָה״ (שמ״ב יד ז).

המלך נעתר לבקשתה: ״וַיֹּאמֶר הַמֶּלֶךְ הַמְדַבֵּר אֵלַיִךְ וַהֲבֵאתוֹ אֵלַי וְלֹא יֹסִיף עוֹד לָגַעַת בָּךְ: וַתֹּאמֶר יִזְכָּר נָא הַמֶּלֶךְ אֶת ה׳ אֱלֹהֶיךָ מֵהַרְבַּת גֹּאֵל הַדָּם לְשַׁחֵת וְלֹא יַשְׁמִידוּ אֶת בְּנִי וַיֹּאמֶר חַי ה׳ אִם יִפֹּל מִשַּׂעֲרַת בְּנֵךְ אָרְצָה״ (שם י-יא).

לאחר שהאישה מקבלת את מבוקשה היא חושפת לפני המלך את מה שעמד מאחורי סיפורה: ״וַתֹּאמֶר הָאִשָּׁה וְלָמָּה חָשַׁבְתָּה כָּזֹאת עַל עַם אֱלֹהִים וּמִדַּבֵּר הַמֶּלֶךְ הַדָּבָר הַזֶּה כְּאָשֵׁם לְבִלְתִּי הָשִׁיב הַמֶּלֶךְ אֶת נִדְּחוֹ: כִּי מוֹת נָמוּת וְכַמַּיִם הַנִּגָּרִים אַרְצָה אֲשֶׁר לֹא יֵאָסֵפוּ וְלֹא יִשָּׂא אֱלֹהִים נֶפֶשׁ וְחָשַׁב מַחֲשָׁבוֹת לְבִלְתִּי יִדַּח מִמֶּנּוּ נִדָּח״ (שם יג-יד).

כשם שראוי להציל את הבן הנותר למשפחה אף על פי שרצח את אחיו, שכן הבן הנותר אמור לרשת את אביו, כך יש למלך ׳להשיב את נדחו׳, היינו להשיב את אבשלום רוצח אמנון, שכן אבשלום הוא

9 ראו על כך בפרק ח בספר זה.

ממשיכו הטבעי של אביו. המלך מבין שיד יואב הייתה בדבר ומצווה עליו כך:

> וַיֹּאמֶר הַמֶּלֶךְ אֶל יוֹאָב הִנֵּה נָא עָשִׂיתִי אֶת הַדָּבָר הַזֶּה וְלֵךְ הָשֵׁב אֶת הַנַּעַר אֶת אַבְשָׁלוֹם: וַיִּפֹּל יוֹאָב אֶל פָּנָיו אַרְצָה וַיִּשְׁתַּחוּ וַיְבָרֶךְ אֶת הַמֶּלֶךְ וַיֹּאמֶר יוֹאָב הַיּוֹם יָדַע עַבְדְּךָ כִּי מָצָאתִי חֵן בְּעֵינֶיךָ אֲדֹנִי הַמֶּלֶךְ אֲשֶׁר עָשָׂה הַמֶּלֶךְ אֶת דְּבַר עַבְדֶּךָ: וַיָּקָם יוֹאָב וַיֵּלֶךְ גְּשׁוּרָה וַיָּבֵא אֶת אַבְשָׁלוֹם יְרוּשָׁלָם: וַיֹּאמֶר הַמֶּלֶךְ יִסֹּב אֶל בֵּיתוֹ וּפָנַי לֹא יִרְאֶה וַיִּסֹּב אַבְשָׁלוֹם אֶל בֵּיתוֹ וּפְנֵי הַמֶּלֶךְ לֹא רָאָה (שם כא-כד).

דוד נשבע לאישה התקועית כי יגן על הבן הרוצח. לאחר שהאישה התקועית מגלה את הקלפים ומבהירה את הנמשל, בבחינת 'אתה האיש', הוא כנראה מבין ששבועתו לאישה התקועית מחייבת אותו אף כלפי בנו, ולכן מצווה להשיבו לירושלים. עם זאת המלך מסרב לראות את פניו, ומכאן שבסופו של דבר לא קיים את שבועתו, שהרי ברור שכוונת יואב לא הייתה רק שהמלך יקרב אליו את אבשלום קרבה גאוגרפית בלבד אלא שיסלח לו ויתפייס עימו.

דוגמה אחרונה היא שבועת המלך לבת שבע בתחילת ספר מלכים. לאחר שבת שבע באה אל המלך ותובעת את הכתר לבנה שלמה, דוד אומר לה כי כבר נשבע לה בעבר ששלמה בנה ימלוך אחריו: "כִּי כַּאֲשֶׁר נִשְׁבַּעְתִּי לָךְ בַּה' אֱלֹהֵי יִשְׂרָאֵל לֵאמֹר כִּי שְׁלֹמֹה בְנֵךְ יִמְלֹךְ אַחֲרַי וְהוּא יֵשֵׁב עַל כִּסְאִי תַּחְתָּי כִּי כֵּן אֶעֱשֶׂה הַיּוֹם הַזֶּה" (מל"א א ל).

אם המלך נשבע לבת שבע כפי שהוא מצהיר עתה,[10] מדוע לא קיים את שבועתו עד כה? השתהותו של המלך מלקיים את שבועתו

10 למעשה, היות שלא מצאנו כל שבועה כזו, לא ברור אם המלך באמת נשבע לבת שבע. לא מן הנמנע שהצהרת המלך אינה אלא חזרה על דבריו של נתן הנביא, שסיפר למלך כי נשבע לבת שבע; אולם ספק אם נתן הנביא הזכיר למלך אירוע שאכן קרה או שמא המציא אותו מכול וכול משום שחשב שהבן הראוי למלוך אחרי דוד הוא שלמה, מפני שחשש מפני נקמתו של אדוניהו או מטעמים אחרים.

מעלה את החשש שאילולי פעלו נתן הנביא ובת שבע בדחיפות, לא היה המלך מקיים את שבועתו. במאמר מוסגר, מעניין לשים לב שגם הטיפול של דוד בסיפור הגבעונים איננו חף מבעיות, והוא מוסיף לרושם שיש לחטאי דוד זיקה עמוקה לחטאי שאול.

ראשית, מעשיה של רצפה בת איה, שכיבדה את המתים, מניעים את דוד לעשות מעשה דומה, שעם היותו מעשה חיובי וטוב מפתיע מאוד לגלות שלא נעשה עד כה. דוד מביא לקבורה את עצמות שאול ויונתן, אבל לא ברור מדוע רק עכשיו. התמיהה מתעוררת בעיקר באשר ליונתן, שדוד נשבע לו "ה' יִהְיֶה בֵּינִי וּבֵינֶךָ וּבֵין זַרְעִי וּבֵין זַרְעֲךָ עַד עוֹלָם" (שמ"א כ מב).

שנית, הליכת דוד אל הגבעונים ובקשתו מהם לקבוע איך יכופר עוונו של שאול נראות צעד בעייתי. האם הנפגעים עצמם אמורים לקבוע את העונש? שלישית, לאחר שהגבעונים מבקשים שבעה אנשים מבני שאול להוקיע לה' בגבעת שאול, דוד בוחר את השבעה, אולם לא ברור אם הוא אכן רשאי לבחור את האנשים ובכך לגזור את גורלם.[11] חשוב לשים לב שהוקעת בני שאול לא עצרה את הרעב, וזה חדל רק לאחר שהביא דוד את שאול ובניו לקבורה.

רביעית, האדם הראוי ביותר לשאת בעונש על מעשיו של שאול הוא לא אחר מדוד עצמו, המלך שהחליף את שאול על כס המלוכה. הכתוב רומז לנו לאפשרות זו באמצעות זיקה לשונית לחטא בעל פעור, שגם בו נזכר הפועל להוקיע:

> וַיֵּשֶׁב יִשְׂרָאֵל בַּשִּׁטִּים וַיָּחֶל הָעָם לִזְנוֹת אֶל בְּנוֹת מוֹאָב: וַתִּקְרֶאןָ לָעָם לְזִבְחֵי אֱלֹהֵיהֶן וַיֹּאכַל הָעָם וַיִּשְׁתַּחֲווּ לֵאלֹהֵיהֶן: וַיִּצָּמֶד יִשְׂרָאֵל

11 הרעיון של הקרבת אנשים יחידים כדי להציל את הקבוצה כולה בא לידי ביטוי גם בפרק כ, שבו מסופר על הסגרת שבע בן בכרי לידי יואב בידי האישה החכמה. ואולם כבר חז"ל ראו במקרה של שבע בן בכרי מקרה מיוחד שבו מותר להקריב אחד למען כולם, שכן לא מדובר בבחירה שרירותית אלא במקרה שבו "ייחדוהו להם", היינו המוסגר המסוים סומן מלכתחילה על ידי הצד שדורש את ההסגרה.

> לְבַעַל פְּעוֹר וַיִּחַר אַף ה׳ בְּיִשְׂרָאֵל: וַיֹּאמֶר ה׳ אֶל מֹשֶׁה **קַח אֶת כָּל רָאשֵׁי הָעָם וְהוֹקַע אוֹתָם לַה׳** נֶגֶד הַשָּׁמֶשׁ וְיָשֹׁב חֲרוֹן אַף ה׳ מִיִּשְׂרָאֵל (במדבר כה א-ד).

חרון האף סר מעם ה׳ כאשר מוקעים ראשי העם דווקא, לא האנשים הפשוטים. בשלב זה דוד הוא ראש העם.

חמישית, ייתכן שהכתוב רומז לנו על חובתו של דוד לשאת בעצמו בעונש גם באופן אחר באמצעות שם האב של חמישה מהמוקעים, האיש של מיכל בת שאול – עדריאל המחולתי: "וַיִּקַּח הַמֶּלֶךְ אֶת שְׁנֵי בְּנֵי רִצְפָּה בַת אַיָּה אֲשֶׁר יָלְדָה לְשָׁאוּל, אֶת אַרְמֹנִי וְאֶת מְפִבֹשֶׁת, וְאֶת חֲמֵשֶׁת בְּנֵי מִיכַל בַּת שָׁאוּל אֲשֶׁר יָלְדָה לְעַדְרִיאֵל בֶּן בַּרְזִלַּי הַמְּחֹלָתִי" (שמ"ב כא ח). כפי שציינו לעיל,[12] שם זה רומז לדוד עצמו. 'עדריאל המחולתי' פירושו הרועה המוזיקלי (עדריאל מלשון עדר, מחולתי מלשון מחול), והרי דוד הוא רועה עדר המפליא לנגן בכינור (ראו בשמ"א יז לד; שם טז טז).

ההצעה שלפיה חטאו של שאול בגבעונים מציף חטאים של דוד נתמכת בנתון נוסף: לעיל הצגנו את המבנה הכיאסטי שבו ערוכים פרקים כא-כד. כל הפרקים הכלולים במבנה זה עוסקים ישירות בדוד, למעט לכאורה פרק כא, המתאר את חטאו של שאול בעניין הגבעונים. עתה אפשר לפתור גם את הצרימה הזאת: המלך החוטא שנזכר בפרק כא במפורש הוא אומנם שאול, אבל הפרק עוסק לא פחות ואולי אף יותר בדוד!

## תשובתו של דוד

ראינו כי במישור הגלוי פרק כא מתמקד בחטאיו של שאול, ובה בעת במישור הסמוי הוא מצביע על חטאיו של דוד. לאמיתו של דבר אני

12 שמות נוספים המופיעים בספר, כמו פלטי בן ליש ועובד אדום הגִתי, רומזים אף הם לדוד. על התופעה ועל משמעותה האפשרית ראו בפרק ג בספר זה.

סבור כי מה שמעניין באמת את המספר כאן איננו שאול ודוד כאנשים ספציפיים אלא חטאיהם של **מלכים** כאנשי דמים וכמפרי שבועות. החטאים האלה מציפים כאמור את החרון האלוהי, הרואה במלך ביטוי למאיסה במלכות שמיים.

אבל כאן, בפרק כד, נפתח צוהר לתקווה מחודשת. לשאלת גד הנביא באילו מן העונשים יבחר – רעב, דבר או חרב – דוד משיב: "צַר לִי מְאֹד נִפְּלָה נָּא בְיַד ה' כִּי רַבִּים רַחֲמָיו וּבְיַד אָדָם אַל אֶפֹּלָה" (שמ"ב כד יד). דוד מוריד מן הפרק את האפשרות ליפול בידי אדם, כלומר בחרב, ומשאיר בידי ה' את הבחירה בין דבר לרעב – 'נפלה נא ביד ה''. הימנעותו של דוד מלבחור בעונש מסוים היא ביטוי להכרתו במגבלות כוחו ומעידה שהבין כי ה' לבדו הוא הריבון והפוסק.[13]

לאחר הדברים האלה החלה מגפת דבר להשתולל בעם: "וַיִּתֵּן ה' דֶּבֶר בְּיִשְׂרָאֵל מֵהַבֹּקֶר וְעַד עֵת מוֹעֵד וַיָּמָת מִן הָעָם מִדָּן וְעַד בְּאֵר שֶׁבַע שִׁבְעִים אֶלֶף אִישׁ: וַיִּשְׁלַח יָדוֹ הַמַּלְאָךְ יְרוּשָׁלַםִ לְשַׁחֲתָהּ וַיִּנָּחֶם ה' אֶל הָרָעָה וַיֹּאמֶר לַמַּלְאָךְ הַמַּשְׁחִית בָּעָם רַב עַתָּה הֶרֶף יָדֶךָ וּמַלְאַךְ ה' הָיָה עִם גֹּרֶן הָאֲרַוְנָה הַיְבֻסִי" (שם טו–טז). כשדוד רואה את המגפה משתוללת הוא מודה בחטאו: "וַיֹּאמֶר דָּוִד אֶל ה' בִּרְאֹתוֹ אֶת הַמַּלְאָךְ הַמַּכֶּה בָעָם וַיֹּאמֶר הִנֵּה אָנֹכִי חָטָאתִי וְאָנֹכִי הֶעֱוֵיתִי וְאֵלֶּה הַצֹּאן מֶה עָשׂוּ תְּהִי נָא יָדְךָ בִּי וּבְבֵית אָבִי" (שם יז).

וידויו של דוד מבטא הבנה עמוקה של מקומו בעולם, של תפקידו כמלך. שלא כמנהגם של מלכים ובעלי שררה, דוד מוכן לקבל עליו אחריות למעשיו ולחטאיו – 'תהי נא ידך בי ובבית אבי'. למעשה, אפשר לראות בדברי דוד פירוש לתנאי של התורה להעמיד את המלך **'מקרב אחיך'** – הוא מבין שהוא עבד של העם ולא אדונו. הוא מבין כי למלוך פירושו להגן על הנתינים ולייצג אותם, ומלך שאיננו נוהג כך עלול לאבד את מלכותו.

13 ראו על כך גם סילבר, צא ולמד, עמ' 76–82.

מעניין לראות כי פרק כג, הסמוך לסיפור המפקד, נחתם ברשימת גיבורי דוד, והשם האחרון המופיע בה הוא אוריה החִתי.[14] נתון זה אינו נראה מקרי; דומה כי מחבר הספר מבקש שנקרא את סיפור המפקד על רקע סיפור בת שבע, כתשובת המשקל לחטא זה. סיפור המפקד הוא היפוכו המוחלט של סיפור דוד ובת שבע, סיפור חטאו הגדול של דוד. ראינו לעיל כי חטא דוד ובת שבע מתאפיין בכשל חמור של אי־קבלת אחריות: דוד יושב בארמונו **ושולח שליחים** שיעשו בשבילו את העבודה. הוא שולח את גיבוריו להילחם בבני עמון ושולח ביד אוריה את הפקודה לקרבו אל חזית המלחמה כדי שייפגע שם וימות. דוד אינו מתפקד כמלך ומנהיג ומנצל את כוחו וסמכותו לעניין אישי ופסול. בסיפור המפקד, לעומת זאת, דוד אינו מסתתר בארמונו ואינו משתמש באחרים כדי להגן על עצמו. הוא מוכן לקבל עליו אחריות לחטאו ולשאת עונש מוות אלוהי בעבור עמו.

תשובתו של דוד בסיפור המפקד איננה עומדת רק בהיפוך לחטאו בבת שבע ובאוריה; כוחה גובר גם על **תשובתו** על חטא זה. ראשית, בשונה מסיפור בת שבע, שבו הודאתו של דוד באה רק לאחר ששמע את תוכחתו של נתן הנביא, בסיפור המפקד דוד אינו נזקק לתוכחה חיצונית – מייד לאחר שהוא עורך את המפקד נאמר כי הכה אותו **ליבו** והוא הודה בחטאו (שם כד י). שנית, בסיפור המפקד דוד מצליח לתקן לא רק את החטא שחטא אלא גם את תוצאותיו – הוא עוצר את המגפה המשתוללת בעם. כוח תשובתו הועיל אפוא לא רק לתקן את העבר אלא גם את העתיד. שלישית, חטא בת שבע הוא חטא הלקיחה, והוא מחזיר אותנו לנאומו של שמואל הנביא, המזהיר את העם מפני המלך הלוקח. אבל בסיפור המִפקד דוד מפעיל יוזמה המבטאת אדנות, בעלות ושררה. העניין הוא אפוא לא רק הפעלת כוח מופרז אלא שכחה של מקומו כלפי שמיא, ואנו שומעים שוב את הקובלנה האלוהית היסודית כלפי המלך: ׳לא אותך מאסו כי אותי מאסו ממלוך עליהם׳.

14 ושלא כבספר דברי הימים, ששם אוריה איננו השם האחרון ברשימה (דה״א יא מא).

עומק התיקון כעומק החטא – תשובתו של דוד על חטא המפקד מבטאת באופן יסודי במיוחד את העובדה שהוא רואה נכוחה את מקומו כמלך. סיפור המפקד, אקורד הסיום של ספר שמואל, מציב אפוא תשובה אופטימית על שאלת המלוכה: תיתכן מלכות אנושית טובה וראויה, ודוד, על אף כישלונותיו, מדגים זאת.

## סיכום

פרק ח מסתיים בהצהרה החגיגית "וַיְהִי דָוִד עֹשֶׂה מִשְׁפָּט וּצְדָקָה" (שמ"ב ח טו), אולם מנקודה זו הדברים הולכים ומידרדרים: חסדו של דוד למפיבושת, חסדו של דוד עם חנון בן נחש, חטא בת שבע ואונס תמר – כל אחד מן הסיפורים האלה קורא תיגר על הצהרה זו בדרכו שלו.

ואולם אין כאן סוף פסוק. ספר שמואל נחתם בסיפור שבו דוד המלך עושה את תפקידו נאמנה, מודה בחטאיו ונוהג אחווה עמוקה עם בני עמו. כך, בסיומו של הספר, מתעוררת לה גם אופטימיות חדשה בנוגע למוסד המלוכה.

בחלק האחרון של ספרנו נמשיך לחדד את לקחיו של סיפור המפקד על רקע מערכת השוואות מסועפת בין סיפורי דוד לסיפורי אברהם בספר בראשית.

חלק רביעי

# בהר ה' ייראה – צדקה ומשפט בסיפורי דוד ואברהם

# פתיחה

בחלק זה אציג מערכת הקבלות מסועפת בין סיפורי אברהם לסיפורי דוד ואעמיק במיוחד בדרך שבה הקבלות אלו שופכות אור על תפקודו של דוד כמלך.

מערכת המקבילות שאדון בה צומחת על רקע מצע משותף, מסעות חיים דומים החורזים את סיפור חייהם של שני האישים. שניהם עוסקים בכיבוש הארץ, את שניהם מעסיקה המשימה למצוא מקום בארץ לשכינת ה׳ ואת שניהם מעסיקה שאלת ההמשכיות, העמדת יורש ראוי שימשיך ויבסס את מפעל חייהם.

ההקבלה בין אברהם לדוד מדגישה את תפקידם והשפעתם כמנהיגים וכראשי שושלות שמתחילים משהו חדש: אברהם הוא מייסד שושלת אבות עם ישראל, ודוד הוא מייסד המלוכה. ואולם מעבר לתפקידם הכללי כמנהיגים־מייסדים, סיפוריהם של שני האישים מקבילים זה לזה בשל היבטים נוספים של משבר ותיקון במישור המוסרי והערכי, והיבטים אלו יהיו מוקד עניננו בחלק זה.

## פרק יב

# מלחמה וכיבוש, משפט וצדקה

### מלחמת צקלג ומלחמת המלכים

נפתח בנושא כיבוש הארץ ובהקבלה מאלפת בין סיפור ניצחונו של אברהם על ארבעת המלכים לבין סיפור מלחמת דוד בעמלקים בצקלג. נשים לב לקשרי לשון ועניין בין הסיפורים.

א. אברהם יוצא לקרב נגד ארבעת המלכים כדי להציל את שבויי סדום: "וַיִּשְׁמַע אַבְרָם כִּי נִשְׁבָּה אָחִיו וַיָּרֶק אֶת חֲנִיכָיו יְלִידֵי בֵיתוֹ שְׁמֹנָה עָשָׂר וּשְׁלֹשׁ מֵאוֹת **וַיִּרְדֹּף** עַד דָּן" (בראשית יד יד), ודוד יוצא לקרב כדי להציל את האנשים שנשבו מצקלג: "וַיִּשְׁבּוּ אֶת הַנָּשִׁים אֲשֶׁר בָּהּ מִקָּטֹן וְעַד גָּדוֹל לֹא הֵמִיתוּ אִישׁ וַיִּנְהֲגוּ וַיֵּלְכוּ לְדַרְכָּם" (שמ"א ל ב).

ב. אברהם רודף אחרי המלכים בלוויית חניכיו ילידי ביתו: "וַיִּשְׁמַע אַבְרָם כִּי נִשְׁבָּה אָחִיו וַיָּרֶק אֶת חֲנִיכָיו יְלִידֵי בֵיתוֹ שְׁמֹנָה עָשָׂר וּשְׁלֹשׁ מֵאוֹת **וַיִּרְדֹּף** עַד דָּן: וַיֵּחָלֵק עֲלֵיהֶם לַיְלָה הוּא וַעֲבָדָיו וַיַּכֵּם וַיִּרְדְּפֵם עַד חוֹבָה אֲשֶׁר מִשְּׂמֹאל לְדַמָּשֶׂק" (בראשית יד יד-טו), ודוד רודף אחרי העמלקים בלוויית אנשיו: "**וַיִּרְדֹּף** דָּוִד הוּא וְאַרְבַּע מֵאוֹת אִישׁ וַיַּעַמְדוּ מָאתַיִם אִישׁ אֲשֶׁר פִּגְּרוּ מֵעֲבֹר אֶת נַחַל הַבְּשׂוֹר" (שמ"א ל י).

ג. אברהם מכה את המלכים ומשיב את העם והרכוש: "וַיֵּחָלֵק עֲלֵיהֶם לַיְלָה הוּא וַעֲבָדָיו **וַיַּכֵּם** וַיִּרְדְּפֵם עַד חוֹבָה אֲשֶׁר מִשְּׂמֹאל לְדַמָּשֶׂק: **וַיָּשֶׁב אֵת כָּל הָרְכֻשׁ** וְגַם אֶת לוֹט אָחִיו וּרְכֻשׁוֹ הֵשִׁיב וְגַם אֶת הַנָּשִׁים וְאֶת הָעָם" (בראשית יד טו-טז), ודוד מכה את העמלקי ומציל את כל אשר לקחו – נשים ורכוש:

> **וַיַּכֵּם** דָּוִד מֵהַנֶּשֶׁף וְעַד הָעֶרֶב לְמָחֳרָתָם וְלֹא נִמְלַט מֵהֶם אִישׁ כִּי אִם אַרְבַּע מֵאוֹת אִישׁ נַעַר אֲשֶׁר רָכְבוּ עַל הַגְּמַלִּים וַיָּנֻסוּ: וַיַּצֵּל דָּוִד אֵת כָּל אֲשֶׁר לָקְחוּ עֲמָלֵק וְאֶת שְׁתֵּי נָשָׁיו הִצִּיל דָּוִד: וְלֹא נֶעְדַּר לָהֶם מִן הַקָּטֹן וְעַד הַגָּדוֹל וְעַד בָּנִים וּבָנוֹת וּמִשָּׁלָל וְעַד כָּל אֲשֶׁר לָקְחוּ לָהֶם **הַכֹּל הֵשִׁיב** דָּוִד (שמ"א ל יז-יט).

ד. אברהם מחלק לאנשיו את הרכוש שהציל: "בִּלְעָדַי רַק אֲשֶׁר אָכְלוּ הַנְּעָרִים **וְחֵלֶק** הָאֲנָשִׁים אֲשֶׁר הָלְכוּ אִתִּי עָנֵר אֶשְׁכֹּל וּמַמְרֵא הֵם יִקְחוּ **חֶלְקָם**" (בראשית יד כד).[1] אברהם קובע כי הלוחמים יקבלו את חלקם, אך לא יקופח גם חלקם של ענר, אשכול וממרא, בעלי בריתו שלא השתתפו בקרב. וכן בשוב דוד מהקרב עולה שאלת חלוקת השלל למאתיים האנשים שפיגרו מאחור ולא השתתפו בקרב. דוד קובע: "וּמִי יִשְׁמַע לָכֶם לַדָּבָר הַזֶּה כִּי כְּחֵלֶק הַיֹּרֵד בַּמִּלְחָמָה וּכְחֵלֶק הַיֹּשֵׁב עַל הַכֵּלִים יַחְדָּו יַחֲלֹקוּ" (שמ"א ל כד).

גם אופן חלוקת השלל הוא ביטוי לעשיית צדק: דוד קובע כי לא רק היורדים במלחמה יקבלו חלק מן השלל, אלא אף מי שפיגרו מאחור. רש"י בפירושו לתורה (בראשית יד כד) עמד על הקשר שבין אברהם לדוד בנקודה זו:

> הנערים – עבדי אשר הלכו אתי, ועוד ענר אשכול וממרא וגו'. ואף על פי שעבדיו נכנסו למלחמה, שנאמר לעיל (פסוק טו) הוא

1 השורש חל"ק מופיע גם כמה פסוקים לפני כן: "**וַיֵּחָלֵק** עֲלֵיהֶם לַיְלָה" (בראשית יד טו).

ועבדיו ויכם, וענר וחבריו ישבו על הכלים לשמור, אפילו הכי הם יקחו חלקם. וממנו למד דוד שאמר (שמ"א ל כד) כחלק היורד למלחמה וכחלק היושב על הכלים יחדיו יחלוקו. ולכך נאמר (שם פסוק כה) ויהי מהיום ההוא ומעלה וישימה לחוק ולמשפט, ולא נאמר והלאה לפי שכבר ניתן החוק בימי אברהם.

חלוקת השלל ללוחמים קשורה לרעיון רחב המשותף לשני הסיפורים: עשיית חוק ומשפט, עשיית צדק והצלת החלש מיד רודפו. בפרק יח בספר בראשית, לפני המשא ומתן של ה' עם אברהם בנוגע להפיכת סדום, נאמר כך:

> וַה' אָמָר הַמְכַסֶּה אֲנִי מֵאַבְרָהָם אֲשֶׁר אֲנִי עֹשֶׂה: וְאַבְרָהָם הָיוֹ יִהְיֶה לְגוֹי גָּדוֹל וְעָצוּם וְנִבְרְכוּ בוֹ כֹּל גּוֹיֵי הָאָרֶץ: כִּי יְדַעְתִּיו לְמַעַן אֲשֶׁר יְצַוֶּה אֶת בָּנָיו וְאֶת בֵּיתוֹ אַחֲרָיו וְשָׁמְרוּ דֶּרֶךְ ה' **לַעֲשׂוֹת צְדָקָה וּמִשְׁפָּט** לְמַעַן הָבִיא ה' עַל אַבְרָהָם אֵת אֲשֶׁר דִּבֶּר עָלָיו (בראשית יח יז-יט).

אברהם הוא מורה הדרך, עושה הצדקה והמשפט הגדול, וה' עצמו מעיד זאת עליו, אבל מהו הקשר בין אי־הסתרת המידע על סדום מאברהם לבין העובדה שהוא עתיד לצוות את בניו אחריו לעשות צדקה ומשפט?

נראה כי הנימוקים שה' מציג לאי־הסתרת המידע על סדום מאברהם נסמכים על תקדים הנוגע לסדום במישרין – פרשת מלחמת המלכים. ה' אומר שהוא אינו יכול לכסות מאברהם את תוכניתו להשמדתם, ואנו בהחלט יכולים להבין מדוע, הרי במלחמת המלכים הוא הציל את סדום מן השבי! כך המשך הפסוק גם הוא מתבאר יפה: ה' יודע כי אברהם עתיד לצוות את בניו ואת ביתו אחריו לעשות צדקה ומשפט לא רק משום שהוא מכיר את מידותיו הטובות של אברהם אלא משום שבמלחמת המלכים כבר עשה אברהם צדקה ומשפט והוכיח זאת במעשיו: "וַיִּשְׁמַע אַבְרָם כִּי נִשְׁבָּה אָחִיו וַיָּרֶק אֶת חֲנִיכָיו יְלִידֵי בֵיתוֹ שְׁמֹנָה עָשָׂר וּשְׁלֹשׁ מֵאוֹת וַיִּרְדֹּף עַד דָּן" (בראשית יד יד).

אברהם רותם לפעולת הצלת אנשי סדום משבי המלכים גם את חניכיו ילידי ביתו; הרי לנו שאברהם כבר ציווה הלכה למעשה את בניו ואת ביתו אחריו לשמור את דרך ה׳ ולעשות צדקה ומשפט, היינו להציל עשוק מיד עושקו. ואכן, מעניין שבסיפור המלחמה יש ריבוי אזכורים הקשורים בשדה הסמנטי של חוק ומשפט:

> וַיָּשֻׁבוּ וַיָּבֹאוּ אֶל עֵין **מִשְׁפָּט** הִוא קָדֵשׁ וַיַּכּוּ אֶת כָּל שְׂדֵה הָעֲמָלֵקִי וְגַם אֶת הָאֱמֹרִי הַיֹּשֵׁב בְּחַצְצֹן תָּמָר [...] וַיִּשְׁמַע אַבְרָם כִּי נִשְׁבָּה אָחִיו וַיָּרֶק אֶת חֲנִיכָיו יְלִידֵי בֵיתוֹ שְׁמֹנָה עָשָׂר וּשְׁלֹשׁ מֵאוֹת וַיִּרְדֹּף עַד **דָּן**: וַיֵּחָלֵק עֲלֵיהֶם לַיְלָה הוּא וַעֲבָדָיו וַיַּכֵּם וַיִּרְדְּפֵם עַד **חוֹבָה** אֲשֶׁר מִשְּׂמֹאל לְדַמָּשֶׂק: וַיֵּצֵא מֶלֶךְ סְדֹם לִקְרָאתוֹ אַחֲרֵי שׁוּבוֹ מֵהַכּוֹת אֶת כְּדָרְלָעֹמֶר וְאֶת הַמְּלָכִים אֲשֶׁר אִתּוֹ אֶל עֵמֶק שָׁוֵה הוּא עֵמֶק הַמֶּלֶךְ: וּמַלְכִּי־**צֶדֶק** מֶלֶךְ שָׁלֵם הוֹצִיא לֶחֶם וָיָיִן וְהוּא כֹהֵן לְאֵל עֶלְיוֹן (שם ז, יד-יח).

אברהם מכה את המלכים שהגיעו לעין **משפט**, רודף אותם עד **דן** ועד **חובה**, ולבסוף יוצא לקראתו מלכי־**צדק**. האזכורים הרבים האלה רומזים לנו שאברהם במלחמתו נגד המלכים ובהצלת אנשי סדום השבויים גילם את עשיית הצדקה והמשפט. אברהם קיים אפוא במעשיו את דברי ה׳ בפרק יח: ״כִּי יְדַעְתִּיו לְמַעַן אֲשֶׁר יְצַוֶּה אֶת בָּנָיו וְאֶת **בֵּיתוֹ** אַחֲרָיו״ (שם יח יט).

גם אצל דוד בסיפור צקלג יש אזכור מפורש של משפט. החלוקה שהנהיג דוד בין הלוחמים ובין היושבים על הכלים הפכה לחוק ומשפט בישראל: ״וּמִי יִשְׁמַע לָכֶם לַדָּבָר הַזֶּה כִּי כְּחֵלֶק הַיֹּרֵד בַּמִּלְחָמָה וּכְחֵלֶק הַיֹּשֵׁב עַל הַכֵּלִים יַחְדָּו יַחֲלֹקוּ: וַיְהִי מֵהַיּוֹם הַהוּא וָמָעְלָה וַיְשִׂמֶהָ לְחֹק וּלְמִשְׁפָּט לְיִשְׂרָאֵל עַד הַיּוֹם הַזֶּה״ (שמ״א ל כד-כה).

## כיבוש הארץ ויושביה הקדומים

ניצחונו של אברהם על מלכי עבר הנהר שתקפו את כנען הוא ביטוי

סמלי לכיבוש הארץ המנבא את כיבושה העתידי בפועל על ידי זרעו, כפי שהתבשר מייד לאחר המלחמה בברית בין הבתרים (בראשית טו). משמעות הניצחון ככיבוש משתקפת בברכה שמלכי־צדק מעניק לאברהם בסיום המלחמה: "בָּרוּךְ אַבְרָם לְאֵל עֶלְיוֹן קֹנֵה שָׁמַיִם וָאָרֶץ" (שם יד יט), ברכה שאברהם מוצג בה כמי שמשתתף במימוש תוכניתו של 'קונה שמיים וארץ' – עושה, בורא שמיים וארץ. הכיבוש הסמלי של הארץ בידי אברהם קשור גם לאזכורם של עמים קדמוניים שישבו בארץ:

> וּבְאַרְבַּע עֶשְׂרֵה שָׁנָה בָּא כְדָרְלָעֹמֶר וְהַמְּלָכִים אֲשֶׁר אִתּוֹ וַיַּכּוּ אֶת **רְפָאִים** בְּעַשְׁתְּרֹת קַרְנַיִם וְאֶת **הַזּוּזִים** בְּהָם וְאֵת **הָאֵימִים** בְּשָׁוֵה קִרְיָתָיִם: וְאֶת **הַחֹרִי** בְּהַרְרָם שֵׂעִיר עַד אֵיל פָּארָן אֲשֶׁר עַל הַמִּדְבָּר: וַיָּשֻׁבוּ וַיָּבֹאוּ אֶל עֵין מִשְׁפָּט הִוא קָדֵשׁ וַיַּכּוּ אֶת כָּל שְׂדֵה הָעֲמָלֵקִי וְגַם אֶת הָאֱמֹרִי הַיֹּשֵׁב בְּחַצְצֹן תָּמָר (שם ה–ז).

בספר דברים נזכרים חלק מן העמים האלה, המזוהים גם כענקים:

> **הָאֵמִים לְפָנִים יָשְׁבוּ בָהּ** עַם גָּדוֹל וְרַב וָרָם כָּעֲנָקִים: **רְפָאִים יֵחָשְׁבוּ אַף הֵם כָּעֲנָקִים** וְהַמֹּאָבִים יִקְרְאוּ לָהֶם אֵמִים: וּבְשֵׂעִיר **יָשְׁבוּ הַחֹרִים לְפָנִים** וּבְנֵי עֵשָׂו יִירָשׁוּם וַיַּשְׁמִידוּם מִפְּנֵיהֶם וַיֵּשְׁבוּ תַּחְתָּם כַּאֲשֶׁר עָשָׂה יִשְׂרָאֵל לְאֶרֶץ יְרֻשָּׁתוֹ אֲשֶׁר נָתַן ה' לָהֶם (דברים ב י–יא).

הרפאים, האימים והחורי ישבו אפוא בכנען ובסביבתה משנים קדמוניות, 'לפנים'. תיאורם כענקים מזכיר את דברי המרגלים ששלח משה לתור את הארץ, שדיווחו בחזרתם כי ראו בארץ אנשי מידות ונפילים: "וַיֹּצִיאוּ דִּבַּת הָאָרֶץ אֲשֶׁר תָּרוּ אֹתָהּ אֶל בְּנֵי יִשְׂרָאֵל לֵאמֹר הָאָרֶץ אֲשֶׁר עָבַרְנוּ בָהּ לָתוּר אֹתָהּ אֶרֶץ אֹכֶלֶת יוֹשְׁבֶיהָ הִוא וְכָל הָעָם אֲשֶׁר רָאִינוּ בְתוֹכָהּ אַנְשֵׁי מִדּוֹת: וְשָׁם רָאִינוּ אֶת הַנְּפִילִים בְּנֵי עֲנָק מִן הַנְּפִלִים וַנְּהִי בְעֵינֵינוּ כַּחֲגָבִים וְכֵן הָיִינוּ בְּעֵינֵיהֶם" (במדבר יג לב–לג).[2]

2 מעניין שגם האמורי, שנכלל בשבעת עמי כנען, אף הוא מאופיין בספר עמוס

מתברר אפוא כי בטרם נכנסו ישראל לארץ שכנו שם עמים קדמוניים, ולפחות חלקם מזוהים גם כענקים, נפילים, אנשי מידות. לצד העמים האלה ישב גם עמלק בכנען, וכפי שדיווחו המרגלים: "עֲמָלֵק יוֹשֵׁב בְּאֶרֶץ הַנֶּגֶב" (שם כט). אם כך, נראה כי לא רק הרפאים, הזוזים, האימים והחורי או אותם ענקים הם תושבים קדמוניים של הארץ, אלא גם עמלק.[3] הנקודה החשובה לענייננו היא שניצחונו של אברהם על ארבעת המלכים שתקפו את אותם עמים קדמוניים מבטא וממחש ואולי גם מטרים את כיבוש הארץ מידי אותם עמים.

והנה גם דוד כאברהם עוסק בכיבוש הארץ. הוא כובש את העיר ירושלים מידי היבוסי וגם נלחם בעמים קדמוניים, ובהם עמלק: "וַיַּעַל דָּוִד וַאֲנָשָׁיו וַיִּפְשְׁטוּ אֶל הַגְּשׁוּרִי והגרזי וְהַגִּזְרִי וְהָעֲמָלֵקִי כִּי הֵנָּה יֹשְׁבוֹת הָאָרֶץ אֲשֶׁר מֵעוֹלָם בּוֹאֲךָ שׁוּרָה וְעַד אֶרֶץ מִצְרָיִם" (שמ"א כז ח).

הרפאים הנזכרים בסיפור מלחמת המלכים מקבילים בסיפורי דוד לפלשתים, אויביו העיקריים של דוד, הנקראים 'ילידי הרפה', כלומר רפאים, המתוארים גם כענקים (ראו שם יח-כב). גוליית, שאותו ניצח דוד בקרב, מתואר כענק המזוהה כאחד מילידי הרפה (שם), וכן מכריז על עצמו פלשתי (שם יז ח). נוסף על כך פלשתים נלחמו בישראל בעמק רפאים (שמ"ב ה יח, כב; שם כג יג).

עד כאן עסקנו בהקבלה בין אברהם לדוד ככובשי הארץ, הקבלה המדגישה את תפקידם והשפעתם כמנהיגים־מייסדים. השניים, כפי שראינו, לא רק יוצאים למלחמה, מנצחים וכובשים אלא נוהגים בצדק ומשפט – מצילים את החלש וחולקים בצדק את שלל המלחמה.

עוד מערכת הקבלות בין אברהם לדוד מתגלה בסיפורי אחרית חייהם, והיא כוללת את מציאת המקום לשכינת ה' וכן את נושא ההמשכיות והירושה.

כעם גבוה וחסון: "וְאָנֹכִי הִשְׁמַדְתִּי אֶת הָאֱמֹרִי מִפְּנֵיהֶם אֲשֶׁר כְּגֹבַהּ אֲרָזִים גָּבְהוֹ וְחָסֹן הוּא כָּאַלּוֹנִים וָאַשְׁמִיד פִּרְיוֹ מִמַּעַל וְשָׁרָשָׁיו מִתָּחַת" (עמוס ב ט).

3 וזאת אף שכידוע עמלק מופיע לאחר מכן כנכדו של עשיו (בראשית לו יב).

פרק יג

# אברהם ודוד – סיפורי אחרית

בספר בראשית מופיעים שלושה סיפורים עוקבים המשמשים סיום לחיי אברהם. הסיפור הראשון הוא סיפור העקדה (בראשית כב), הסיפור השני הוא רכישת מערת עפרון החִתי לשם קבורת שרה (שם כג), והסיפור השלישי מתאר את חיפוש האישה ליצחק (שם כד).

שלושת סיפורי האחרית של אברהם מקבילים לסיפורים המופיעים באחרית ימיו של דוד. בהקבלה אחת כבר עסקנו: בפרק י לעיל עמדנו על ההקבלה שבין סיפור מציאת האישה ליצחק לבין סיפור ימי זקנותו של דוד והמלכת שלמה המופיעים בתחילת ספר מלכים. כפי שראינו, הקבלה זו מחדדת היבטים אישיים ומשפחתיים לא פשוטים בחיי דוד, ובאופן עמוק יותר את היות מלכותו חסרה. אבל בפרק זה נגלול את הספר קצת לאחור ונתמקד בהקבלה שבין סיפור העקדה ורכישת המערה לשם קבורת שרה לבין סיפור המפקד ורכישת גורן ארוונה – המסד לבניין המקדש.

## הגורן, ההר והמערה

תחילה נשווה בין סיפור המפקד ורכישת גורן ארוונה – הסיפור החותם את ספר שמואל – לבין סיפור עקדת יצחק ורכישת מערת המכפלה:

א. בסיפור עקדת יצחק אברהם שולח את ידו לשחוט את בנו, והמלאך עוצר בעדו:

**וַיִּשְׁלַח אַבְרָהָם אֶת יָדוֹ** וַיִּקַּח אֶת הַמַּאֲכֶלֶת לִשְׁחֹט אֶת בְּנוֹ: וַיִּקְרָא אֵלָיו מַלְאַךְ ה׳ מִן הַשָּׁמַיִם וַיֹּאמֶר אַבְרָהָם אַבְרָהָם וַיֹּאמֶר הִנֵּנִי: וַיֹּאמֶר **אַל תִּשְׁלַח יָדְךָ** אֶל הַנַּעַר וְאַל תַּעַשׂ לוֹ מְאוּמָה כִּי עַתָּה יָדַעְתִּי כִּי יְרֵא אֱלֹהִים אַתָּה וְלֹא חָשַׂכְתָּ אֶת בִּנְךָ אֶת יְחִידְךָ מִמֶּנִּי (בראשית כב י–יב).

בסיפור המפקד המלאך שולח את ידו להשחית בעם, וה׳ אומר לו ׳הרף ידך׳:[1] ״**וַיִּשְׁלַח יָדוֹ** הַמַּלְאָךְ יְרוּשָׁלַםִ לְשַׁחֲתָהּ וַיִּנָּחֶם ה׳ אֶל הָרָעָה וַיֹּאמֶר לַמַּלְאָךְ הַמַּשְׁחִית בָּעָם רַב עַתָּה **הֶרֶף יָדֶךָ** וּמַלְאַךְ ה׳ הָיָה עִם גֹּרֶן האורנה הָאֲרַוְנָה הַיְבֻסִי״ (שמ״ב כד טז).

ב. בסיפור עקדת יצחק אברהם מעלה את האיל לעולה על המזבח תחת בנו: ״וַיִּבֶן שָׁם אַבְרָהָם אֶת **הַמִּזְבֵּחַ** וַיַּעֲרֹךְ אֶת הָעֵצִים וַיַּעֲקֹד אֶת יִצְחָק בְּנוֹ וַיָּשֶׂם אֹתוֹ עַל הַמִּזְבֵּחַ מִמַּעַל לָעֵצִים [...] וַיִּשָּׂא אַבְרָהָם אֶת עֵינָיו וַיַּרְא וְהִנֵּה אַיִל אַחַר נֶאֱחַז בַּסְּבַךְ בְּקַרְנָיו וַיֵּלֶךְ אַבְרָהָם וַיִּקַּח אֶת הָאַיִל **וַיַּעֲלֵהוּ לְעֹלָה** תַּחַת בְּנוֹ״ (בראשית כב ט, יג).

בסיפור המפקד דוד בונה מזבח לה׳ במקום שבו המלאך המשחית עמד ומעלה עליו עולות לה׳:

[...] וּמַלְאַךְ ה׳ הָיָה עִם גֹּרֶן האורנה הָאֲרַוְנָה הַיְבֻסִי [...] וַיָּבֹא גָד אֶל דָּוִד בַּיּוֹם הַהוּא וַיֹּאמֶר לוֹ עֲלֵה הָקֵם לַה׳ **מִזְבֵּחַ** בְּגֹרֶן ארניה אֲרַוְנָה הַיְבֻסִי [...] וַיִּבֶן שָׁם דָּוִד **מִזְבֵּחַ** לַה׳ **וַיַּעַל עֹלוֹת** וּשְׁלָמִים וַיֵּעָתֵר ה׳ לָאָרֶץ וַתֵּעָצַר הַמַּגֵּפָה מֵעַל יִשְׂרָאֵל (שמ״ב כד טז, יח, כה).

1 בגרסה המקבילה בדברי הימים נאמר על המלאך ״וְחַרְבּוֹ שְׁלוּפָה בְּיָדוֹ״ (דה״א כא טז). החרב מקבילה למאכלת שביד אברהם.

ג. אברהם רוכש את מערת המכפלה מעפרון החִתי בכסף מלא ודוחה את ההצעה לקחת את המערה חינם:

> וַיִּשְׁמַע אַבְרָהָם אֶל עֶפְרוֹן וַיִּשְׁקֹל אַבְרָהָם לְעֶפְרֹן אֶת הַכֶּסֶף אֲשֶׁר דִּבֶּר בְּאָזְנֵי בְנֵי חֵת אַרְבַּע מֵאוֹת **שֶׁקֶל כֶּסֶף** עֹבֵר לַסֹּחֵר: וַיָּקָם שְׂדֵה עֶפְרוֹן אֲשֶׁר בַּמַּכְפֵּלָה אֲשֶׁר לִפְנֵי מַמְרֵא הַשָּׂדֶה וְהַמְּעָרָה אֲשֶׁר בּוֹ וְכָל הָעֵץ אֲשֶׁר בַּשָּׂדֶה אֲשֶׁר בְּכָל גְּבֻלוֹ סָבִיב: לְאַבְרָהָם **לְמִקְנָה** לְעֵינֵי בְנֵי חֵת בְּכֹל בָּאֵי שַׁעַר עִירוֹ (בראשית כג טז-יח).

דוד רוכש את גורן ארוונה היבוסי בכסף מלא ומסרב להצעה לקחת את הגורן חינם: "וַיֹּאמֶר הַמֶּלֶךְ אֶל אֲרַוְנָה לֹא כִּי קָנוֹ אֶקְנֶה מֵאוֹתְךָ בִּמְחִיר וְלֹא אַעֲלֶה לַה' אֱלֹהַי עֹלוֹת חִנָּם **וַיִּקֶן** דָּוִד אֶת הַגֹּרֶן וְאֶת הַבָּקָר **בְּכֶסֶף שְׁקָלִים** חֲמִשִּׁים" (שמ"ב כד כד).

ד. מושג בולט המופיע בשני הסיפורים הוא מושג הראייה. כך בפרשת העקדה:

> בַּיּוֹם הַשְּׁלִישִׁי וַיִּשָּׂא אַבְרָהָם אֶת עֵינָיו **וַיַּרְא** אֶת הַמָּקוֹם מֵרָחֹק [...] וַיֹּאמֶר אַבְרָהָם אֱלֹהִים **יִרְאֶה** לּוֹ הַשֶּׂה לְעֹלָה בְּנִי וַיֵּלְכוּ שְׁנֵיהֶם יַחְדָּו [...] וַיִּשָּׂא אַבְרָהָם אֶת עֵינָיו **וַיַּרְא** וְהִנֵּה אַיִל אַחַר נֶאֱחַז בַּסְּבַךְ בְּקַרְנָיו וַיֵּלֶךְ אַבְרָהָם וַיִּקַּח אֶת הָאַיִל וַיַּעֲלֵהוּ לְעֹלָה תַּחַת בְּנוֹ: וַיִּקְרָא אַבְרָהָם שֵׁם הַמָּקוֹם הַהוּא ה' **יִרְאֶה** אֲשֶׁר יֵאָמֵר הַיּוֹם בְּהַר ה' **יֵרָאֶה** (בראשית כב ה, ח, יג-יד).

אברהם רואה את המקום המקודש, הר המוריה, ולאחר מכן הוא רואה את האיל הנאחז בסבך. אבל לא רק אברהם רואה; לאחר מעשה העקדה הר המוריה מוכרז למקום שבו ה' רואה, שהאדם נראה בפני האל.

גם בסיפור המפקד דוד רואה את המלאך: "וַיֹּאמֶר דָּוִד אֶל ה' **בִּרְאֹתוֹ** אֶת הַמַּלְאָךְ הַמַּכֶּה בָעָם וַיֹּאמֶר הִנֵּה אָנֹכִי חָטָאתִי וְאָנֹכִי הֶעֱוֵיתִי וְאֵלֶּה הַצֹּאן מֶה עָשׂוּ תְּהִי נָא יָדְךָ בִּי וּבְבֵית אָבִי" (שמ"ב

> כד יז). דוד רואה את המלאך המכה בעם, וראייתו זו גורמת לו להקריב את עצמו ואת ביתו על מנת לעצור את המגפה. לאחר מכן דוד קונה את גורן ארוונה – המסד למקדש – שבו ישראל נראים לפני ה׳ שלוש פעמים בשנה.

יש אפוא קשרים מובהקים בין סיפור העקדה וסיפור רכישת מערת עפרון החִתי לבין סיפור המפקד. כשם שאברהם נכון להקריב את בנו במעשה העקדה, כך בסיפור המפקד דוד נכון להקריב את עצמו ואת ביתו, ׳תהי נא ידך בי ובבית אבי׳. כשם שבמקום שבו הניף אברהם את המאכלת על בנו ונאמר לו ׳אל תשלח ידך אל הנער׳ הוא מוצא את המקום ׳אשר ייאמר היום בהר ה׳ ייראה׳ ומקריב איל לעולה לה׳ על המזבח שבנה, כך דוד בסיפור המפקד בונה מזבח במקום שבו אמר ה׳ למשחית ׳הרף ידך׳ ומקריב שם עולות לה׳. בדומה למשא ומתן שבו אברהם רוכש את מערת המכפלה מידי עפרון החִתי, כך דוד רוכש את המקום להקמת המזבח מארוונה היבוסי.[2] כשם שהאיל בא במקום יצחק, כך העולות שדוד מקריב בגורן משמשות תחליף שלו. כשם שאברהם רואה את המקום שבו בחר ה׳, את הר המוריה, ולאחר מכן מקבל הבטחה לראייה נצחית, ׳ה׳ יראה, אשר ייאמר היום בהר ה׳ ייראה׳, כך דוד רואה את המלאך המכה בעם ולאחר מכן זוכה לייסד את המקום שבו ה׳ נראה ורואה – המקדש.

2 אף שסיפור קניית גורן ארוונה מהדהד את סיפור רכישת המערה חשוב להעיר שארוונה ועפרון מייצגים דמויות בעלות אופי שונה בתכלית. אומנם שניהם מציעים את הקרקע בחינם, ולבסוף, לאחר התעקשותם של אברהם ושל דוד שלא לקבלה חינם, מקבלים כסף בעבורה, אולם עפרון נוקב במחיר מופקע, ׳ארבע מאות שקל כסף עובר לסוחר׳, ומסגיר את תאוות הבצע שלו, ולא נאמר כי ארוונה עצמו נקב במחיר כלשהו לקניית הגורן, וגם הסכום שקיבל מדוד היה נמוך בהרבה – ׳כסף שקלים חמישים׳.

## פרשת העקדה: טשטוש וראייה

הזכרנו קודם את **הראייה** שזכה לה אברהם בפרשת העקדה – 'וירא את המקום מרחוק', 'ה' יראה', 'בהר ה' ייראה'. מה אברהם רואה? מה הוא מגלה ומבין במהלך ניסיון העקדה?

כדי להבין זאת נגלול את הסיפור מעט לאחור. משימות חייו של אברהם הן מסעות חיפוש ובירור. אברהם מחפש את המקום שבו בחר ה' לשכון. הוא מצטווה תחילה לנטוש את ארצו, מולדתו וביתו וללכת אל המקום, "אֶל הָאָרֶץ אֲשֶׁר אַרְאֶךָּ" (בראשית יב א). בארץ כנען אברהם נודד ממקום למקום ומחפש את ה'מקום'. בכל תחנות מסעותיו הוא קורא בשם ה' ובונה מזבח: שכם (שם ו-ז), בית אל (שם ח) וחברון (שם יג יח). מסעו של אברהם להר המוריה, מסעו האחרון, סוגר מעגל עם מסעו הראשון: שני המסעות נפתחים בצמד המילים 'לך לך', אולם במעשה העקדה אברהם כאמור רואה סוף־סוף: "בַּיּוֹם הַשְּׁלִישִׁי **וַיִּשָּׂא אַבְרָהָם אֶת עֵינָיו וַיַּרְא** אֶת הַמָּקוֹם מֵרָחֹק" (שם כב ד).

אברהם מחפש גם את זהותו של בנו ממשיכו. במהלך סיפורי אברהם צצים ועולים כל מיני מועמדים להמשיך את דרכו בבוא היום, לרשת את הברית: לוט אחיינו של אברהם המתלווה אליו בראשית דרכו (ראו שם יב ה-ז), אליעזר בן משק ביתו של אברהם (שם טו ב), ולבסוף ישמעאל ויצחק בניו. מהארבעה נבחר כידוע יצחק.

מסע הבירור כרוך גם באי־בהירות עמוקה בנוגע לדרך ואף בסיגים מוסריים. דוגמה בולטת לכך אפשר להביא מסיפור אברהם בגרר בפרק כ. אברהם מציג את שרה כאחותו בשתי הזדמנויות: הראשונה היא במסגרת ירידתו למצרים בעקבות הרעב שפקד את הארץ, והשנייה היא במסעו לגרר. בפעם הראשונה אברהם מציג את שרה כאחותו בשל החשש שיהרגוהו אם יתגלה שהיא אשתו: "אִמְרִי נָא אֲחֹתִי אָתְּ לְמַעַן יִיטַב לִי בַעֲבוּרֵךְ וְחָיְתָה נַפְשִׁי בִּגְלָלֵךְ" (שם יב יג). בפעם השנייה הוא מנמק את התנהגותו רק כאשר אבימלך שואל אותו עליה. הנימוק הראשון שאברהם מציג הוא החשש שכבר ביטא בעבר, כשירד מצרימה, היינו שמא יהרגוהו וייקחו את אשתו. אך אברהם

מצרף עוד שני נימוקים: "וְגַם אָמְנָה אֲחֹתִי בַת אָבִי הִוא אַךְ לֹא בַת אִמִּי וַתְּהִי לִי לְאִשָּׁה: וַיְהִי כַּאֲשֶׁר הִתְעוּ אֹתִי אֱלֹהִים מִבֵּית אָבִי וָאֹמַר לָהּ זֶה חַסְדֵּךְ אֲשֶׁר תַּעֲשִׂי עִמָּדִי אֶל כָּל הַמָּקוֹם אֲשֶׁר נָבוֹא שָׁמָּה אִמְרִי לִי אָחִי הוּא" (שם כ יב–יג).

בנימוק השלישי שאברהם מציג הוא מתאר מצב של תעייה, בלבול, חוסר כיוון: 'ויהי כאשר התעו אותי אלוהים מבית אבי'. ואכן, שלא כירידתו של אברהם מצרימה הנעשית בשל הרעב שפקד את הארץ, הגעתו של אברהם לגרר אינה מוסברת, והתחושה היא שאברהם אינו מתנהל באופן מכוון.[3] הנימוק השני מחזק אף הוא את התחושה הזאת. כדי להסביר לאבימלך מדוע אמר לו ששרה היא אחותו הוא אומר ששרה היא אחותו למחצה, ועל כן התאפשר לו לשאתה, 'ותהי לי לאישה'. מנימת הדברים נראה כאילו מדובר בנישואים מקריים מתוקף קרבת משפחה ותו לא, אולם שרה היא לא פחות מאשת בריתו, כפי שה' אומר לו מפורשות בפרק יז: "וַיֹּאמֶר אֱלֹהִים אֶל אַבְרָהָם שָׂרַי אִשְׁתְּךָ לֹא תִקְרָא אֶת שְׁמָהּ שָׂרָי כִּי שָׂרָה שְׁמָהּ: וּבֵרַכְתִּי אֹתָהּ וְגַם נָתַתִּי מִמֶּנָּה לְךָ בֵּן וּבֵרַכְתִּיהָ וְהָיְתָה לְגוֹיִם מַלְכֵי עַמִּים מִמֶּנָּה יִהְיוּ" (בראשית יז טו–טז).

אם כן, בפרק כ אברהם שרוי בחוסר בהירות באשר לזהותו ולמשימתו. הוא מצטדק, מתחמק ומגמגם: '**וגם** אומנה אחותי בת אבי היא אך לא בת אימי'. למעשה, אברהם מאמץ את סגנונו המגמגם, המצטדק והמתחמק של אבימלך הפלשתי. כך אבימלך מגיב כאשר אברהם מוכיח אותו על באר המים שגזלו עבדיו: "וַיֹּאמֶר אֲבִימֶלֶךְ לֹא יָדַעְתִּי מִי עָשָׂה אֶת הַדָּבָר הַזֶּה וְגַם אַתָּה לֹא הִגַּדְתָּ לִּי וְגַם אָנֹכִי לֹא שָׁמַעְתִּי בִּלְתִּי הַיּוֹם" (שם כא כו). אבימלך מצרף שלושה טיעונים של הצטדקות עצמית (וגם וגם), והיזקקותו לכולם מעידה על חולשתו של כל אחד מהם.[4]

3 ראו: Devora Steinmetz, *From Father to Son*, Louisville, Kentucky 1991, pp. 64–66.

4 השימוש במילה 'גם' בתגובה מצטדקת של אבימלך ניכר גם בפרק כ, בתגובה שלו לתוכחת ה' כי לקח את שרה: "וַאֲבִימֶלֶךְ לֹא קָרַב אֵלֶיהָ וַיֹּאמַר אֲדֹנָי הֲגוֹי **גַּם**

אברהם שרוי אפוא בחוסר בהירות ובבלבול ואף מאמץ סגנון פלשתי של התחמקות והצטדקות.[5]

## פרשת העקדה: ראייה ויראה

ברם מסעו האחרון של אברהם אל הר המוריה מגלם את התנקותו מדרכי הפלשתים. בפרשת עקדת יצחק מגיעים לסיום שני מסעות החיפוש של אברהם – איתור המקום לשכינת ה׳ ובירור זהותו של בנו ממשיכו – אברהם רואה ומבין. נראה זאת בפסוקים:

> <u>וַ</u>יִּשְׁלַח אַבְרָהָם אֶת יָדוֹ <u>וַ</u>יִּקַּח אֶת הַמַּאֲכֶלֶת לִשְׁחֹט אֶת בְּנוֹ: <u>וַ</u>יִּקְרָא אֵלָיו מַלְאַךְ ה׳ מִן הַשָּׁמַיִם <u>וַ</u>יֹּאמֶר אַבְרָהָם אַבְרָהָם <u>וַ</u>יֹּאמֶר הִנֵּנִי: <u>וַ</u>יֹּאמֶר אַל תִּשְׁלַח יָדְךָ אֶל הַנַּעַר וְאַל תַּעַשׂ לוֹ מְאוּמָה כִּי עַתָּה יָדַעְתִּי כִּי יְרֵא אֱלֹהִים אַתָּה וְלֹא חָשַׂכְתָּ אֶת בִּנְךָ אֶת יְחִידְךָ מִמֶּנִּי: <u>וַ</u>יִּשָּׂא אַבְרָהָם אֶת עֵינָיו <u>וַ</u>יַּרְא וְהִנֵּה אַיִל אַחַר נֶאֱחַז בַּסְּבַךְ בְּקַרְנָיו <u>וַ</u>יֵּלֶךְ אַבְרָהָם <u>וַ</u>יִּקַּח אֶת הָאַיִל <u>וַ</u>יַּעֲלֵהוּ לְעֹלָה תַּחַת בְּנוֹ: <u>וַ</u>יִּקְרָא אַבְרָהָם שֵׁם הַמָּקוֹם הַהוּא ה׳ יִרְאֶה אֲשֶׁר יֵאָמֵר הַיּוֹם בְּהַר ה׳ יֵרָאֶה: <u>וַ</u>יִּקְרָא מַלְאַךְ ה׳ אֶל אַבְרָהָם שֵׁנִית מִן הַשָּׁמָיִם: <u>וַ</u>יֹּאמֶר בִּי נִשְׁבַּעְתִּי נְאֻם ה׳ כִּי יַעַן אֲשֶׁר עָשִׂיתָ אֶת הַדָּבָר הַזֶּה וְלֹא חָשַׂכְתָּ אֶת בִּנְךָ אֶת יְחִידֶךָ: כִּי בָרֵךְ אֲבָרֶכְךָ וְהַרְבָּה אַרְבֶּה אֶת זַרְעֲךָ כְּכוֹכְבֵי הַשָּׁמַיִם וְכַחוֹל אֲשֶׁר עַל שְׂפַת הַיָּם וְיִרַשׁ זַרְעֲךָ אֵת שַׁעַר אֹיְבָיו: וְהִתְבָּרְכוּ בְזַרְעֲךָ כֹּל גּוֹיֵי הָאָרֶץ עֵקֶב אֲשֶׁר שָׁמַעְתָּ בְּקֹלִי (בראשית כב י-יח).

צַדִּיק תַּהֲרֹג: הֲלֹא הוּא אָמַר לִי אֲחֹתִי הִוא וְהִיא גַם הִוא אָמְרָה אָחִי הוּא בְּתָם לְבָבִי וּבְנִקְיֹן כַּפַּי עָשִׂיתִי זֹאת״ (בראשית כ ד-ה). מעניין שה׳ עונה לו באותו מטבע: ״וַיֹּאמֶר אֵלָיו הָאֱלֹהִים בַּחֲלֹם גַּם אָנֹכִי יָדַעְתִּי כִּי בְתָם לְבָבְךָ עָשִׂיתָ זֹּאת וָאֶחְשֹׂךְ גַּם אָנֹכִי אוֹתְךָ מֵחֲטוֹ לִי עַל כֵּן לֹא נְתַתִּיךָ לִנְגֹּעַ אֵלֶיהָ״ (שם ו).

5 שטיינמץ, מאב לבן.

מעשה העקדה חשוב כל כך בראש ובראשונה משום שאברהם רואה ומבין בו לאשורו את הסיפור שלו. ראיית המקום המקודש שלובה בראייה ובהבנה של מקומו שלו ובאישור זהותו של הבן הממשיך – יצחק – כאשר הוא מקריב לעולה את התחליף שלו, פודה אותו, ובכך מעניק ליצחק חיים ולעצמו המשכיות.

בסיפורי אברהם הבאים, רכישת אחוזת הקבר בעבור שרה וחיפוש האישה ליצחק, אברהם מוסיף לבסס את הכרתו ביצחק כבנו ממשיכו. רכישת אחוזת הקבר בעבור שרה מבטאת את הבנתו הבשלה כי אשתו שרה היא שחולקת איתו את הבטחת הארץ לצאצאיהם המשותפים, היא אשת בריתו. לבסוף, מציאת האישה ליצחק, אותה אישה אשר תחליף בבוא העת את שרה האם ("וַיְבִאֶהָ יִצְחָק הָאֹהֱלָה שָׂרָה אִמּוֹ וַיִּקַּח אֶת רִבְקָה וַתְּהִי לוֹ לְאִשָּׁה וַיֶּאֱהָבֶהָ וַיִּנָּחֵם יִצְחָק אַחֲרֵי אִמּוֹ" [שם כד סז]), מאשרת גם היא את יצחק כבן הממשיך. קשר ההמשכיות בין סיפור מציאת האישה לבין סיפור העקדה בא לידי ביטוי בולט בכתובים. אברהם משביע את עבדו כך: "ה' אֱלֹהֵי הַשָּׁמַיִם אֲשֶׁר לְקָחַנִי מִבֵּית אָבִי וּמֵאֶרֶץ מוֹלַדְתִּי וַאֲשֶׁר דִּבֶּר לִי וַאֲשֶׁר נִשְׁבַּע לִי לֵאמֹר לְזַרְעֲךָ אֶתֵּן אֶת הָאָרֶץ הַזֹּאת הוּא יִשְׁלַח מַלְאָכוֹ לְפָנֶיךָ וְלָקַחְתָּ אִשָּׁה לִבְנִי מִשָּׁם" (שם ז).

היכן **נשבע** ה' לאברהם כי ייתן לו את הארץ? התשובה היא שבעקדת יצחק:

> **וַיֹּאמֶר בִּי נִשְׁבַּעְתִּי נְאֻם ה'** כִּי יַעַן אֲשֶׁר עָשִׂיתָ אֶת הַדָּבָר הַזֶּה וְלֹא חָשַׂכְתָּ אֶת בִּנְךָ אֶת יְחִידֶךָ: כִּי בָרֵךְ אֲבָרֶכְךָ וְהַרְבָּה אַרְבֶּה אֶת זַרְעֲךָ כְּכוֹכְבֵי הַשָּׁמַיִם וְכַחוֹל אֲשֶׁר עַל שְׂפַת הַיָּם **וְיִרַשׁ זַרְעֲךָ אֵת שַׁעַר אֹיְבָיו:** וְהִתְבָּרְכוּ בְזַרְעֲךָ כֹּל גּוֹיֵי הָאָרֶץ עֵקֶב אֲשֶׁר שָׁמַעְתָּ בְּקֹלִי (שם כב טז-יח).

ה' נשבע לאברהם כי ירבה את זרעו וכי זרעו יירש את 'שער אויביו', היינו יכבוש ויירש את הארץ. מציאת האישה ליצחק, האישה שממנה הוא עתיד להעמיד צאצאים, היא אפוא מימוש בעולם של הברכה האלוהית שקיבל אברהם במעשה העקדה.

בנקודה זו אפשר להבין מדוע מעשה העקדה הוא ביטוי מובהק להתנתקותו של אברהם מן הכתם הפלשתי. ראינו לעיל כי אברהם של פרק כ מתנהל בחוסר דרך וכיוון, בתעייה ובערפול. לעומת זאת אברהם של מעשה העקדה **רואה** – הוא רואה את המקום המקודש ולאחר מכן רואה את האיל. אברהם אינו רק רואה אלא גם ירא: אברהם בפרק כ מדבר בשפתם של הפלשתים, המאופיינים בחוסר יראת אלוהים (שם כ יא), ואילו אברהם של מעשה העקדה מכונה ירא אלוהים: "עַתָּה יָדַעְתִּי כִּי **יְרֵא אֱלֹהִים אַתָּה** וְלֹא חָשַׂכְתָּ אֶת בִּנְךָ אֶת יְחִידְךָ מִמֶּנִּי" (שם כב יב).

בסיפור העקדה אברהם מפגין את ראייתו הבהירה והבשלה באמצעות **מעשה ההקרבה** שלו כשהוא נדרש להעלות לעולה את בנו יחידו האהוב; כך הוא זוכה בברכת ההמשך ובמציאת המקום לשכינת ה׳. דווקא משום שהיה מוכן לקטוע את המשכיותו הוא זוכה לברכה של המשכיות: "כִּי יַעַן אֲשֶׁר עָשִׂיתָ אֶת הַדָּבָר הַזֶּה וְלֹא חָשַׂכְתָּ אֶת בִּנְךָ אֶת יְחִידֶךָ – כִּי בָרֵךְ אֲבָרֶכְךָ וְהַרְבָּה אַרְבֶּה אֶת זַרְעֲךָ" (שם טז-יז).

אברהם זוכה לברכה של חיי נצח מאת ה׳ כשהוא מבטא במעשיו את הכרתו בכך שהוא בן אדם סופי ומוגבל. הזיקה ההדוקה שבין קבלת הסופיות האנושית לבין ההבטחה לבוא בברית נצח עם ה׳ חוזרת לסיפור הגן בעדן בספר בראשית: "וַיֹּאמֶר ה׳ אֱלֹהִים הֵן הָאָדָם הָיָה כְּאַחַד מִמֶּנּוּ לָדַעַת טוֹב וָרָע וְעַתָּה פֶּן יִשְׁלַח יָדוֹ וְלָקַח גַּם מֵעֵץ הַחַיִּים וְאָכַל וָחַי לְעֹלָם: וַיְשַׁלְּחֵהוּ ה׳ אֱלֹהִים מִגַּן עֵדֶן לַעֲבֹד אֶת הָאֲדָמָה אֲשֶׁר לֻקַּח מִשָּׁם" (שם ג כב-כג).

סיבת הגירוש מגן עדן הייתה החשש שהאדם יאכל מעץ החיים ויקנה לעצמו חיי נצח כאלוהים. התורה מלמדת אותנו כאן כי מי שרוצה להיות כאלוהים מגורש מן הגן ואינו זכאי להתהלך במחיצת ה׳. בסיפור העקדה קורה דבר הפוך המביא לידי ביטוי את אותו רעיון: אברהם מוכן לשחוט את בנו ולוותר על עתידו, ולכן זוכה בחיי נצח, נעשה בן ברית של אלוהים. אברהם קיבל את העובדה שהוא אדם ולא אל, כלומר שהוא יצור סופי ובן חלוף, ולכן זכה להיות שותף של האל, למצוא את המקום שבו תשרה השכינה בישראל.

אנושיותו המוגבלת והסופית של האדם לעומת האל באה לידי ביטוי גם ברעיון שלפיו ה׳ הוא הבוחר, לא האדם. אברהם במעשה העקדה רואה **את מה שבחר ה׳**, במקרה זה את המקום שבו בחר ה׳. גם כאן הדברים מתחדדים על רקע סיפורי אברהם הקודמים. אברהם נצטווה להקריב את בנו מייד לאחר שהכתוב מספר לנו שאברהם נטע אשל בבאר שבע וקרא שם בשם ה׳ אל עולם (שם כא לג). בשלב זה הקוראים מקבלים את הרושם שהנה סוף־סוף מצא אברהם את המקום, אבל מייד אחר כך ה׳ מתגלה לאברהם ומצווה עליו ללכת למקום אחר, אל ארץ המוריה, אל ׳אחד ההרים אשר אומר אליך׳: ״וַיְהִי אַחַר הַדְּבָרִים הָאֵלֶּה וְהָאֱלֹהִים נִסָּה אֶת אַבְרָהָם וַיֹּאמֶר אֵלָיו אַבְרָהָם וַיֹּאמֶר הִנֵּנִי: וַיֹּאמֶר קַח נָא אֶת בִּנְךָ אֶת יְחִידְךָ אֲשֶׁר אָהַבְתָּ אֶת יִצְחָק וְלֶךְ לְךָ אֶל אֶרֶץ הַמֹּרִיָּה וְהַעֲלֵהוּ שָׁם לְעֹלָה **עַל אַחַד הֶהָרִים אֲשֶׁר אֹמַר אֵלֶיךָ**״ (שם כב א–ב).

המסר ברור: ה׳ הוא שיאמר לאברהם היכן לעבוד אותו. אברהם יראה את המקום שבו **בחר ה׳**.

## פרשת המפקד: ראייה ויראה

עד כאן עסקנו בפרשת העקדה ובמשמעותה, ועתה נעבור לסיפור המפקד וללקחיו. התיקון שדוד המלך עובר בסיפור המפקד מתחדד אף הוא על רקע סיפורים קודמים, ובמפתיע גם אצל דוד אפשר להצביע על קרבה לעם הפלשתי ואף על השפעה פלשתית מזיקה שדוד מתנקה ממנה בסיפור המפקד.[6]

6 אומנם במחקר מבחינים הבחנה ברורה בין הפלשתים של ימי אברהם, ששמותיהם כנעניים – אבימלך – מוצאם כנעני והכינוי שלהם פלשתים כנראה אנכרוניסטי וקשור למקומות המגורים שלהם, לבין הפלשתים שהם גויי הים, הפולשים שבאו מהים שנים רבות אחר כך. ראו: יהושע מ׳ גרינץ, **מוצאי דורות: מחקרים בקדמוניות המקרא וראשית תולדות ישראל וספרותו**, תל אביב תשכ״ט, עמ׳ 99–129; ״פלשתים״, **אנציקלופדיה מקראית**. עם זאת הדבר אינו פוגם בניתוח שלי, הנוגע לקישור הספרותי (ולא בהכרח ההיסטורי) לפלשתים ומדגיש אותו.

דוד נלחם בפלשתים בכמה הזדמנויות – המפורסמת שבהן היא כמובן ניצחונו על גוליית הפלשתי – ואף גר תקופה מסוימת בעיר שנתן לו המלך אכיש הפלשתי – בצקלג.[7]

יתרה מזו, סממני התנהגות פלשתיים המזכירים את אופי חטאיו של המלך הפלשתי אבימלך אפשר לזהות גם בדוד. לדוגמה, שני המלכים שולחים שליחים לקחת אישה מיד בעלה – אבימלך את שרה מאברהם, דוד את בת שבע מאוריה. נוסף על כך תכונת ההצטדקות וההתנערות מאחריות מצויה אף היא אצל שניהם: אצל אבימלך, כפי שראינו לעיל, כאשר הוא מצטדק על לקיחת שרה ומאשים בין היתר את אברהם, "מֶה עָשִׂיתָ לָּנוּ וּמֶה חָטָאתִי לָךְ כִּי הֵבֵאתָ עָלַי וְעַל מַמְלַכְתִּי חֲטָאָה גְדֹלָה" (בראשית כ ט), ואצל דוד כאשר הוא יוצר לפני שאול את הרושם המוטעה שכוונותיו בעניינו טהורות ונקיות לחלוטין: "דַּע וּרְאֵה כִּי אֵין בְּיָדִי רָעָה וָפֶשַׁע **וְלֹא חָטָאתִי לָךְ**" (שמ"א כד יא).[8] ולבסוף, אצל שניהם יש הפרת בריתות ושבועות. אבימלך מפר את הברית שכרת עם אברהם לעשות חסד עם זרעו (ראו בראשית כא) ובימי יצחק סותם את בארות אברהם (שם כו). דוד אף הוא אינו נאמן לשבועותיו בכמה מקומות, כפי שראינו בהרחבה בפרק הקודם.

אך סיפור המפקד הוא תיקון של אותה פלשתיות מזיקה. הבטחת ההמשכיות שדוד זוכה לה עם מציאת המקום המקודש היא פועל יוצא של הכרתו במוגבלות כוחו כבן תמותה ושל נכונותו להקריב את עצמו ואת ביתו: "וַיֹּאמֶר דָּוִד [...] הִנֵּה אָנֹכִי חָטָאתִי וְאָנֹכִי הֶעֱוֵיתִי וְאֵלֶּה הַצֹּאן מֶה עָשׂוּ תְּהִי נָא יָדְךָ בִּי וּבְבֵית אָבִי" (שמ"ב כד יז).

7 מגוריו של דוד בצקלג מזכירים את מגורי דוד בבאר שבע: "וַיִּטַּע אֶשֶׁל בִּבְאֵר שָׁבַע וַיִּקְרָא שָׁם בְּשֵׁם ה' אֵל עוֹלָם: **וַיָּגָר אַבְרָהָם בְּאֶרֶץ פְּלִשְׁתִּים** יָמִים רַבִּים" (בראשית כא לג-לד). אבימלך חוזר לארץ פלשתים, ומכאן שבאר שבע, מקום מושבו של אברהם, אינה בתוך ארץ פלשתים. מנגד, בפסוק הבא נאמר כי אברהם גר בארץ פלשתים. נראה אפוא כי אברהם, בדומה לדוד החי בצקלג, חי במעין אוטונומיה משלו השייכת ולא שייכת לפלשתים.

8 ראו על כך בפרק ו בספר זה.

כפי שתיארנו בהרחבה בפרק הקודם, דוד מוכן לשלם את מחיר מעשיו ומחדליו. הוא מבין כי למלוך פירושו להגן על הנתינים ולייצג אותם, ומלך שאיננו נוהג כך עלול לאבד את מלכותו. נכונות ההקרבה של דוד בסיפור המפקד מפגינה בעצמה את ראייתו הבהירה של תפקידו כמלך ומקומו כאדם, כלומר את היותו ירא ה׳. בכך דוד מממש את מצוות התורה בספר דברים המזהירה את המלך מלהשתרר על אחיו ומצווה עליו לכתוב ספר תורה ולהגות בו: ״לְמַעַן יִלְמַד לְיִרְאָה אֶת ה׳ אֱלֹהָיו״ (דברים יז יט).

אם כך, בדומה לסיפורי אברהם, גם הסיפור החותם את חיי דוד, סיפור המפקד, מגלם התנתקות מסיגי ההתנהגות הפלשתית. דוד מבטא בסיפור זה ראייה נכוחה ובשלה של תפקידו ומקומו. הוא אינו מצטדק ואינו טופל אשמה על האחר; הוא מודה בחטאו ומקבל עליו אחריות מלאה.

## ה׳ רואה את האדם – המקדש כמקום הרחמים

פרשת העקדה וסיפור המפקד הם סיפורי ראייה ויראה – האדם רואה את המקום המקודש ומבין את מקומו ותפקידו, ובכך הוא מבטא יראת אלוהים. ואולם להשלמת התמונה יש כאן עוד קודקוד חשוב הנוגע בכלל למקומות מקודשים: לא רק האדם רואה, ה׳ גם הוא רואה את האדם.

לדוגמה, משה במעמד הסנה רואה את ׳המראה הגדול הזה׳, וה׳ רואה את עוני עמו:

> וַיֹּאמֶר מֹשֶׁה אָסֻרָה נָּא **וְאֶרְאֶה** אֶת הַמַּרְאֶה הַגָּדֹל הַזֶּה מַדּוּעַ לֹא יִבְעַר הַסְּנֶה: **וַיַּרְא** ה׳ כִּי סָר **לִרְאוֹת** וַיִּקְרָא אֵלָיו אֱלֹהִים מִתּוֹךְ הַסְּנֶה וַיֹּאמֶר מֹשֶׁה מֹשֶׁה וַיֹּאמֶר הִנֵּנִי [...] וַיֹּאמֶר ה׳ **רָאֹה רָאִיתִי** אֶת עֳנִי עַמִּי אֲשֶׁר בְּמִצְרָיִם וְאֶת צַעֲקָתָם שָׁמַעְתִּי מִפְּנֵי נֹגְשָׂיו כִּי יָדַעְתִּי אֶת מַכְאֹבָיו (שמות ג ג–ה, ז).

שילה הוא מקום שאין בו ראייה, ״אֵין חָזוֹן נִפְרָץ״ (שמ״א ג א), אך גם

שם נזכרת הראייה בשני הקשרים. האחד הוא תפילתה של חנה שה׳ יראה בעונייה:[9] ״וַתִּדֹּר נֶדֶר וַתֹּאמַר ה׳ צְבָאוֹת אִם **רָאֹה תִרְאֶה** בָּעֳנִי אֲמָתֶךָ וּזְכַרְתַּנִי וְלֹא תִשְׁכַּח אֶת אֲמָתֶךָ וְנָתַתָּה לַאֲמָתְךָ זֶרַע אֲנָשִׁים וּנְתַתִּיו לַה׳ כָּל יְמֵי חַיָּיו וּמוֹרָה לֹא יַעֲלֶה עַל רֹאשׁוֹ: וְהָיָה כִּי הִרְבְּתָה לְהִתְפַּלֵּל לִפְנֵי ה׳ וְעֵלִי שֹׁמֵר אֶת פִּיהָ״ (שם יא-יב). לאחר ששמואל נולד חנה מתפללת שבנה ייראה בפני ה׳:[10] ״וְחַנָּה לֹא עָלָתָה כִּי אָמְרָה לְאִישָׁהּ עַד יִגָּמֵל הַנַּעַר וַהֲבִאֹתִיו **וְנִרְאָה** אֶת פְּנֵי ה׳ וְיָשַׁב שָׁם עַד עוֹלָם״ (שם כב).

ראינו לעיל כי סיפור העקדה קשור בזיקה הדוקה לסיפור המפקד: ״וַיֹּאמֶר דָּוִד אֶל ה׳ **בִּרְאֹתוֹ** אֶת הַמַּלְאָךְ הַמַּכֶּה בָעָם וַיֹּאמֶר הִנֵּה אָנֹכִי חָטָאתִי וְאָנֹכִי הֶעֱוֵיתִי וְאֵלֶּה הַצֹּאן מֶה עָשׂוּ תְּהִי נָא יָדְךָ בִּי וּבְבֵית אָבִי״ (שמ״ב כד יז).

**בסיפור המפקד לא נאמר מפורשות שה׳ רואה את האדם, אבל בעומקם של דברים זו משמעות הסיפור. ראיית ה׳ את האדם משמעה גילוי הרחמים האלוהיים כלפי האדם. ראיית סבלם של ישראל במצרים, ׳ראה ראיתי את עוני עמי אשר במצרים׳, ראיית סבלה של חנה, ׳אם ראה תראה בעוני אמתך׳, היא התגלות הרחמים האלוהיים הנעשית במקום מקודש, במקום השכינה. בהר המוריה התגלו הרחמים על יצחק: ״אַל תִּשְׁלַח יָדְךָ אֶל הַנַּעַר וְאַל תַּעַשׂ לוֹ מְאוּמָה״ (בראשית כב יב), ובסיפור המפקד הם התגלו כלפי ישראל שהמלאך שלח בהם**

9 על הקשר שבין תפילת חנה למעמד הסנה ראו בפרק א בספר זה.

10 בתורה נאמר כי העולה לרגל ״ייראה את פני ה׳״. על אף קיומה של המילה ׳את׳, המצטרפת ברגיל לפועל יוצא, הקריאה המסורתית של המילה ׳ייראה׳ היא בצורת סביל, כך שמשמעות הדברים היא שהאדם נראה בפני האל ולא רואה אותו. היו חוקרים שטענו כי אופן הקריאה המסורתית, בסביל ולא בפעיל, משקף תיקון סופרים קדום שביסודו החשש מהגשמת האל. עם זאת פרופ׳ שלמה נאה מציין בצדק כי בכל זאת יש מקום אחד שבו הקריאה מוכרחת להיות דווקא בסביל על אף קיומה של המילה ׳את׳, והוא בפסוקנו, ״ונראה את פני ה׳״, שכן בניגוד למילה ׳יראה׳, שאפשר לקוראה בסביל או בפעיל, המילה ׳נראה׳ היא ודאי בצורת סביל. ראו: אין אם למסורת, או: האם דרשו התנאים את כתיב התורה שלא כקריאתו המקובלת? (תרביץ ס״א, תשנ״ב, עמ׳ 448-401).

יד והכה בהם – "וַיֹּאמֶר לַמַּלְאָךְ הַמַּשְׁחִית בָּעָם רַב עַתָּה **הֶרֶף יָדֶךָ**" (שמ"ב כד טז).

נוסף על הראייה שהיא התגלות הרחמים, במקום מקודש גם מקריבים קורבנות. הקורבן מכפר, מעורר את הסליחה האלוהית. אברהם מקריב את האיל תחת בנו וכך פודה אותו ממוות, ודוד מקריב עולות על המזבח, וכך נעצרת המגפה.

לסיכום, אברהם במעשה העקדה ודוד בסיפור המפקד הבינו שהם בני אדם שחייהם סופיים ומוגבלים. הם ביטאו כניעה בפני ה' והכרה בכך שה' הוא הבוחר. בפרשת העקדה אברהם מבצע ללא עוררין את הציווי שהוטל עליו לשחוט את בנו לעולה, ובסיפור המפקד דוד נכנע בפני ה', נושא על כתפיו עונש אלוהי ומבין כי העם אינו שלו. הכרה זו של האדם מאפשרת לרחמים האלוהיים להתגלות.

ברעיון בחירת ה' בספר שמואל ובזיקה לאברהם נעמיק עוד בפרק הבא.

פרק יד

# "זֹאת תּוֹרַת הָאָדָם"

## "אַתָּה הוּא הָאֱלֹהִים": סיפורי כניעה וויתור

ביטוי נפלא לרעיון כניעת האדם ומוגבלות כוחו מופיע בפיו של דוד במקום אחר בספר שמואל. בתחילת פרק ז דוד פונה אל נתן הנביא: "רְאֵה נָא אָנֹכִי יוֹשֵׁב בְּבֵית אֲרָזִים וַאֲרוֹן הָאֱלֹהִים יֹשֵׁב בְּתוֹךְ הַיְרִיעָה" (שמ"ב ז ב), ובמשתמע מבקש ממנו רשות לבנות בית לה'. נתן משיב לו: "כֹּל אֲשֶׁר בִּלְבָבְךָ לֵךְ עֲשֵׂה כִּי ה' עִמָּךְ" (שם ג), אולם בלילה ה' מתגלה אל נתן ודוחה את בקשתו של דוד. בנאום ארוך במיוחד ה' אומר לנתן כי מי שיבנה את הבית לא יהיה דוד אלא זרעו אשר יצא ממעיו. דוד מגיב לשמע הבשורה בנאום ארוך משלו:

וַיָּבֹא הַמֶּלֶךְ דָּוִד וַיֵּשֶׁב לִפְנֵי ה' וַיֹּאמֶר מִי אָנֹכִי אֲדֹנָי ה' וּמִי בֵיתִי כִּי הֲבִיאֹתַנִי עַד הֲלֹם: וַתִּקְטַן עוֹד זֹאת בְּעֵינֶיךָ אֲדֹנָי ה' וַתְּדַבֵּר גַּם אֶל בֵּית עַבְדְּךָ לְמֵרָחוֹק וְזֹאת תּוֹרַת הָאָדָם אֲדֹנָי ה': וּמַה יּוֹסִיף דָּוִד עוֹד לְדַבֵּר אֵלֶיךָ וְאַתָּה יָדַעְתָּ אֶת עַבְדְּךָ אֲדֹנָי ה': בַּעֲבוּר דְּבָרְךָ וּכְלִבְּךָ עָשִׂיתָ אֵת כָּל הַגְּדוּלָּה הַזֹּאת לְהוֹדִיעַ אֶת עַבְדֶּךָ: עַל כֵּן גָּדַלְתָּ אֲדֹנָי ה' כִּי אֵין כָּמוֹךָ וְאֵין אֱלֹהִים זוּלָתֶךָ בְּכֹל אֲשֶׁר שָׁמַעְנוּ בְּאָזְנֵינוּ: וּמִי כְעַמְּךָ כְּיִשְׂרָאֵל גּוֹי אֶחָד בָּאָרֶץ אֲשֶׁר הָלְכוּ אֱלֹהִים לִפְדּוֹת לוֹ לְעָם

> וְלָשׂוּם לוֹ שֵׁם וְלַעֲשׂוֹת לָכֶם הַגְּדוּלָּה וְנֹרָאוֹת לְאַרְצֶךָ מִפְּנֵי עַמְּךָ אֲשֶׁר פָּדִיתָ לְּךָ מִמִּצְרַיִם גּוֹיִם וֵאלֹהָיו: וַתְּכוֹנֵן לְךָ אֶת עַמְּךָ יִשְׂרָאֵל לְךָ לְעָם עַד עוֹלָם וְאַתָּה ה׳ הָיִיתָ לָהֶם לֵאלֹהִים: וְעַתָּה ה׳ אֱלֹהִים הַדָּבָר אֲשֶׁר דִּבַּרְתָּ עַל עַבְדְּךָ וְעַל בֵּיתוֹ הָקֵם עַד עוֹלָם וַעֲשֵׂה כַּאֲשֶׁר דִּבַּרְתָּ: וְיִגְדַּל שִׁמְךָ עַד עוֹלָם לֵאמֹר ה׳ צְבָאוֹת אֱלֹהִים עַל יִשְׂרָאֵל וּבֵית עַבְדְּךָ דָוִד יִהְיֶה נָכוֹן לְפָנֶיךָ: כִּי אַתָּה ה׳ צְבָאוֹת אֱלֹהֵי יִשְׂרָאֵל גָּלִיתָה אֶת אֹזֶן עַבְדְּךָ לֵאמֹר בַּיִת אֶבְנֶה לָּךְ עַל כֵּן מָצָא עַבְדְּךָ אֶת לִבּוֹ לְהִתְפַּלֵּל אֵלֶיךָ אֶת הַתְּפִלָּה הַזֹּאת: וְעַתָּה אֲדֹנָי ה׳ אַתָּה הוּא הָאֱלֹהִים וּדְבָרֶיךָ יִהְיוּ אֱמֶת וַתְּדַבֵּר אֶל עַבְדְּךָ אֶת הַטּוֹבָה הַזֹּאת: וְעַתָּה הוֹאֵל וּבָרֵךְ אֶת בֵּית עַבְדְּךָ לִהְיוֹת לְעוֹלָם לְפָנֶיךָ כִּי אַתָּה אֲדֹנָי ה׳ דִּבַּרְתָּ וּמִבִּרְכָתְךָ יְבֹרַךְ בֵּית עַבְדְּךָ לְעוֹלָם (שם יח-כט).

נאום זה כל כולו כניעה, הודאה וצידוק הדין. דוד מכנה את עצמו ׳עבדך׳ פעמים רבות, מקבל את הגזרה שלא הוא יבנה את הבית ומודה על היחס המיוחד שזכה לו ביתו מאת ה׳ ועל הזכות שניתנה לבנו לבנות את הבית.

בדברי דוד חוזר הכינוי ׳אדוני ה׳׳ שבע פעמים. צירוף זה נדיר למדי בתורה, והוא מופיע בשלושה מקומות נוספים בלבד: בבראשית טו (פעמיים), בדברים ג ובדברים ט. לדברי דוד יש זיקה רעיונית עמוקה לשני ההקשרים הראשונים.

נתמקד תחילה בדברים ג. בפסוקים אלו משה מתחנן לפני ה׳ כי יאפשר לו להיכנס לארץ, אך ה׳ דוחה את בקשתו:

> וָאֶתְחַנַּן אֶל ה׳ בָּעֵת הַהִוא לֵאמֹר: **אֲדֹנָי ה׳** אַתָּה הַחִלּוֹתָ לְהַרְאוֹת אֶת עַבְדְּךָ אֶת גָּדְלְךָ וְאֶת יָדְךָ הַחֲזָקָה אֲשֶׁר מִי אֵל בַּשָּׁמַיִם וּבָאָרֶץ אֲשֶׁר יַעֲשֶׂה כְמַעֲשֶׂיךָ וְכִגְבוּרֹתֶךָ: אֶעְבְּרָה נָּא וְאֶרְאֶה אֶת הָאָרֶץ הַטּוֹבָה אֲשֶׁר בְּעֵבֶר הַיַּרְדֵּן הָהָר הַטּוֹב הַזֶּה וְהַלְּבָנֹן: וַיִּתְעַבֵּר ה׳ בִּי לְמַעַנְכֶם וְלֹא שָׁמַע אֵלָי וַיֹּאמֶר ה׳ אֵלַי רַב לָךְ אַל תּוֹסֶף דַּבֵּר אֵלַי עוֹד בַּדָּבָר הַזֶּה: עֲלֵה רֹאשׁ הַפִּסְגָּה וְשָׂא עֵינֶיךָ יָמָּה וְצָפֹנָה וְתֵימָנָה וּמִזְרָחָה וּרְאֵה בְעֵינֶיךָ כִּי לֹא תַעֲבֹר אֶת הַיַּרְדֵּן הַזֶּה (דברים ג כג-כז).

בשני ההקשרים מופיעים לשונות דומים:

א. בשניהם מופיע כאמור הצירוף הלשוני הנדיר ׳אדוני ה׳׳.
ב. בשניהם בולט השורש גד״ל בהקשר של גדולת ה׳ שהאדם (משה או דוד) רואה.
ג. מילותיו של ה׳ אל משה, ׳אל **תוסף דבר** אליי **עוד** בדבר הזה׳, מהדהדות בבירור את מילותיו של דוד: ״וּמַה **יּוֹסִיף** דָּוִד **עוֹד לְדַבֵּר** אֵלֶיךָ״ (שמ״ב ז כ).

אבל מעבר לדמיון המילולי הקרבה הרעיונית בולטת במיוחד: שני ההקשרים מדגישים את מוגבלות כוחו של האדם, הכפוף לה׳. כשם שדוד מבקש לבנות את הבית אך בקשתו נדחית על אף רצונו העז, כך משה רוצה מאוד להיכנס לארץ, אולם ה׳ אומר לו ׳רב לך׳, אינך יכול. וכשם שאת חלום בניין הבית יממש בנו של דוד ולא דוד עצמו, כך מי שיזכה לממש את חלום הכניסה לארץ יהיה דור הבנים, לא משה עצמו. על האדם בחייו מוטלת משימה, והיא־היא בלבד משימתו, אין בידיו לעשות הכול.

ההקשר הנוסף שבו מופיע הצירוף ׳אדוני ה׳׳ הוא כאמור בבראשית טו (ראו שם פסוקים ב, ח). אברהם שואל תחילה בשם זה על בן, וה׳ מבטיח לו בן. לאחר מכן אברהם שואל בשם זה ״וַיֹּאמַר אֲדֹנָי ה׳ בַּמָּה אֵדַע כִּי אִירָשֶׁנָּה״ (שם ח), והמענה ניתן בברית בין הבתרים, המבטאת שוב את רעיון מוגבלות האדם. ה׳ מבשר לאברהם כי שלושה דורות יסבלו גרות, עינוי ועבדות, ורק הדור הרביעי ישוב אל הארץ לאחר שיושלם עוון האמורי.

בפרק ז בספר שמואל ב דוד מבטא אפוא את רעיון מוגבלות האדם, והנה מפתיע לגלות שבין פרק זה לבין סיפורי אברהם יש קשרים מעניינים:

א. ה׳ אומר לנתן שיאמר לדוד: ״כִּי לֹא יָשַׁבְתִּי בְּבַיִת לְמִיּוֹם הַעֲלֹתִי אֶת בְּנֵי יִשְׂרָאֵל מִמִּצְרַיִם וְעַד הַיּוֹם הַזֶּה וָאֶהְיֶה **מִתְהַלֵּךְ** בְּאֹהֶל וּבְמִשְׁכָּן:

בְּכֹל אֲשֶׁר **הִתְהַלַּכְתִּי** בְּכָל בְּנֵי יִשְׂרָאֵל הֲדָבָר דִּבַּרְתִּי אֶת אַחַד שִׁבְטֵי יִשְׂרָאֵל אֲשֶׁר צִוִּיתִי לִרְעוֹת אֶת עַמִּי אֶת יִשְׂרָאֵל לֵאמֹר לָמָּה לֹא בְנִיתֶם לִי בֵּית אֲרָזִים (שמ"ב ז ו-ז), ובאברהם נאמר: "וַיְהִי אַבְרָם בֶּן תִּשְׁעִים שָׁנָה וְתֵשַׁע שָׁנִים וַיֵּרָא ה' אֶל אַבְרָם וַיֹּאמֶר אֵלָיו אֲנִי אֵל שַׁדַּי **הִתְהַלֵּךְ** לְפָנַי וֶהְיֵה תָמִים" (בראשית יז א).

ב. ה' מבטיח לדוד: "וָאֶהְיֶה עִמְּךָ בְּכֹל אֲשֶׁר הָלַכְתָּ וָאַכְרִתָה אֶת כָּל אֹיְבֶיךָ מִפָּנֶיךָ **וְעָשִׂתִי לְךָ שֵׁם גָּדוֹל כְּשֵׁם הַגְּדֹלִים** אֲשֶׁר בָּאָרֶץ" (שמ"ב ז ט), ולאברהם הוא אומר: "**וְאֶעֶשְׂךָ** לְגוֹי **גָּדוֹל** וַאֲבָרֶכְךָ **וַאֲגַדְּלָה שְׁמֶךָ** וֶהְיֵה בְּרָכָה" (בראשית יב ב).

ג. ה' אומר לדוד: "כִּי יִמְלְאוּ יָמֶיךָ וְשָׁכַבְתָּ אֶת אֲבֹתֶיךָ וַהֲקִימֹתִי אֶת זַרְעֲךָ אַחֲרֶיךָ **אֲשֶׁר יֵצֵא מִמֵּעֶיךָ** וַהֲכִינֹתִי אֶת מַמְלַכְתּוֹ" (שמ"ב ז יב), ולאברהם: "וְהִנֵּה דְבַר ה' אֵלָיו לֵאמֹר לֹא יִירָשְׁךָ זֶה כִּי אִם **אֲשֶׁר יֵצֵא מִמֵּעֶיךָ** הוּא יִירָשֶׁךָ" (בראשית טו ד).

וכמו אברהם, שרואה את המקום שבחר בו ה' ואינו בוחר בעצמו את המקום, גם דוד מבין שה' הוא הבוחר. ראינו לעיל שדוד נמנע מלבחור בעונש מסוים על חטא המפקד, והוא משאיר את הבחירה ביד ה'.

## "וְאִם כֹּה יֹאמַר, לֹא חָפַצְתִּי בָּךְ": גלגולי הארון בספר שמואל

עוד ביטוי לרעיון שה' הוא הבוחר ולא האדם נגלה דרך היקרויותיו של ארון ה' בספר שמואל. ארון ה' נזכר בפעם הראשונה בספר שמואל בתיאור המקום שבו שמואל שוכב בעת שה' מתגלה אליו: "וַיְהִי בַּיּוֹם הַהוּא וְעֵלִי שֹׁכֵב בִּמְקוֹמוֹ ועינו וְעֵינָיו הֵחֵלּוּ כֵהוֹת לֹא יוּכַל לִרְאוֹת: וְנֵר אֱלֹהִים טֶרֶם יִכְבֶּה וּשְׁמוּאֵל שֹׁכֵב בְּהֵיכַל ה' **אֲשֶׁר שָׁם אֲרוֹן אֱלֹהִים**" (שמ"א ג ב-ג).

משכן שילה בהנהגתם של עלי ובניו שרוי באפלה: עיניו של עלי החלו כהות, והוא אינו רואה, נר אלוהים מרצד בהיכל, ואף הוא עומד לכבות. כפי שהזכרנו בפרק הראשון של הספר, העיוורון והחושך

המתוארים כאן אינם רק פיזיים: את המשכן אופף ליקוי מאורות רוחני ומוסרי, 'אין חזון נפרץ'. כמו במצרים האלילית, בארץ השעבוד, אלוהים אינו מתגלה גם בשילה.

האזכור הבא של הארון הוא בפרק ד, שבו מתוארת מלחמת ישראל בפלשתים שהסתיימה בתבוסת ישראל. לאחר סבב המלחמה הראשון זקני העם שולחים ומביאים אליהם את ארון ה' כדי שיושיע אותם מיד פלשתים:

> וַיָּבֹא הָעָם אֶל הַמַּחֲנֶה וַיֹּאמְרוּ זִקְנֵי יִשְׂרָאֵל לָמָּה נְגָפָנוּ ה' הַיּוֹם לִפְנֵי פְלִשְׁתִּים נִקְחָה אֵלֵינוּ מִשִּׁלֹה אֶת אֲרוֹן בְּרִית ה' וְיָבֹא בְקִרְבֵּנוּ וְיֹשִׁעֵנוּ מִכַּף אֹיְבֵינוּ: וַיִּשְׁלַח הָעָם שִׁלֹה וַיִּשְׂאוּ מִשָּׁם אֵת אֲרוֹן בְּרִית ה' צְבָאוֹת יֹשֵׁב הַכְּרֻבִים וְשָׁם שְׁנֵי בְנֵי עֵלִי עִם אֲרוֹן בְּרִית הָאֱלֹהִים חָפְנִי וּפִינְחָס: וַיְהִי כְּבוֹא אֲרוֹן בְּרִית ה' אֶל הַמַּחֲנֶה וַיָּרִעוּ כָל יִשְׂרָאֵל תְּרוּעָה גְדוֹלָה וַתֵּהֹם הָאָרֶץ (שם ד ג-ה).

מדוע הזקנים סבורים שהארון יושיע אותם?

אפשרות אחת היא שהעם תולה בארון סגולות מאגיות – הוא קושר לארון כוחות מיוחדים שיסייעו לו לנצח. אפשרות אחרת, העולה בקנה אחד עם הקודמת, היא שהעם סבור שה' לא יאפשר לפלשתים לנצח את ישראל כשהארון הולך לצידם במלחמה משום שאז הם עלולים לחשוב שאלוהיהם ניצחו את אלוהי ישראל. ואולם תקוותם של זקני העדה נכזבת, ובני ישראל סופגים מכה קשה אף יותר מבראשונה.[1]

המופע הבא של הארון קשור לשאול. שאול מורה להגיש את הארון (ראו שם יד יח) כדי לשאול אם לרדת אחרי פלשתים: "וַיֹּאמֶר שָׁאוּל נֵרְדָה אַחֲרֵי פְלִשְׁתִּים לַיְלָה וְנָבֹזָּה בָהֶם עַד אוֹר הַבֹּקֶר וְלֹא נַשְׁאֵר

1 אשר לחשש מחילול השם, הארון הובא אומנם לערי הפלשתים והונח לפני דגון כאקט משפיל, אולם כידוע בסופו של דבר קרה דבר הפוך, ודגון נפל לפני ארון ה', המגלם את כוחו של אלוהי ישראל.

בָּהֶם אִישׁ וַיֹּאמְרוּ כָּל הַטּוֹב בְּעֵינֶיךָ עֲשֵׂה וַיֹּאמֶר הַכֹּהֵן נִקְרְבָה הֲלֹם אֶל הָאֱלֹהִים: וַיִּשְׁאַל שָׁאוּל בֵּאלֹהִים הַאֵרֵד אַחֲרֵי פְלִשְׁתִּים הֲתִתְּנֵם בְּיַד יִשְׂרָאֵל וְלֹא עָנָהוּ בַּיּוֹם הַהוּא" (שם לו-לז). אך ה' אינו עונה לשאול.

האזכור הבא של ארון ה' הוא בפרשת העלאת הארון מבית אבינדב:

וַיַּרְכִּבוּ אֶת אֲרוֹן הָאֱלֹהִים אֶל עֲגָלָה חֲדָשָׁה וַיִּשָּׂאֻהוּ מִבֵּית אֲבִינָדָב אֲשֶׁר בַּגִּבְעָה וְעֻזָּא וְאַחְיוֹ בְּנֵי אֲבִינָדָב נֹהֲגִים אֶת הָעֲגָלָה חֲדָשָׁה: וַיִּשָּׂאֻהוּ מִבֵּית אֲבִינָדָב אֲשֶׁר בַּגִּבְעָה עִם אֲרוֹן הָאֱלֹהִים וְאַחְיוֹ הֹלֵךְ לִפְנֵי הָאָרוֹן: וְדָוִד וְכָל בֵּית יִשְׂרָאֵל מְשַׂחֲקִים לִפְנֵי ה' בְּכֹל עֲצֵי בְרוֹשִׁים וּבְכִנֹּרוֹת וּבִנְבָלִים וּבְתֻפִּים וּבִמְנַעַנְעִים וּבְצֶלְצֶלִים (שמ"ב ו ג-ה).

הארון מונח על עגלה חדשה שנוהגים עוזה ואחיו בני אבינדב, וסביבם דוד וכל בית ישראל שמחים בעוז בכל מיני נגינה. אבל השמחה הגדולה נקטעת באירוע טרגי: "וַיָּבֹאוּ עַד גֹּרֶן נָכוֹן וַיִּשְׁלַח עֻזָּא אֶל אֲרוֹן הָאֱלֹהִים וַיֹּאחֶז בּוֹ כִּי שָׁמְטוּ הַבָּקָר: וַיִּחַר אַף ה' בְּעֻזָּה וַיַּכֵּהוּ שָׁם הָאֱלֹהִים עַל הַשַּׁל וַיָּמָת שָׁם עִם אֲרוֹן הָאֱלֹהִים" (שם ו-ז). עוזה שולח את ידו לאחוז בארון 'כי שמטו הבקר', וה' מכה וממית את עוזה בו במקום.

עוד הקשר שנזכר בו הארון הוא מרד אבשלום. דוד בורח מירושלים עם קבוצת נאמניו, ובהם צדוק הכוהן, וזה מביא עימו את הארון: "וְהִנֵּה גַם צָדוֹק וְכָל הַלְוִיִּם אִתּוֹ נֹשְׂאִים אֶת אֲרוֹן בְּרִית הָאֱלֹהִים וַיַּצִּקוּ אֶת אֲרוֹן הָאֱלֹהִים וַיַּעַל אֶבְיָתָר עַד תֹּם כָּל הָעָם לַעֲבוֹר מִן הָעִיר" (שם טו כד). אבל דוד אומר לצדוק להשיב את הארון למקומו בירושלים: "וַיֹּאמֶר הַמֶּלֶךְ לְצָדוֹק הָשֵׁב אֶת אֲרוֹן הָאֱלֹהִים הָעִיר אִם אֶמְצָא חֵן בְּעֵינֵי ה' וֶהֱשִׁבַנִי וְהִרְאַנִי אֹתוֹ וְאֶת נָוֵהוּ: וְאִם כֹּה יֹאמַר לֹא חָפַצְתִּי בָּךְ הִנְנִי יַעֲשֶׂה לִּי כַּאֲשֶׁר טוֹב בְּעֵינָיו" (שם כה-כו).

דוד מבין כי אי אפשר לכפות על הארון היכן להיות, אי אפשר לכפות על ה' באיזה צד לתמוך. גם כאן אפוא מקומו של הארון כרוך ברעיון של כפיפות וענווה בפני ה'. אנחנו העובדים אותו, והוא אינו

'עובד אצלנו'. בניגוד מוחלט למלחמה נגד פלשתים המתוארת בתחילת הספר שבה ישראל 'שובים' את הארון וסבורים שהם יכולים להכריע כך את המלחמה, דוד מבין שהארון אינו אמצעי טכני, ועל כן הוא אינו 'שלו', הוא לא 'בכיס שלו'. ה' יעשה הטוב בעיניו – הוא הבוחר.

אם כן, אפשר לזהות קו רעיוני בולט החורז את המופעים שסקרנו עד כה הנוגעים לארון ה'. מפרשת הבאת הארון אל שדה הקרב אנו למדים כי אין בכוחו של האדם לכפות על ה' לסייע ביד הלוחמים אם ה' אינו רואה לנכון לעשות זאת.

מאלף לראות תובנה דומה מאוד שהעלה דוד לפני מיכל בהמשך פרשת פרץ עוזה, אחרי שהארון הועלה שוב לעיר דוד:

> וְדָוִד מְכַרְכֵּר בְּכָל עֹז לִפְנֵי ה' וְדָוִד חָגוּר אֵפוֹד בָּד [...] וַיָּשָׁב דָּוִד לְבָרֵךְ אֶת בֵּיתוֹ וַתֵּצֵא מִיכַל בַּת שָׁאוּל לִקְרַאת דָּוִד וַתֹּאמֶר מַה נִּכְבַּד הַיּוֹם מֶלֶךְ יִשְׂרָאֵל אֲשֶׁר נִגְלָה הַיּוֹם לְעֵינֵי אַמְהוֹת עֲבָדָיו כְּהִגָּלוֹת נִגְלוֹת אַחַד הָרֵקִים: וַיֹּאמֶר דָּוִד אֶל מִיכַל לִפְנֵי ה' אֲשֶׁר בָּחַר בִּי מֵאָבִיךְ וּמִכָּל בֵּיתוֹ לְצַוֹּת אֹתִי נָגִיד עַל עַם ה' עַל יִשְׂרָאֵל וְשִׂחַקְתִּי לִפְנֵי ה': וּנְקַלֹּתִי עוֹד מִזֹּאת וְהָיִיתִי שָׁפָל בְּעֵינָי וְעִם הָאֲמָהוֹת אֲשֶׁר אָמַרְתְּ עִמָּם אִכָּבֵדָה: וּלְמִיכַל בַּת שָׁאוּל לֹא הָיָה לָהּ יָלֶד עַד יוֹם מוֹתָהּ (שם יד, כ–כג).

אף שדברי דוד למיכל אשתו בוטים ופוגעניים,[2] תוכן דבריו הנוגע למלוכה ראוי ונכון. מלך ישראל, אומר דוד למיכל, הוא עבד ה' העושה את רצונו. כבודו של המלך נובע מבחירת ה', ונתיניו – כולל האנשים הפשוטים – הם עם ה'. אפשר לומר כי תגובתו של דוד למיכל היא מעין פירוש לנאמר בפרשת המלך בספר דברים: "כִּי תָבֹא אֶל הָאָרֶץ אֲשֶׁר ה' אֱלֹהֶיךָ נֹתֵן לָךְ וִירִשְׁתָּהּ וְיָשַׁבְתָּה בָּהּ וְאָמַרְתָּ אָשִׂימָה עָלַי מֶלֶךְ כְּכָל הַגּוֹיִם אֲשֶׁר סְבִיבֹתָי: שׂוֹם תָּשִׂים עָלֶיךָ מֶלֶךְ אֲשֶׁר יִבְחַר ה' אֱלֹהֶיךָ

2 ראו על כך בפרק ג בספר זה.

בּוֹ מִקֶּרֶב אַחֶיךָ תָּשִׂים עָלֶיךָ מֶלֶךְ לֹא תוּכַל לָתֵת עָלֶיךָ אִישׁ נָכְרִי אֲשֶׁר לֹא אָחִיךָ הוּא" (דברים יז יד–טו).

התורה מצווה 'שום תשים עליך מלך **אשר יבחר ה' אלוהיך** בו', ודוד מדגיש לפני מיכל את בחירתו על ידי ה': 'לפני ה' אשר **בחר בי** מאביך ומכל ביתו'. התורה מצווה שהמלך יהיה 'מקרב אחיך' ושלא ירום לבבו מאחיו, ודוד מדגיש לפני מיכל שהוא נגיד **לעם ה'**. הוא נבחר על ידי ה' והעם שעליו נבחר למלוך הוא עם ה', ומכאן שיש מעין שוויון ערך בינו לבין העם: הוא והעם כאחד כפופים לה'. הפסוקים בשמואל ב מדגישים את הרעיון שהמוקד איננו רווחת המלך וטובתו אלא רווחת העם וטובתו:

> וְעַתָּה כֹּה תֹאמַר לְעַבְדִּי לְדָוִד כֹּה אָמַר ה' צְבָאוֹת אֲנִי לְקַחְתִּיךָ מִן הַנָּוֶה מֵאַחַר הַצֹּאן לִהְיוֹת נָגִיד עַל עַמִּי עַל יִשְׂרָאֵל: וָאֶהְיֶה עִמְּךָ בְּכֹל אֲשֶׁר הָלַכְתָּ וָאַכְרִתָה אֶת כָּל אֹיְבֶיךָ מִפָּנֶיךָ וְעָשִׂתִי לְךָ שֵׁם גָּדוֹל כְּשֵׁם הַגְּדֹלִים אֲשֶׁר בָּאָרֶץ: וְשַׂמְתִּי מָקוֹם לְעַמִּי לְיִשְׂרָאֵל וּנְטַעְתִּיו וְשָׁכַן תַּחְתָּיו וְלֹא יִרְגַּז עוֹד וְלֹא יֹסִיפוּ בְנֵי עַוְלָה לְעַנּוֹתוֹ כַּאֲשֶׁר בָּרִאשׁוֹנָה (שמ"ב ז ח–י).

'עמי ישראל' עומד במוקד עניינו של ה'. ממילא מובן שלהיות נגיד על 'עמי ישראל' פירושו לפעול למימוש רצונו של ה' שהעם ישכון לבטח בארצו (כמתואר בפסוק י).

פרשת העלאת הארון לירושלים מהדהדת פרשה נוספת מתחילת ספר שמואל – מות כלתו של עלי, אשת פינחס, והולדת בנה איכבוד. גם שם מדובר על ארון ה', ובולטים המונחים 'כבוד' ו'גלה':

> וְכַלָּתוֹ אֵשֶׁת פִּינְחָס הָרָה לָלַת וַתִּשְׁמַע אֶת הַשְּׁמֻעָה אֶל הִלָּקַח אֲרוֹן הָאֱלֹהִים וּמֵת חָמִיהָ וְאִישָׁהּ וַתִּכְרַע וַתֵּלֶד כִּי נֶהֶפְכוּ עָלֶיהָ צִרֶיהָ: וּכְעֵת מוּתָהּ וַתְּדַבֵּרְנָה הַנִּצָּבוֹת עָלֶיהָ אַל תִּירְאִי כִּי בֵן יָלָדְתְּ וְלֹא עָנְתָה וְלֹא שָׁתָה לִבָּהּ: וַתִּקְרָא לַנַּעַר אִי כָבוֹד לֵאמֹר גָּלָה כָבוֹד

> מִיִּשְׂרָאֵל אֶל הִלָּקַח אֲרוֹן הָאֱלֹהִים וְאֶל חָמִיהָ וְאִישָׁהּ: וַתֹּאמֶר גָּלָה כָבוֹד מִיִּשְׂרָאֵל כִּי נִלְקַח אֲרוֹן הָאֱלֹהִים (שמ"א ד יט-כב).

הקשר בין הפרשות מחדד ומאמת את דברי דוד למיכל. ציריה של אשת פינחס נהפכים עליה כשהיא שומעת על לקיחתו של ארון האלוהים, ובעת מותה היא קוראת לבנה הנולד איכבוד.

## איכבוד

כדי לעמוד על עוקצו של הסיפור נשווה אותו לסיפור הולדת בנימין בספר בראשית. רחל, בעת מותה, קוראת לבנה הנולד בן־אוני, לשון גנאי הקשורה בעבודה זרה או בדומה לה, אָוֶן, אך אביו קורא לו בנימין, לשון כוח, ימין. ואולם שלא כסיפור ההולדת של בנימין, את השם איכבוד שנתנה אשת פינחס לבנה, אף הוא בעל קונוטציה שלילית, איש אינו מתקן לטובה. אדרבה, במקום שינוי השם שאולי היינו מצפים לו על רקע הסיפור מבראשית, האם חוזרת ומאשרת את תוכנו של השם ואומרת: 'גלה כבוד מישראל'. מה שורש ההבדל? מדוע בסיפור איכבוד, שלא כבסיפור בנימין, אין תקנה לשם? ההבדל נראה ברור: מותה של רחל בשעת לידתה הוא אירוע קשה ומצער, אולם סוף־סוף באו עם מותה חיים חדשים לעולם, והם משמשים נחמה לשבר המוות והאובדן. הלכך בסיפור זה האָוֶן יכול להפוך לאוֹן. אבל בסיפור מותה של אשת פינחס אין בכוחם של החיים החדשים להעניק נחמה, הרי נלקח ארון האלוהים וגלה כבוד מישראל, וכיצד יוכל האי־כבוד להפוך לכבוד?

הוויכוח בין דוד למיכל מתחדד היטב על רקע סיפור מותה של אשת פינחס. מיכל אומרת לדוד כי נגלה בפני העם ובפני אמהות העבדים באי־כבוד, 'מה **נכבד** היום מלך ישראל אשר **נגלה** היום לעיני אמהות עבדיו **כהיגלות נגלות** אחד הריקים', ואנו שומעים במילותיה את דברי אשת פינחס: '**גלה כבוד** מישראל'! אולם דוד משיב לה שזהו כבודו, 'ועם האמהות אשר אמרת עימם **אכבדה**'. מי משניהם צודק?

התשובה היא שדוד צודק, וארון ה׳ יעיד על כך; הרי במקרה זה, שלא כבסיפור מותה של אשת פינחס, הארון לא גלה ממקומו אלא דווקא הובא אל מקומו, אל מקום מנוחתו בירושלים!

בסיפור המפקד **ארון** ה׳ מוצא מקום מנוחה נצחי בגורן **ארוונה** בירושלים. בתחילת ספר שמואל הפגינו בני ישראל חוסר הבנה מוחלט באשר לשאלה מיהו הבוחר וסברו שבכוחם לשלוט בארון כרצונם, ואילו סיומו של ספר שמואל מבטא את ההפך: דוד מבין את מקומו כאדם, ומקומו הוא לשקף את רצון ה׳, לשקף במעשיו את הערכים האלוהיים – לעשות **משפט וצדקה** – כאברהם.

# חתימה

בספר שמואל תרים אחר אותו מלך שימֵמש במעשיו את חלומה של חנה העומדת במשכן שילה המחולל על ידי בני עלי ומבטאת את כיסופיה לעולם שיתגלה בו הצדק האלוהי לעין כול. חנה חותמת את שירתה במילים 'וייתן עוז למלכו וירם קרן משיחו', היא כוספת למלך שישקף במעשיו את דרכי הצדק של ה' בניהול עולמו. המציאות שהיא עומדת נכחה והמקום שבו היא נמצאת – משכן שילה – סובלים מליקוי מאורות, זהו מקום שבו דבר ה' יקר ואין חזון נפרץ, ובו היא מבקשת לבקוע את החושך, לראות ולהיראות. בתפילתה לבן היא מבקשת מה' לראות את סבלה, 'אם **ראה תראה** בעוני אמתך', ולאחר שנולד בנה שמואל היא אומרת לאישה אלקנה 'עד ייגמל הנער והביאותיו **ונראה** את פני ה''.

אומנם החיפוש אחר מלך שזור בעליות ובמורדות, ועולים אף תהיות ופקפוקים בנוגע לעצם הרעיון של מלוכה אנושית, אבל בסופו של דבר הספר נחתם בקול צלול של תקווה: דוד בסוף ימיו מגלם את ערכי היושר והצדק, ובזכות כך זוכה לייסד את המקום שישמש תחליף ראוי למשכן שילה החרב והמושחת. במלכות אין פסול עקרוני, מלכות בשר ודם יכולה להיות דבר טוב ורצוי. המלך הצדיק שחלמה עליו חנה – 'וייתן עוז למלכו' – מוצא את המקום שחלמה עליו: המקום שבו ה' יראה.

# ביבליוגרפיה והמלצות לקריאה נוספת


מרטין בובר, **מלכות שמים**, ירושלים תשכ״ה.

אמנון בזק, **מקבילות נפגשות – מקבילות ספרותיות בספר שמואל**, אלון שבות תשס״ו.

אמנון בזק, **שמואל א – מלך בישראל**, ירושלים 2013.

אמנון בזק, **שמואל ב – מלכות דוד**, ירושלים 2013.

שמעון בר־אפרת, **שמואל**, סדרת מקרא לישראל, ירושלים 1996.

יהושע מ׳ גרינץ, **מוצאי דורות: מחקרים בקדמוניות המקרא וראשית תולדות ישראל וספרותו**, תל אביב תשכ״ט.

משה גרסיאל, **ספר שמואל א: עיון ספרותי במערכי־השוואה, באנלוגיות ובמקבילות**, רמת גן תשמ״ג.

יאיר זקוביץ, **מרועה למשיח**, ירושלים תשנ״ו.

יאיר לורברבוים, **מלך אביון: המלוכה בספרות היהודית הקלאסית**, רמת גן 2008.

יעקב ליוור, ״מלך״, בנימין מזר ואחרים (עורכים), **אנציקלופדיה מקראית: אוצר הידיעות של המקרא ותקופתו**, ה, ירושלים תשכ״ג, טור 1088–1112.

דוד סילבר, **אם לעת כזאת – השתקפויות מקראיות במגילת אסתר**, ירושלים 2017.

דוד סילבר, **צא ולמד – הגדה של פסח לאור פרקי יציאת מצרים**, ירושלים 2014.

אוריאל סימון, **קריאה ספרותית במקרא: סיפורי נביאים**, ירושלים תשנ"ז.

אוריאל סימון, "שאול בעין דור – איזון סיפורי בין הנביא הדוחה ובעלת האוב המקרבת", משה בר אשר (עורך), **ספר היובל לרב מרדכי ברויאר: אסופת מאמרים במדעי היהדות**, א, ירושלים תשנ"ב, עמ' 113–124.

מנחם פרי ומאיר שטרנברג, "המלך במבט אירוני: על תחבולותיו של המספר בסיפור דוד ובת שבע ושתי הפלגות לתיאוריה של הפרוזה", **הספרות** א (תשכ"ח), עמ' 263–292.

יהודה קיל, **דעת מקרא**, שמואל א, ירושלים תשמ"א.

Robert Alter, *The Art of Biblical Narrative,* New York 1981.

Robert Alter, *The David Story: A Translation with Commentary of 1 and 2 Samuel,* New York and London 2000.

Shimon Bar Efrat, *Narrative Art in the Bible,* London 2008.

Jan P. Fokkelman, *Narrative Art and Poetry in the Books of Samuel,* Assen 1993.

Moshe Halbertal and Stephen Holmes, *The Beginning of Politics – Power in the Biblical Book of Samuel,* New Jersey 2017.

Robert Polzin, *David and the Deuteronomist: A Literary Study of the Deuteronomic History,* Part Three: 2 Samuel, Bloomington 1993.

Robert Polzin, *Samuel and the Deuteronomist: A Literary Study of the Deuteronomic History,* Part Two: 1 Samuel, Bloomington 1993.

Devora Steinmetz, *From Father to Son, Louisville,* Kentucky 1991.

Joel Rosenberg, *King and Kin: Political Allegory in the Hebrew Bible,* Bloomington 1986.

Meir Sternberg, *The Poetics of Biblical Narrative: Ideological Literature and the Drama of Reading,* Bloomington 1985.